CB141745

Função Social e **Solidária da Posse**

Maria Helena Diniz

Mestra e Doutora em Teoria Geral do Direito e Filosofia do Direito pela Pontifícia Universidade Católica de São Paulo – PUCSP. Livre-docente e Titular de Direito Civil da Pontifícia Universidade Católica de São Paulo – PUCSP, por Concursos de Títulos e Provas. Professora de Direito Civil no Curso de Graduação da Pontifícia Universidade Católica de São Paulo – PUCSP. Professora de Filosofia do Direito, de Teoria Geral do Direito e de Direito Civil Comparado nos Cursos de Pós-Graduação (Mestrado e Doutorado) em Direito da Pontifícia Universidade Católica de São Paulo – PUCSP. Coordenadora do Núcleo de Pesquisa em Direito da Pontifícia Universidade Católica de São Paulo – PUCSP. Professora Emérita da Faculdade de Direito de Itu. Membro benemérito do Instituto Silvio Meira. Sócia honorária do IBDFAM. Membro da Academia Paulista de Direito (Cadeira 62 – patrono Oswaldo Aranha Bandeira de Mello), da Academia Notarial Brasileira (Cadeira 16 – patrono Francisco Cavalcanti Pontes de Miranda), do Instituto dos Advogados de São Paulo e do Instituto de Direito Comparado Luso-brasileiro. Membro honorário da Federação dos Advogados de Língua Portuguesa (FALP). Presidente do Instituto Internacional de Direito.

Mariana Ribeiro Santiago

Pós-doutora em Direito Civil pela *Justus-Liebig-Universität Giessen*. Doutora e Mestra em Direito das Relações Sociais pela Pontifícia Universidade Católica de São Paulo. Especialista em Contratos pela Pontifícia Universidade Católica de São Paulo. Bacharela em Direito pela Universidade Federal da Bahia. Professora do Programa de Pós-Graduação em Direito da Universidade de Marília. Editora-chefe da Revista Argumentum. Advogada.

Maria Helena Diniz e
Mariana Ribeiro Santiago

Função Social e **Solidária da Posse**

2023

saraiva jur

saraiva EDUCAÇÃO | saraiva jur

Av. Paulista, 901, Edifício CYK, 4º andar
Bela Vista – São Paulo – SP – CEP 01310-100

SAC sac.sets@saraivaeducacao.com.br

Diretoria executiva	Flávia Alves Bravin
Diretoria editorial	Ana Paula Santos Matos
Gerência de produção e projetos	Fernando Penteado
Gerência editorial	Thais Cassoli Reato Cézar
Novos projetos	Aline Darcy Flôr de Souza Dalila Costa de Oliveira
Edição	Jeferson Costa da Silva (coord.) Ana Carolina de Souza Gomes
Design e produção	Daniele Debora de Souza (coord.) Flavio Teixeira Quarazemin Camilla Felix Cianelli Chaves Claudirene de Moura Santos Silva Deborah Mattos Lais Soriano Tiago Dela Rosa
Planejamento e projetos	Cintia Aparecida dos Santos Daniela Maria Chaves Carvalho Emily Larissa Ferreira da Silva Kelli Priscila Pinto
Diagramação	NSM Soluções Gráficas
Revisão	Rita Sorrocha
Capa	Lais Soriano
Produção gráfica	Marli Rampim Sergio Luiz Pereira Lopes
Impressão e acabamento	

DADOS INTERNACIONAIS DE CATALOGAÇÃO NA PUBLICAÇÃO
VAGNER RODOLFO DA SILVA – CRB-8/9410

D585f Diniz, Maria Helena

Função Social e Solidária da Posse / M Helena Diniz, Mariana Ribeiro Santiago. – Paulo, SaraivaJur, 2023.

392 p.

ISBN: 978-65-5559-908-4 (Impresso)

1. Direito. 2. Direito civil. 3. Função Soci Solidária da Posse. I. Santiago, Maria Ribei Título.

CDD
2022-3982 CDU

Índices para catálogo sistemático:

1. Direito civil
2. Direito civil

Data de fechamento da edição: 26-1-2023

Dúvidas? Acesse www.saraivaeducacao.com.br

CÓD. OBRA 714598 CL 607912 CAE 80

Aos meus leitores pela aceitação de minhas
obras, aumentando em mim, cada vez mais,
o firme propósito e o entusiasmo de continuar
a pesquisar, a estudar e a escrever, que tanto
preenchem e alegram meus dias.

Maria Helena Diniz.

A todos aqueles que, mesmo diante de adversidades,
nunca desistiram de seus sonhos.

Mariana Ribeiro Santiago.

Sumário

Prefácio

Sobre o tema da posse, referência que merece destaque é Friedrich Carl Von Savigny (1779-1861), com seu *Tratado da posse* (*Das Recht des Besitzers / Traité de la Possession en Droit Romain*), obra dedicada a analisar o instituto da posse, visando uma reconstrução do direito romano.

Tal trabalho, cuja importância histórica seria suficiente para imortalizar Savigny, versou sobre o conceito e os elementos essenciais da posse, tendo sido posteriormente batizada como teoria subjetiva da posse, a qual influenciou a maioria das legislações do século XIX, tamanha a sua repercussão[1].

---

1 ALVES, José Carlos Moreira. *Posse*: evolução histórica. Rio de janeiro: Forense, v. I, 1997. p. 208. Sobre o tema, consulte: SAN-

Embora as ideias de Savigny não fossem absolutamente desconhecidas da doutrina jurídica da época, o *Tratado da posse* se destaca dos estudos anteriores, pela sistemática, pela clareza e pelo engenho. Por essas razões, a obra em tela dominou a doutrina por mais de meio século, no que tange ao tema da posse.

Mesmo Ihering, principal opositor das ideias de Savigny, reconhece o *Tratado da posse* como uma das mais relevantes obras da literatura a respeito da posse, tendo em vista que "abriu novos horizontes, influindo não somente na teoria da posse, como também no desenvolvimento de toda a ciência romanista", bem como "sob o ponto de vista da história do assunto, terá sempre o mérito de haver excitado e favorecido poderosamente a investigação científica no terreno da teoria possessória"[2].

Apesar da incontestável reconhecida importância histórica, contudo, a obra de Savigny sofreu duras críticas nos seus pontos fundamentais, as quais culminaram, ao longo do tempo, na superação da teoria subjetiva da posse e na adoção da teoria objetiva da posse, de autoria de Ihering, nas legislações contemporâneas.

De forma surpreendente, como bem observa Orlando Gomes[3], é preciso reconhecer que mesmo os contrários à

TIAGO, Mariana Ribeiro. Teoria subjetiva da posse. *Jus Navigandi*. Disponível em: https://jus.com.br/artigos/5277/teoria-subjetiva-da-posse. Acesso em: 14 dez. 2022.

2 JHERING, Rudolf Von. *Teoria simplificada da posse*. Tradução de Vicente Sabino Junior. São Paulo: Bushatsky, 1974. p. 135-136.

3 GOMES, Orlando. *Direitos reais*. 13. ed. Rio de janeiro: Forense, 1998. p. 18.

teoria subjetiva reconhecem "a persistente penetração de seus conceitos, numa interferência indesejada, mas irresistível. Concessões ao seu sistema se encontram em todos os Códigos que preferiram a doutrina oposta". É o caso da legislação brasileira, que será analisada na presente obra.

A par da análise de suas teorias fundamentais, ressalte-se que tanto a posse como a propriedade sempre foram institutos que mereceram a maior atenção do nosso legislador devido a sua influência direta no plano econômico e no plano da existência digna, por serem dotadas de enorme função social.

Procuramos delinear algumas consequências jurídicas da posse advindas da lei, dando realce à sua defesa. Inegável é a importância de um procedimento rápido e eficaz para a defesa da posse, que pode inclusive ser usado pelo próprio proprietário, como ocorre nas ações possessórias.

O meio processual que visa a defesa da propriedade é a ação petitória, e muito se discutiu, historicamente, se, apesar de prevalecer a propriedade sobre a posse, a ação petitória prejudicaria a ação possessória, havendo toda uma evolução legislativa no nosso país com tendência a separar juízo possessório e juízo petitório.

Vale ainda ressaltar que os fundamentos da tendência de proibir concomitância de possessório e petitório repousam também em fortes razões de ordem social, não sendo questão puramente legislativa, como pretendemos demonstrar no presente estudo.

Procuramos ressaltar alguns institutos em que se denota a preponderância da função social da posse, que facilitam o alcance de uma existência digna como, por exemplo a usucapião especial urbana, a usucapião familiar, a legitimação fundiária, a legitimação da posse, o direito de superfície, o direito real de laje, a locação residencial, *airbnb*, a concessão de uso especial para fins de moradia e a concessão de direito real de uso, a sucessão do viúvo no direito real de habitação.

A presente obra pretende, ainda, analisar a posse no contexto da sociedade de consumo, e seu impacto em termos de desenvolvimento sustentável, o que permite caracterizar uma *função solidária* da posse, uma terceira dimensão do instituto, paralela à função privada e à função social.

O consumo, desvirtuado em consumismo, transformou o perfil da sociedade moderna, de forma preocupante, o que demanda uma análise para além do ponto de vista individual e psicológico, num enfoque social, considerando-se sua contribuição deletéria para a questão ambiental, para as relações interpessoais, bem como as implicações econômicas de inadimplência e superendividamento.

Se é verdade que o homem precisa consumir, não se pode negar que esse movimento pode ocorrer de formas mais responsáveis, nas quais ainda se alcança a satisfação pessoal do consumidor. Nesse contexto, merecem destaque as iniciativas de solidariedade do consumo colaborativo, no qual a propriedade foi ressignificada e o instituto da posse foi alavancado, mormente por influência da *Internet*, destacando-se como importante vertente. E, ainda, tratamos da novel questão do metaverso, abrangendo suas espécies (protometaverso e metaverso pleno), por ser um novo desafio para a contemporaneidade.

Não tivemos a pretensão de esgotar todos os temas possessórios voltados às suas funções social e solidária e à sua importância para a existência digna, apenas selecionamos alguns pontos mais relevantes, tendo em vista a realidade social presente.

Maria Helena Diniz
Mariana Ribeiro Santiago

CAPÍTULO 1

Posse: noções preliminares

Não há um entendimento harmônico a respeito da *origem da posse* como estado de fato legalmente protegido.

Diversas versões são conhecidas; no entanto, podem ser sintetizadas em dois grupos representados pela teoria de Niebuhr, adotada por Savigny e pela teoria propugnada pelo jurista Ihering.

A teoria de Niebuhr defende a tese de que a posse surgiu com a repartição de terras conquistadas pelos romanos. Terras essas que eram loteadas, sendo uma parte dos lotes – denominados *possessiones* – cedida a título precário aos cidadãos e a outra destinada à construção de novas cidades. Como os beneficiários não eram proprietários dessas terras, não podiam lançar mão da ação reivindicatória para defendê-las das invasões. Daí o aparecimento de um processo especial, ou seja, do interdito possessório, destinado a proteger juridicamente aquele estado de fato.

Já a teoria aceita por Ihering explica o surgimento da posse na medida arbitrária tomada pelo pretor, que, devido a atritos eclodidos na fase inicial das ações reivindicatórias, outorgava, discricionariamente, a qualquer dos litigantes, a guarda ou a detenção da coisa litigiosa. Todavia, essa situação provisória foi-se consolidando em virtude da inércia das partes; como consequência disso, aquele que tivesse sido contemplado com a medida discricionária, determinada pelo pretor, passava a não ter mais qualquer interesse no prosseguimento da ação reivindicatória, uma vez que sua situação praticamente já lhe assegurava o domínio. A parte contrária, ante a posição inferior a que ficara relegada, interessava-se também pela pretensão de ver decidida a reivindicatória, pois a situação de fato declarada em favor do antagonista por si só já tornava praticamente inoperantes quaisquer meios de prova a seu favor.

Com o passar dos tempos substituiu-se a medida discricionária do pretor por critérios mais justos e lógicos, de maneira que aquela situação de fato provisória, reconhecida, de modo arbitrário, a qualquer dos litigantes, passou a beneficiar aquele que melhores provas oferecesse na fase inicial da reivindicatória, outorgando-lhe a coisa litigiosa até o julgamento definitivo da ação. Com isso as partes se desinteressavam, uma vez que, com a robustez da prova produzida, a situação tornava-se quase definida em favor daquele que merecia ficar com o bem em caráter provisório. Assim sendo, o antagonista, não dispondo de outras provas senão daquelas já utilizadas e antevendo o malogro de sua pretensão, também se omitia de efetivar outras diligências para o prosseguimento da referida ação. Em tais circunstâncias, o estado de fato estabelecido consolidava-se e, embora a questão da propriedade ficasse em suspensa, o objetivo estava alcançado em parte com a retenção jurídica do bem.

Aos poucos aquele processo preliminar da ação reivindicatória foi tomando o caráter de ação de mérito, redundando, afinal, num autêntico processo declaratório do estado de fato existente, com o escopo não só de declará-lo, mas também de garanti-lo e defendê-lo juridicamente. Assim a posse, embora sendo um simples estado de fato, valorizou-se sobremaneira com o bafejo de legalidade que a alcançou, passando a merecer proteção jurídica por meio de ação própria[1]. Era a posse, para essa concepção, uma consequência do processo reivindicatório.

O uso da palavra "posse" tem abrangido variadas significações impróprias na literatura, o que tecnicamente se condena, a fim de se garantir a precisão terminológica. Entre essas diversas significações, destacam-se[2]:

---

1 Sobre a origem da posse *vide*: SAVIGNY, Frédéric Charles de. *Traité de la possession en droit romain*. 7. ed. Paris: Auguste Durand, v. 1, 1866. p. 178; Ihering. *Du le dela volonté dans la possession*. Paris: s/e, 1891. p. 107; MONTEIRO, Washington de Barros. *Curso de direito civil*: direito das coisas. 31. ed. São Paulo: Saraiva, v. 3, 1994. p. 21-3; MonIer, Raymond. *Manuel élémentaire de droit romain*. Paris: Les leions Domat-Montchrestien, v. 1, 1935. p. 384 e ss.; DINIZ, Maria Helena. *Curso de direito civil brasileiro*. 36. ed. São Paulo: Saraiva, v. 4, 2022. p. 47-48.

2 FULGÊNCIO, Tito. *Da posse e das ações possessórias*: teoria legal – prática. 9. ed. Rio de Janeiro: Forense, v. I, 2000. p. 7-8. DINIZ, Maria Helena. *Curso de direito civil brasileiro:* direito das coisas. 36. ed. São Paulo: Saraiva, 4º v., 2022. p. 49-50. Sobre o tema, consulte: SANTIAGO, Mariana Ribeiro. Teoria subjetiva da posse.

a) "Posse" como sinônimo de propriedade, equívoco que remonta ao próprio direito romano. Embora a posse exprima, em regra, o conteúdo da propriedade, é errônea a confusão dos dois institutos;

b) "Posse" como sinônimo de tradição ou condição de aquisição do domínio. A posse tem um conteúdo mais amplo do que a simples forma de aquisição da coisa, daí a imprecisão técnica;

c) "Posse" significando o exercício de um direito qualquer, independente de recair diretamente sobre coisas[3]. O Código Civil, inclusive, utiliza a expressão "posse do estado de casados", nos arts. 1.545 e 1.547;

d) "Posse" denotando o compromisso do funcionário no qual se compromete a exercer sua função com honra;

e) "Posse" como sinônimo de domínio político, haja vista que no direito internacional público é normal a utilização da expressão "possessão de um país";

f) "Posse" na acepção de poder sobre uma pessoa. Essa confusão tem seu âmbito no direito de família, quando da referência ao poder que os pais têm sobre os filhos.

Enumerar as diversas significações vulgares do termo *posse* evidencia que vários doutrinadores se esforçaram em precisar o significado técnico desse instituto, o qual, conforme ensina Sílvio de Salvo Venosa[4], é "o instituto mais controvertido de todo o direito, não apenas do direito civil".

Jus Navigandi. Disponível em: https://jus.com.br/artigos/5277/teoria-subjetiva-da-posse. Acesso em: 14 dez. 2022.

3 Sobre o referido tema, Ruy Barbosa produziu obra específica, denominada *Posse dos Direitos Pessoais*.

4 VENOSA, Silvio de Salvo. *Direito civil:* direitos reais. 2. ed. São Paulo: Atlas, v. 5, 2002. p. 41. SANTIAGO, Mariana Ribeiro.

Mesmo os romanos, que já se dedicavam ao estudo do tema, concentraram-se fundamentalmente nos aspectos práticos da posse, deixando de conceituá-la, investigar sua natureza jurídica ou sistematizar as regras correlatas, tarefas essas que couberam aos doutrinadores modernos[5].

Podem ser *objeto de posse* todas as coisas que puderem ser objeto de propriedade, sejam elas corpóreas (salvo as que estão fora do comércio) ou incorpóreas (com exceção da propriedade literária, artística e científica, segundo alguns autores), pois na nossa legislação civil não está a posse limitada aos bens corpóreos.

Poder-se-á até dizer que os bens corpóreos de domínio particular, ainda que gravados com cláusula de inalienabilidade, podem ser objeto de posse por parte de outra pessoa além do proprietário. É o caso da locação ou do arrendamento, pois, apesar de inalienável, o bem pode ser alugado ou arrendado e, assim, o locatário e o arrendatário terão a posse direta. Entretanto, esses bens gravados de inalienabilidade só poderão ser possuídos por outrem quando o proprietário lhes conferir essa posse direta, ou seja, o uso e gozo.

Controvertida é a questão de saber se podem ser os bens acessórios possuídos separadamente da coisa principal. En-

---

Teoria subjetiva da posse. *Jus Navigandi*. Disponível em: https://jus.com.br/artigos/5277/teoria-subjetiva-da-posse. Acesso em: 14 dez. 2022.

5 RODRIGUES, Silvio. *Direito civil*: direito das coisas. 24. ed. São Paulo: Saraiva, v. 5, 1997. p. 17-18. SANTIAGO, Mariana Ribeiro. Teoria subjetiva da posse. *Jus Navigandi*. Disponível em: https://jus.com.br/artigos/5277/teoria-subjetiva-da-posse. Acesso em: 14 dez. 2022.

tendemos que isso não é possível quando eles forem partes integrantes do bem principal, de tal modo que não possam ser destacados sem que haja uma alteração em sua substância[6].

Quanto à posse das coisas coletivas convém distinguir as universalidades de fato das de direito. As primeiras, uma vez que compostas de objetos que são individualmente passíveis de posse, esta recai sobre cada um deles. As segundas, apesar de serem, para a grande maioria dos autores, uma abstração jurídica, todos os seus elementos componentes, considerados de modo isolado, podem ser objeto de posse, pois consistem em direitos patrimoniais[7].

A posse de direitos, por sua vez, tem sido motivo de grande desentendimento doutrinário. Há correntes que entendem que nosso Código Civil reconhece a posse apenas dos direitos reais; outras, diversamente, admitem que ele atribui posse tanto aos direitos reais como aos pessoais.

Há autores que aceitam tão somente a posse dos *direitos reais de fruição:* o uso, o usufruto, a habitação e as servidões etc., havendo discrepância no que concerne à enfiteuse[8].

Há quem diga que são passíveis de posse o penhor e a anticrese, que são *direitos reais de garantia*, excluída a hipoteca, pois ela não coloca a coisa sob o poder material do credor,

---

6 GOMES, Orlando. *Direitos reais*. 13. ed. Rio de Janeiro: Forense, 1998. p. 40. Sobre posse direta consulte: DINIZ, Maria Helena. *Curso de direito civil brasileiro*. 36. ed. São Paulo: Saraiva, v. 4, 2022. p. 71-84.

7 GOMES, Orlando. *Direitos reais*. 13. ed. Rio de Janeiro: Forense, 1998. p. 40.

8 GOMES, Orlando. *Direitos reais*. 13. ed. Rio de Janeiro: Forense, 1998. p. 40-41.

vinculando, apenas, a coisa ao pagamento de uma dívida; não se estabelece, assim, nenhuma posse por parte do credor hipotecário.

Isto é assim porque podem ser objeto de proteção possessória tanto as coisas corpóreas como as incorpóreas (direitos), sendo a posse a visibilidade do domínio; os direitos suscetíveis de posse são apenas aqueles sobre os quais é possível exercer um poder ou um atributo dominial. À posse desses direitos reais designa-se comumente *quase posse*[9], com o que não concordamos, pois não há qualquer distinção terminológica em nossa legislação, a respeito da posse de bens corpóreos e dos incorpóreos.

Bastante discutível é a questão da posse dos *direitos pessoais.*

Já nos fins do século passado Ruy Barbosa escreveu uma monografia a esse respeito, *Posse dos direitos pessoais,* por ocasião da demissão pelo governo de vários professores da Faculdade de Engenharia do Rio de Janeiro, afastando-os de suas cátedras. A defesa dos referidos mestres era bastante difícil, pois ainda não havia mandado de segurança. Esse renomado jurista defendeu a tese de que cabia ação possessória, porque havia direito de posse ligado à coisa, uma vez que o professor não poderia exercer seu direito senão numa escola. Assim, o direito a um cargo só poderia ser exercido apenas em determinado lugar. Ante essa ideia nossos autores ampliaram a proteção possessória a todos os direitos. A posse, que era exteriorização de um direito real, passou a sê-lo dos direitos em geral.

---

9 PEREIRA, Caio Mário da Silva. *Instituições de direito civil*: posse. Propriedade. Direitos reais de fruição. Garantia e aquisição. 14. ed. Rio de Janeiro: Forense, v. IV, 2000. p. 27.

Os adeptos da posse dos direitos pessoais procuraram justificar sua tese nas seguintes normas: a) art. 1.196 do Código Civil, que se refere ao exercício pleno ou não de algum dos poderes inerentes à propriedade, incluindo, dessa forma, os direitos pessoais, porque a propriedade vai além dos direitos reais sobre coisas corpóreas; b) art. 1.547 do Código Civil e o Decreto-Lei n. 7.488/45, que se referem à *posse do estado de casado, à posse do estado de cônjuges e à posse do estado de filho*[10].

Hodiernamente, com a amplitude reconhecida ao mandado de segurança, que tem por escopo a proteção de direitos líquidos e certos (CF, art. 5º, LXIX), a maioria de nossos civilistas, dentre eles Clóvis Beviláqua, Serpa Lopes, Carvalho Santos, Tito Fulgêncio, Astolfo Rezende, Washington de Barros Monteiro, opõem-se frontalmente, a esse entendimento, alegando que só os direitos reais podem ser defendidos pelas ações possessórias[11].

---

10 LOPES, Miguel Maria de Serpa. *Curso de direito civil*: direito das coisas. 3. ed. Rio de Janeiro: Livraria Freitas Bastos, v. VI, 1964. p. 150; MONTEIRO, Washington de Barros. *Curso de direito civil*: direito das coisas. 31. ed. São Paulo: Saraiva, v. 3, 1994. p. 24. Dentre as sequazes da posse dos direitos reais: Lino Leme, Pacheco Prates, Lacerda de Almeida etc. CPC/2015, arts. 613 e 617.

11 BEVILÁQUA, Clóvis. *Código Civil*. Rio de Janeiro: Rio, v. 3, 1976. p. 10; BEVILÁQUA, Clóvis. *Direito das coisas*. Brasília: Senado Federal, v. 1, 2003. p. 47; SANTOS, J. M. Carvalho. *Código Civil interpretado*. Rio de Janeiro: Freitas Bastos, v. 7, 1982. p. 22; FULGÊNCIO, Tito. *Da posse e das ações possessórias: teoria legal – prática*. 9. ed. Rio de Janeiro: Forense, v. I, 2000. p. 48; REZENDE, Astolfo. *A posse e sua proteção*. 2. ed. São Paulo: Lejus, 2000. p. 1-53; MONTEIRO, Washington de Barros. *Curso de direito civil*: direito das coisas. 31. ed. São Paulo: Saraiva, v. 3, 1994. p. 26; LOPES, Miguel Maria de Serpa. *Curso de direito civil*: direi-

Consideram, tais autores, como definitivas as refutações feitas por Clóvis aos argumentos dos partidários da posse dos direitos pessoais, que são as seguintes[12]: a) o vocábulo "propriedade" figurava também no projeto primitivo de sua autoria e nem por isso tinha ele a intenção de filiá-lo ao sistema dos que ampliam a posse aos direitos pessoais; b) nenhum outro dispositivo se depara no Código do qual se infira a extensão da posse àqueles direitos, pois os arts. 1.196 e 1.204, referem-se apenas a direitos reais; c) a propriedade, bem como os seus desmembramentos, são direitos reais; os direitos pessoais jamais foram desmembrados no domínio.

Washington de Barros Monteiro[13] assinala alguns, dentre outros, direitos pessoais que não são tutelados pelos interditos possessórios, que passamos a transcrever.

> a) direitos de família e relações obrigacionais; b) direitos decorrentes de contrato de fornecimento de energia elétrica; c) garantia de permanência de determinada ligação

---

to das coisas. 3. ed. Rio de Janeiro: Livraria Freitas Bastos, v. VI, 1964. p. 151. A defesa dos direitos pessoais inerentes ao exercício da função pública e à tutela possessória dos interesses individuais lesados por Administração Pública processa-se mediante mandado de segurança, que substitui, com vantagens, os interditos possessórios (GOMES, Orlando. *Direitos reais*. 13. ed. Rio de Janeiro: Forense, 1998. p. 43). Interessante é a obra de ALVES, José Carlos Moreira. Posse de direitos no Código Civil Brasileiro de 2002. *RTDC*, 49: 107-116.

12 BEVILÁQUA, Clóvis. *Código Civil*. Rio de Janeiro: Rio, v. 3, 1976. p. 10; BEVILÁQUA, Clóvis. *Direito das coisas*. Brasília: Senado Federal, v. 1, 2003. p. 47.

13 MONTEIRO, Washington de Barros. *Curso de direito civil*: direito das coisas. 31. ed. São Paulo: Saraiva, v. 3, 1994. p. 25-26.

> telefônica (AJ, 70:53, 104:378); d) neutralização de efeitos da violação de um negócio (RT, 177:199, 209:234, 280:722, 300:638; RF, 123:479, 169:263); e) direito do autor de se reintegrar na exposição de um negócio (RT, 177:199, 209:234, 280:722, 300:638; RF, 123:479, 169:263); f) resolução de contenda entre componentes de sociedade irregular (RT, 179:123, 251:572); g) direito de reaver determinada licença de automóvel (RT, 159:169); e h) direito de obrigar uma das partes contratantes ao cumprimento das obrigações oriundas de convenção de natureza pessoal.

Em que pesem tais opiniões, autores existem como Messineo, aos quais nos filiamos, que propugnam a posse dos *direitos pessoais patrimoniais* ou *de crédito,* como os do locatário, comodatário, depositário etc., porque esses titulares encontram-se numa relação direta com a coisa, para que possam utilizá-la economicamente, de maneira que se praticam atos de gozo direto da coisa alheia precisam ter meios para protegê-la[14].

Vicente Ráo[15] reforça esta tese quando nos ensina que os direitos suscetíveis de posse são:

> a) o domínio, ou melhor, a propriedade; b) os direitos reais que dela se desmembram e subsistem como entidades distintas e independentes; e c) os demais direitos que, fazendo parte do patrimônio da pessoa, podem ser reduzidos a valor pecuniário.

---

14 MESSINEO, *Manuale di diritto civile e commerciale*, *apud* GOMES, Orlando. *Direitos reais*. 13. ed. Rio de Janeiro: Forense, 1998. p. 41.

15 RÁO, Vicente. *Posse dos direitos pessoais*. São Paulo, s/d. p. 59.

A propósito lembra Orlando Gomes que se Ihering afirmou que a posse é a exteriorização do domínio, não se lhe podem aplicar os *direitos pessoais extrapatrimoniais;* assim só por força de expressão ou abuso de linguagem se pode falar em propriedade do emprego, do cargo ou do nome.

Portanto, a solução do problema traz em si a determinação da expressão "direitos pessoais", que designa "direitos obrigacionais"; estes podem ter ou não conteúdo patrimonial. De modo que são suscetíveis de posse apenas os direitos obrigacionais, cujo exercício se liga à detenção de um bem[16].

Paira, ainda, no ar uma dúvida a respeito da viabilidade do uso das ações possessórias na defesa de direitos pessoais em que não cabe o mandado de segurança. P. ex.: suponhamos o caso de um aluno do 3º ano de Direito que tenha sua matrícula cancelada em virtude de nulidade do exame vestibular, que havia passado despercebida. Qual seria sua defesa? Caberia ou não ação possessória? A discussão sobre seu direito é muito difícil, pois se o estudante impetrar mandado de segurança perdê-lo-á, uma vez que não há direito líquido e certo. Há uma simples aparência de direito, que é a posse. Ora, como Ihering proclama que se deve respeitar como se direito fosse toda situação constituída que tem aparência de um direito, há quem conclua pela possibilidade de proteção possessória desse direito pessoal. Trata-se da teoria do respeito à situação constituída[17].

16 GOMES, Orlando. *Direitos reais.* 13. ed. Rio de Janeiro: Forense, 1998. p. 43.

17 ALVIM, Agostinho. *Direito das coisas* (apostila). Sobre o tema: DINIZ, Maria Helena. *Curso de direito civil brasileiro.* 36. ed. São Paulo: Saraiva, v. 4, 2022. p. 61 a 66.

No entender de Ebert V, Chamoun (Exposição de Motivos do Projeto de CC), não há posse de direito, visto ser inconcebível a posse de uma coisa incorpórea, pois os efeitos da posse estão vinculados essencialmente à existência de uma coisa. A quase posse comprometeria, segundo esse jurista, os fundamentos doutrinários do conceito de posse. Nem mesmo a servidão, continua ele, justificaria a posse de direitos, pois o objeto da posse não é o direito de servidão, mas o imóvel serviente. Em que pese essa opinião, é de observar, entretanto, que, pelo Código Civil de 2002 (art. 1.197), a sistemática até aqui seguida pela jurisprudência e por boa parte da doutrina, terá que se modificar, isto porque ao tratar da posse direta refere-se tanto à derivada do direito real como à do direito pessoal. O que seria de boa política legislativa, pois se não se admitir proteção possessória aos direitos pessoais, como defender uma situação de fato consolidada ou uma situação de direito aparente que merece ser protegida e que não possui um remédio para sua proteção, já que o mandado de segurança só defende direitos líquidos e certos?

Bastante controvertido é o tema concernente à *natureza da posse*. Seria ela um fato ou um direito?

Divide-se a doutrina em três correntes:

A primeira sustenta que a *posse é um fato*, sendo seus sequazes Windscheid, Trabucchi, Pacifici-Mazzoni, Dernburg, Bonfante, Van Wetter, Voet, De Filipis, Donellus, Cujactus[18].

18 WINDSCHEID, *Pandette*, v. 2, § 150, *apud* PEREIRA, Caio Mário da Silva. *Instituições de direito civil*: posse. Propriedade. Direitos reais de fruição. Garantia e aquisição. 14. ed. Rio de Janeiro: Forense, v. IV, 2000. p. 29; WETTER, Polynice Alfred

A segunda, amparada por Savigny, Merlin, Lafayette, Wodon, Namur, Domat, Ribas, Laurent, Pothier, entende que a *posse é um fato e um direito*[19]. Para essa concepção, considerada em si mesma (em sua essência) ela seria um fato e quanto aos efeitos por ela produzidos – a usucapião e os interditos – um direito, incluindo-se, devido a sua dupla natureza, no rol dos direitos pessoais, porque para essa escola subjetivista os interditos possessórios pertencem à teoria das obrigações, com ações *ex delicto,* que têm por fundamento a posse que é, por sua vez, condição necessária para a existência das mencionadas ações.

A terceira corrente, encabeçada por Ihering, Teixeira de Freitas, Cogliolo, Demolombe, Molitor, Stahl, Ortolan, Puchta, afirma que a *posse é um direito.* Ou, como prefere Ihering, é o interesse juridicamente protegido, uma vez que é condição da econômica utilização da propriedade. Seria a posse a instituição jurídica tendente à proteção do direito de

---

Henri Van. *Cours* élementaire *de droit romain.* S/l: s/e, v. 1, 1883. p. 294; TRABUCCHI, Alberto. *Istituzioni di diritto civile.* Padova, Milano: Cedam, 1993. p. 413.

19 Savigny pondera: "ainsi le (la possession) est à la foi um droit, palele-même, c'esumun fait, par ses consèqueleelle rassemblumà un droit, et cette double nature est infiniment importante pour tout ce qui concerne cette matière" ("assim ela (a posse) é ao mesmo tempo um direito, por si mesma, é um fato, por suas conseq*uências*, que se une a um direito, e essa dupla natureza é infinitamente importante para tudo o que diz respeito a esse assunto" – Tradução livre). (SAVIGNY, Frédéric Charles de. *Traité de la possession en droit romain.* 7. ed. Paris: Auguste Durand, v. 1, 1866). No mesmo sentido: WODON, Léon. *Traité théorique et pratique de la possession.* Bruxelas: Bruylant-Christophe et Compagnie, v. 1, 1866. p. 14.

propriedade[20], pertencendo ao âmbito do direito das coisas, entre os direitos reais[21].

A grande maioria de nossos civilistas reconhece a posse como um direito havendo divergência de opiniões no que concerne a sua natureza real ou pessoal.

Já Clóvis Beviláqua entende que a posse é estado de fato protegido pela lei em atenção a propriedade, de que constitui manifestação exterior; isto porque, na sua opinião, não se pode considerar a posse como um direito real, uma vez que ela não figura na enumeração do art. 1.225 do Código Civil, que é taxativa em virtude do *numerus clausus*. Para Ebert Vianna Chamoun, a posse é um poder ou estado de fato que alguém exerce sobre uma coisa cujo conteúdo é, exclusivamente, econômico, visto que se relaciona com o aproveita-

---

20 IHERING, *Oeuvres*, v. 2, § 244; DEMOLOMBE, Charles (*Cours de Code Napoléon*. 4. ed. Paris: Hachette, t. 9, n. 479, 1870. p. 366 e ss.) a considera um direito, embora evoque, para tanto, fundamentos diversos dos de Ihering.

21 BEVILÁQUA, Clóvis. *Direito das coisas*. Brasília: Senado Federal, v. 1, 2003. p. 42. Trata-se para Beviláqua de um direito especial. Maria Ligia Coelho Mathias (*Direito civil:* direitos reais. 4. ed. São Paulo: Atlas, 2011. p. 13), comentando a posição de Beviláqua, salienta que a posse não é direito pessoal, por não estabelecer liame obrigacional para o possuidor em face de terceiros ou do proprietário; nem direito real por não gerar efeito *erga omnes*, visto que sucumbe perante o proprietário. O Código de Processo Civil, no art. 73, § 1º, requer citação de ambos os cônjuges para ações que versem sobre direitos reais imobiliários, acrescentando, no § 2º, que na possessória, a participação do cônjuge do autor ou do réu apenas é indispensável nos casos de composse ou de ato por ambos praticado. O que revela, segundo o autor, a natureza da posse, visto que se fosse direito real, a presença dos cônjuges seria obrigatória.

mento do bem, considerado como objeto de satisfação das necessidades humanas. Deixa, esse autor, bem claro que é um estado de fato apenas no sentido de prescindir da existência de um título jurídico. Há, diz ele, um direito à proteção da posse; por aparentar uma situação jurídica regular, o possuidor tem um comportamento semelhante ao de quem exerce poder peculiar ao domínio, comportando-se como se fosse titular de um direito real[22].

Entendemos, como Daibert, que a posse é um direito real, posto que é a visibilidade ou desmembramento da propriedade. Pode-se aplicar o princípio de que o acessório segue o principal, sendo a propriedade o principal e a posse, o acessório, já que não há propriedade sem a posse. Nada mais objetivo do que integrar a posse na mesma categoria jurídica da propriedade, dando ao possuidor a tutela jurídica. O nosso legislador andou bem em adotar a tese de Ihering, porque se não há propriedade sem posse, dar proteção a esta é proteger indiretamente àquela; se a propriedade é direito real, a posse também o é; se a posse for ofendida, ofende-se também o domínio, daí o motivo pelo qual se deve proteger a posse na defesa da propriedade[23].

---

22 BEVILÁQUA, Clóvis. *Direito das coisas*. Brasília: Senado Federal, v. 1, 2003. p. 43; MONTEIRO, Washington de Barros. *Curso de direito civil: direito das coisas*. 31. ed. São Paulo: Saraiva, v. 3, 1994. p. 21; RODRIGUES, Silvio. *Direito civil*: direito das coisas. 24. ed. São Paulo: Saraiva, v. 5, 1997. p. 34. Chamoun, Ebert Vianna. *Exposição de Motivos do Projeto de Código Civil,* art. 1226.

23 DAIBERT, J. *Direito das coisas*. 2. ed. Rio de Janeiro: Forense, 1979. p. 50. Pode-se afirmar que *posse é direito*, pois, ante o tridimensionalismo, direito é fato, valor e norma.

Partindo, ainda, do princípio contido no art. 1.197 do nosso Código Civil, de que a tutela possessória do possuidor direto abrange a proteção contra o indireto nos arts. 1.210 e 1.212 do Código Civil e nos arts. 554 e s. do Código de Processo Civil, vemos que o caráter jurídico da posse decorre da própria ordem jurídica que confere ao possuidor ações específicas para se defender contra quem quer que o ameace, perturbe ou esbulhe[24].

Encontramos na posse todos os *caracteres do direito real* tais como:

> a) seu exercício direto, sem intermediário; b) sua oponibilidade *erga omnes;* e c) sua incidência em objeto obrigatoriamente determinado[25].

Devido à posição da "posse" na sistemática do nosso direito civil, não há, pois, nenhum obstáculo a sua qualificação como direito real[26].

---

24 PEREIRA, Caio Mário da Silva. *Instituições de direito civil*: posse. Propriedade. Direitos reais de fruição. Garantia e aquisição. 14. ed. Rio de Janeiro: Forense, v. IV, 2000. p. 30. A nossa jurisprudência aceita a opinião de Ihering ao considerar a posse como um direito real, ao exigir a outorga uxória para ajuizamento de interditos relacionados com bens imóveis. DAIBERT, J. *Direito das coisas.* 2. ed. Rio de Janeiro: Forense, 1979. p. 47. *Vide* o disposto, a esse respeito, no nosso Código de Processo Civil, art. 73, §§ 1º e 2º.

25 GOMES, Orlando. *Direitos reais.* 13. ed. Rio de Janeiro: Forense, 1998. p. 38; PEREIRA, Caio Mário da Silva. *Instituições de direito civil*: posse. Propriedade. Direitos reais de fruição. Garantia e aquisição. 14. ed. Rio de Janeiro: Forense, v. IV, 2000. p. 31.

26 ENNECCERUS, Ludwig; KIPP, Theodor; WOLFF, Martin (*Tratado de derecho civil:* derecho de cosas, v. 1, § 2º Bosch, s/d) qualificam a posse de "direito real provisório" para distingui-la

Todo trabalho jurídico que se refere à posse é árduo e polêmico, como apontar sua origem, conceito, elementos essenciais, natureza jurídica etc. Dentre as várias teorias que se dispõem a definir a posse, contudo, um ponto é unânime: a discussão gira em torno da configuração jurídica de dois elementos da posse – *corpus* e *animus*, ou seja, um elemento material e um elemento moral ou intelectual[27].

Por outro lado, a tentativa de empreender essa conceituação técnica é necessária e se justifica pelo objetivo de se diferenciar as figuras de possuidor e detentor, distinção esta com grande efeito prático, haja vista que à posse são atribuídos efeitos jurídicos negados no caso de detenção[28].

Imprescindíveis na análise desse prélio são as teorias de Savigny e Ihering, respectivamente denominadas teoria subjetiva e teoria objetiva da posse, que obtiveram maior repercussão legislativa, que representam as discordâncias destes autores no que se refere à caracterização dos elementos conceituais da posse[29].

---

da propriedade que é "direito real definitivo". DINIZ, Maria Helena. *Curso de direito civil brasileiro*. 36. ed. São Paulo: Saraiva, v. 4, 2022. p. 67-69.

27 LOPES, Miguel Maria de Serpa. *Curso de direito civil*: direito das coisas. 3. ed. Rio de Janeiro: Livraria Freitas Bastos, v. VI, 1964. p. 107. SANTIAGO, Mariana Ribeiro. Teoria subjetiva da posse. *Jus Navigandi*. Disponível em: https://jus.com.br/artigos/5277/teoria-subjetiva-da-posse. Acesso em: 14 dez. 2022.

28 GOMES, Orlando. *Direitos reais*. 13. ed. Rio de Janeiro: Forense, 1998. p 18. SANTIAGO, Mariana Ribeiro. Teoria subjetiva da posse. *Jus Navigandi*. Disponível em: https://jus.com.br/artigos/5277/teoria-subjetiva-da-posse. Acesso em: 14 dez. 2022.

29 PEREIRA, Caio Mário da Silva. *Instituições de direito civil:* posse. Propriedade. Direitos reais de fruição. Garantia e aquisição. 14.

ed. Rio de Janeiro: Forense, v. IV, 2000. p. 14. Savigny também manifestou seu pensamento em relação a vários outros aspectos da posse, além do conceito e elementos essenciais, como natureza jurídica, efeitos e fundamento da proteção possessória, o que gerou várias outras teorias referentes à posse (SANTIAGO, Mariana Ribeiro. Teoria subjetiva da posse. *Jus Navigandi*. Disponível em: https://jus.com.br/artigos/5277/teoria-subjetiva-da-posse. Acesso em: 14 dez. 2022).

CAPÍTULO 2

Teorias sobre o sentido técnico da posse

2.1. ASPECTOS GERAIS

Passaremos à análise relativa as teorias possessórias que delimitam a conceituação técnica da posse[1].

A *teoria subjetiva* surgiu num contexto em que a teoria medieval era preponderante, afirmando que a ideia de posse refletia a de um contato pessoal, desprezando o aspecto interno da posse que se reflete na relação direta e imediata com a coisa. A par disso, inúmeras eram as obras sobre o tema, constatando-se grande imprecisão terminológica[2].

---

1 Sobre o tema, *vide*: SANTIAGO, Mariana Ribeiro. Teoria subjetiva da posse. *Jus Navigandi*. Disponível em: https://jus.com.br/artigos/5277/teoria-subjetiva-da-posse. Acesso em: 14 dez. 2022.

2 LOPES, Miguel Maria de Serpa. *Curso de direito civil*: direito das coisas. 3. ed. Rio de Janeiro: Livraria Freitas Bastos, v. VI, 1964.

Investindo contra essa teoria, Savigny apresenta como paradigma a situação de alguém ter em mãos uma moeda de prata, caso que indubitavelmente configura a posse. A partir do seu posicionamento, a ideia de tangibilidade física tornou-se fundamental para a aquisição da posse.

O ilustre autor alemão partiu da observação de que, no direito romano, apenas dois efeitos legais se atribuem à posse de forma independente da propriedade, que são a usucapião e os interditos possessórios (teoria da pluralidade dos efeitos da posse). A posse seria uma condição de existência desses efeitos[3].

Sobre os *efeitos da posse*, duas teorias se confrontam, a teoria da unicidade dos efeitos da posse e a teoria da pluralidade dos efeitos da posse.

Segundo a teoria da unicidade, da posse só derivaria um efeito, a presunção de propriedade, e desse efeito dimanariam todos os outros enumerados na doutrina. Esse é o posicionamento dos autores que definem a posse como exteriorização da propriedade, como Ihering[4]. Já os pluralistas admitem a variedade de efeitos decorrentes da posse, divergindo entre si, contudo, quanto à delimitação desses efeitos[5].

Uma parte dos autores pluralistas considera efeitos da posse mesmo aqueles que se produzem com interferência de

---

p. 107. CORDEIRO, António Menezes. *A posse:* perspectivas dogmáticas atuais. 2. ed. Coimbra: Livraria Almedina, 1999. p. 23.

3 SAVIGNY, Frédéric Charles de. *Traité de la possession en droit romain.* 7. ed. Paris: Auguste Durand, v. 1, 1866. p. 9

4 GOMES, Orlando. *Direitos reais.* 13. ed. Rio de Janeiro: Forense, 1998. p. 64.

5 GOMES, Orlando. *Direitos reais.* 13. ed. Rio de Janeiro: Forense, 1998. p. 64.

outras causas concorrentemente com a posse, havendo quem enumerasse cerca de 72 efeitos. Outros pluralistas preferem denominar como efeitos da posse os que se produzem exclusivamente em decorrência da posse. Entre estes autores está Savigny, ao considerar como efeitos da posse apenas os interditos possessórios e a usucapião[6].

A polêmica entre nós, entretanto, torna-se sem sentido tendo em vista que o Código Civil (arts. 1.210/1.222) enumera como "efeitos da posse" os seguintes:

> a) direito aos interditos; b) direito à percepção de frutos; c) direito à indenização das benfeitorias úteis e necessárias; d) direito de retenção pelo valor das benfeitorias úteis e necessárias; e) direito de levantar as benfeitorias voluptuárias quando não ocasionar lesão na coisa; f) direito de usucapião; g) direito à indenização dos prejuízos sofridos em face da turbação ou esbulho; h) responsabilidade pela perda ou deterioração da coisa.

Após analisar, no *Tratado da Posse*, os efeitos da posse, Savigny[7] analisa a natureza desse instituto, concluindo que a posse seria ao mesmo tempo um fato e um direito. Considerada em si mesma, a posse seria um fato e, considerada nos seus efeitos (interditos possessórios e usucapião), a posse manifestaria a feição de um direito (nesse sentido, também Bruns, Windscheid, Zachariae, Van Wetter, Pothier, Laurent e outros).

---

6 GOMES, Orlando. *Direitos reais*. 13. ed. Rio de Janeiro: Forense, 1998. p. 64.

7 SAVIGNY, Frédéric Charles de. *Traité de la possession en droit romain*. 7. ed. Paris: Auguste Durand, v. 1, 1866. p. 25.

A natureza jurídica da posse, contudo, é outro tema que envolve bastante polêmica. A questão se resume em determinar se a posse é um fato ou um direito e, sendo um direito, se seria direito pessoal ou real.

A posição de Savigny sobre a natureza jurídica da posse foi criticada pela imprecisão, pois na verdade todo direito é efeito de um fato, a diferença é que em regra o direito se desprende do fato que o originou (como, p. ex., no caso do contrato e do crédito), e na posse o fato que a originou deve persistir determinando e condicionando a própria existência do direito[8].

Já Ihering considera a posse um direito, partindo da sua definição de direito como o interesse juridicamente protegido. Mesmo no caso da posse injusta, segundo ele, poder-se-ia considerá-la direito independentemente de sua origem por força da necessidade de proteção à propriedade presumida. Molitor, Stahl, Puchta, Ortolan, Demolombe, também consideram a posse um direito embora haja entre esses autores divergência quanto aos fundamentos[9].

A posição que predomina hoje entre os autores é de que a posse é um direito, mas existe entre eles grande polêmica sobre se se trata de direito real ou pessoal.

De fato, na posse há a sujeição direta e imediata da coisa à pessoa, há a oponibilidade *erga omnes* e o sujeito passivo é indeterminado, que são características de direitos reais. Mas

---

8 FULGÊNCIO, Tito. *Da posse e das ações possessórias:* teoria legal – prática. 9. ed. Rio de Janeiro: Forense, v. I, 2000. p. 8.

9 FULGÊNCIO, Tito. *Da posse e das ações possessórias*: teoria legal – prática. 9. ed. Rio de Janeiro: Forense, v. I, 2000. p. 8.

não possuem características essenciais dos direitos reais que são a aderência, o direito de sequela e o direito de preferência, não podendo inclusive ser oposta ao esbulhador que age de boa-fé, como se compreende numa interpretação *a contrario sensu* do art. 1.212, do Código Civil[10].

Os que acreditam ser impossível se tratar de direito real argumentam que os direitos reais são *numerus clausus*, ou seja, são aqueles tipificados na lei, dentre os quais, no nosso ordenamento jurídico, não consta a posse. Além disso, afirmam que a posse, mesmo prevalecendo no juízo possessório, sucumbe diante da propriedade no juízo petitório, demonstrando uma fraqueza que seria incompatível com a caracterização de um direito real[11].

A partir dessas constatações, Savigny, no *Tratado da Posse*, dedicou-se a definir a posse, conceituando-a como a faculdade real e imediata de dispor fisicamente da coisa com a intenção de dono, e de defendê-la contra as agressões de terceiros[12]. O fundamento da proteção possessória seria o princípio geral de que toda pessoa deve ter a proteção do Estado contra qualquer ato de violência (teoria da interdição da violência).

Sobre o fundamento da proteção possessória, Savigny desenvolveu a teoria da interdição da violência. Essa teoria é uma das teorias relativas, que fundamentam a proteção pos-

---

10 FULGÊNCIO, Tito. *Da posse e das ações possessórias*: teoria legal – prática. 9. ed. Rio de Janeiro: Forense, v. I, 2000. p. 8.

11 FULGÊNCIO, Tito. *Da posse e das ações possessórias:* teoria legal – prática. 9. ed. Rio de Janeiro: Forense, v. I, 2000. p. 8.

12 FULGÊNCIO, Tito. *Da posse e das ações possessórias:* teoria legal – prática. 9. ed. Rio de Janeiro: Forense, v. I, 2000. p. 8.

sessória em outro princípio ou instituto além da posse. Em contraposição, existem as teorias absolutas, segundo as quais a posse se defenderia por si mesma, independentemente, tendo em vista sua importância social.

Segundo Savigny, o Poder Público tem a função de assegurar a ordem e a paz pública, sendo que a proteção da posse se enquadraria nesse contexto por impedir a desordem e a justiça privada, garantindo a estabilidade social. A doutrina majoritária endossa a teoria de Savigny sobre a fundamentação da proteção possessória[13].

À teoria da interdição da violência, opõe-se Ihering, com sua teoria da defesa complementar da propriedade, que também é uma teoria relativa, pela qual o fundamento da proteção possessória é exatamente facilitar a proteção do proprietário, já que o possuidor é o proprietário presuntivo, ligando, assim, a posse à propriedade.

Embora o nosso ordenamento jurídico tenha adotado a teoria de Ihering, essa teoria não explica satisfatoriamente a razão da proteção possessória tendo em vista que através do juízo possessório o possuidor pode se contrapor até mesmo ao proprietário, que pode sucumbir nesse juízo[14].

A teoria de Savigny sobre a fundamentação da proteção possessória destaca, sem dúvida, a posse de forma mais independente do que a teoria de Ihering.

---

13 THEODORO JR., Humberto. *Curso de direito processual civil*. 22. ed. Rio de Janeiro: Forense, v. III, 2000. p. 109.

14 GOMES, Orlando. *Direitos reais*. 13. ed. Rio de Janeiro: Forense, 1998. p. 75-81. JHERING, Rudolf Von. *Posse e interditos possessórios*. Tradução de Adherbal de Carvalho. Salvador: Livraria Progresso, 1959. p. 9-85.

Na definição de posse dada por Savigny, como resta claro, encontram-se presentes os dois elementos essenciais da posse civil, *corpus* e *animus*. Esses elementos devem estar sempre conjugados para que exista posse, pois fazem parte da sua própria estrutura, não se adquirindo a posse somente pela apreensão física ou somente com a intenção de dono – "*Adipiscimur possessionem corpore et animus; nec per se corpore, nec per se animo*"[15]. Nesse ponto se apresenta uma divergência central com o pensamento de Ihering, que priorizou o elemento *corpus*.

Pode-se perceber, portanto, que para uma perfeita compreensão do conceito de posse, faz-se imperativa uma análise detalhada dos elementos estruturais *corpus* e *animus*.

2.2. TEORIA SUBJETIVA

2.2.1. *Corpus* na teoria subjetiva

O *corpus* de Savigny é o fato material pelo qual a coisa está submetida à vontade humana, criando para o titular da coisa a possibilidade de dispor fisicamente desta, excluindo a intromissão de todas as outras pessoas[16].

Vale ressaltar que o *corpus* não é a coisa em si, mas o poder físico do possuidor sobre a coisa, a "possibilidade de ter contato direto e físico com a coisa"[17]. Nas palavras de Caio Má-

15 GOMES, Orlando. *Direitos reais*. 13. ed. Rio de Janeiro: Forense, 1998. p. 18.

16 Sobre o tema, consulte: SANTIAGO, Mariana Ribeiro. Teoria subjetiva da posse. *Jus Navigandi*. Disponível em: https://jus.com.br/artigos/5277/teoria-subjetiva-da-posse. Acesso em: 14 dez. 2022.

17 VENOSA, Sílvio de Salvo. *Direito civil:* direitos reais. 2. ed. São Paulo: Atlas, v. 5, 2002. p. 47.

rio da Silva Pereira[18], "é o fato exterior, em oposição ao fato interior", ou, segundo Ihering, "a supremacia de fato sobre a coisa"[19].

A noção de *corpus* sofreu uma mutação dentro da própria teoria subjetiva. Num primeiro momento, o *corpus* era tido como o próprio contato físico, direto e permanente do possuidor com a coisa; num segundo momento, como a simples possibilidade de exercer esse contato, tendo sempre a coisa a sua disposição[20].

E, aceitando o *corpus* nessa acepção mais evoluída como possibilidade de exercer o contato com a coisa ou influência sobre a coisa, Savigny distinguia, ainda, graus de possibilidade (ou de *corpus*) conforme se tratasse de adquirir ou conservar a coisa[21].

Segundo Antonio Hernández Gil[22],

> "Para adquirir es indiscutiblemente preciso que la influencia sea inmediatamente posible; para conservar, ya no. Es suficiente para conservar que la relación de poder, la influencia sobre la cosa, pueda producirse a nuestra voluntad,

18 PEREIRA, Caio Mário da Silva. *Instituições de direito civil*: posse. Propriedade. Direitos reais de fruição. Garantia e aquisição. 14. ed. Rio de Janeiro: Forense, v. IV, 2000. p. 14.

19 JHERING, Rudolf Von. *Teoria simplificada da posse.* Tradução de Vicente Sabino Junior. São Paulo: Bushatsky, 1974. p. 107.

20 MONTEIRO, Washington de Barros. *Curso de direito civil:* direito das coisas. 31. ed. São Paulo: Saraiva, v. 3, 1994. p. 18.

21 GIL, Antonio Hernández. *La posesión*. Madrid: Civitas, 1980. p. 62-63.

22 GIL, Antonio Hernández. *La posesión*. Madrid: Civitas, 1980. p. 62-63.

y de esa manera la posesión cesa cuando desaparece tal posibilidad"[23].

Em resumo, para Savigny bastaria a presença do adquirente para a aquisição da posse. Se, eventualmente, no local, encontrasse-se outra pessoa, a quem se atribua a posse da mesma coisa, a aquisição dependeria do consentimento deste ou com o seu afastamento por violência[24].

Como consequência, para que a apreensão física da coisa se concretize, conforme a teoria subjetiva, faz-se necessário o preenchimento dos seguintes requisitos:

1º) Disponibilidade da coisa.

2º) Possibilidade direta e imediata de submetê-la ao seu poder físico.

3º) Exclusão de toda a intervenção estranha.

Da configuração desses requisitos resulta para o possuidor a possibilidade de fazer da coisa o que quiser e ainda afastá-la da ação de outras pessoas. Conclui-se, ainda, que a teoria subjetiva não permite o desdobramento da posse em posse direta e indireta, tendo em vista que, com o desdobramento, estar-se-ia considerando possuidor alguém que não teria a possibilidade de estabelecer o contato direto com a coisa

23 "Para adquirir é indiscutivelmente preciso que a influência seja imediatamente possível; para conservar, não. É suficiente para conservar que a relação de poder, a influência sobre a coisa, posse se produzir conforme nossa vontade, e dessa maneira a posse cessa quando desaparece tal possibilidade" (Tradução livre).

24 PEREIRA, Caio Mário da Silva. *Instituições de direito civil:* posse. Propriedade. Direitos reais de fruição. Garantia e aquisição. 14. ed. Rio de Janeiro: Forense, v. IV, 2000. p. 15.

quando bem lhe entendesse. A noção de posse como poder de fato sobre a coisa é incompatível com a bipartição da posse em graus, pois se não há o poder de fato não haveria posse[25].

2.2.2. *Animus* na teoria subjetiva

A visão subjetiva da posse, implicando a vontade do possuidor, não foi uma inovação de Savigny. Essa visão já havia sido consagrada na obra de Pothier (*Traité de la Possession* – 1772), ao afirmar que a posse adquirir-se-ia *corpore et animo*, baseando-se na doutrina desenvolvida pelos jurisprudentes Cujas e Donneau, aos quais se deve o *animus domini* posteriormente resgatado por Savigny[26].

O *animus*, na posse, segundo Savigny, deve ser a intenção de ter a coisa como proprietário (*animus domini*) ou de ter a coisa para si (*animus rem sibi habendi*)[27]. Não se trata de convicção de ser dono, mas de vontade de ter a coisa como sua[28]. Esse *animus domini* é uma evolução da Ψυχη δεσπόζοντος[29] das fontes gregas[30].

25 GOMES, Orlando. *Direitos reais*. 13. ed. Rio de Janeiro: Forense, 1998. p. 45.

26 CORDEIRO, António Menezes. *A posse*: perspectivas dogmáticas atuais. 2. ed. Coimbra: Livraria Almedina, 1999. p. 21-22. Sobre o tema, consulte: SANTIAGO, Mariana Ribeiro. Teoria subjetiva da posse. *Jus Navigandi*. Disponível em: https://jus.com.br/artigos/5277/teoria-subjetiva-da-posse. Acesso em: 14 dez. 2022.

27 RODRIGUES, Paulo de Tarso. *Ensaio sobre a posse*. São Paulo: Saraiva, 1959. p. 9.

28 PEREIRA, Caio Mário da Silva. *Instituições de direito civil*: posse. Propriedade. Direitos reais de fruição. Garantia e aquisição. 14. ed. Rio de Janeiro: Forense, v. IV, 2000. p 15.

29 “Vontade dominante” (Tradução livre).

30 RUGGIERO, Roberto de. *Instituições de direito civil*. Tradução da

Não se deve confundir *animus domini* e *opinio domini*, pois para esta é preciso que o possuidor seja de fato o proprietário. No *animus domini*, na vontade, Savigny enxerga o elemento preponderante da posse. Por essa razão a sua teoria foi batizada de teoria subjetiva[31].

Na teoria subjetiva, na falta desse elemento interior ou psíquico, *animus domini*, não existiria posse, mas simples detenção. Isso não quer dizer que não haja um elemento psíquico na detenção. Trata-se do *animus detinendi*[32], pois há uma vontade também ao se possuir *nomine alieno* e não *nomine proprio*.

De acordo com o *animus*, Savigny[33] estabelece a seguinte classificação das pessoas:

a) O proprietário, o que se crê proprietário, o ladrão e o que se apoderou violentamente de um imóvel;

b) Aquele que detém a coisa em virtude de um direito real;

c) Aquele que detém a coisa por força de um vínculo obrigacional;

d) O que detém a coisa em nome do proprietário.

Todas as pessoas incluídas na primeira categoria ("a") seriam possuidoras, pois incontestável o *animus domini*. No caso

---

6. ed. italiana por Paolo Capitanio. Campinas-SP: Bookseller, v. 2, 1999. p. 744.

31 GOMES, Orlando. *Direitos reais*. 13. ed. Rio de Janeiro: Forense, 1998. p. 19.

32 RUGGIERO, Roberto de. *Instituições de direito civil*. Tradução da 6. ed. Italiana por Paolo Capitanio. Campinas-SP: Bookseller, v. 2, 1999. p. 744.

33 SAVIGNY, Frédéric Charles de. *Traité de la possession en droit romain*. 7. ed. Paris: Auguste Durand, v. 1, 1866. p.112)

do proprietário há mais que *animus domini*, há *opinio domini*, pois o possuidor tem, de fato, a propriedade.

Em contrapartida, fora de dúvida seria a exclusão da posse em relação às pessoas da quarta categoria ("d"), pois ao deter a coisa em nome de outrem (*nomine alieno*), fica automaticamente afastado o *animus domini*. É o que ocorre, por exemplo, no mandato. Neste caso, a posse não teria nenhuma justificação, pois o mandatário não tem nenhum interesse pessoal a fazer valer, possui no interesse de outrem[34].

Na visão saviniana, se alguém detém a coisa sabendo que esta pertence à outra pessoa, não há *animus domini* e, consequentemente, não existe posse. É o que ocorre também com as pessoas da segunda ("b") e terceira ("c") categorias, além da quarta categoria ("d").

A esse princípio, consagrado na teoria subjetiva, de que "o conhecimento de que a coisa pertence a outrem descaracteriza a possibilidade de posse por outro que não o proprietário", ocorre uma exceção no caso dos ladrões e dos que se apoderam violentamente de um imóvel, incluídos na primeira categoria ("a"). A razão disso é que estes sujeitos, embora sabendo pertencer a coisa a outrem, insurgem-se contra essa propriedade, manifestando claramente a intenção de ser dono, *animus domini*.

Não havendo *animus domini* e, consequentemente, inexistindo posse, as pessoas descritas na segunda ("b"), terceira ("c") e quarta ("d") categorias seriam meras detentoras. Na

---

34 REZENDE, Astolpho. *Manual do código civil brasileiro*: do direito das coisas – Da posse. Rio de Janeiro: Jacinto Ribeiro dos Santos, v. VII, 1918. p. 8.

detenção haveria apenas a posse natural, em contraposição à posse civil, que seria protegida juridicamente[35].

Entretanto, apesar da ausência de *animus domini* e da impossibilidade de configuração de posse, Savigny defende a utilização dos interditos possessórios por algumas pessoas incluídas na segunda categoria ("b"), mesmo sem possuírem a qualidade de possuidores, o que confere a essa situação o *status* do que ele chamou de "quase-posse".

Já havia no direito romano uma proteção possessória a certos direitos sem a configuração do *animus domini*. Estavam nessa situação o credor pignoratício, o precarista e o depositário da coisa litigiosa (categoria "b"). Era preciso outorgar a essas situações a proteção possessória para que os titulares pudessem conservar a coisa que lhes foi confiada, embora não pudessem ter a vontade de se comportar como dono da coisa.

Apenas nesses casos de posse derivada, Savigny admitia que o possuidor originário pudesse transferir para outros a sua posse, não apenas a detenção material, mas também o *jus possessionis*[36], que ensejam o direito aos interditos possessórios[37].

---

35 DINIZ, Maria Helena. *Curso de direito civil brasileiro:* direito das coisas. 36. ed. São Paulo: Saraiva, 4º v., 2022. p. 50-52.

36 *Jus possessionis* é a posse como fato, que fundamenta as ações possessórias, que têm por objetivo a proteção possessória. Contrapõe-se ao *jus possidendi*, que é o direito de ter a posse, do qual a propriedade é o principal fundamento. O *jus possidendi* enseja ações petitórias.

37 RUGGIERO, Roberto de. *Instituições de direito civil*. Tradução da 6. ed. italiana por Paolo Capitanio. Campinas-SP: Bookseller, v. 2, 1999. p. 744.

Fora às exceções dos casos de posse derivada, como explicado retro, para Savigny, ainda que haja um fundamento jurídico para deter a coisa, as relações jurídicas em que as pessoas conservam a coisa em seu poder sem a intenção de tê-la como dono não constituem relações possessórias (como na locação, comodato etc.), tornando descabida, nesses casos, a proteção possessória. Esse pensamento traz graves repercussões práticas.

Aquelas pessoas que Savigny considera meras detentoras não gozariam, segundo sua teoria, de uma proteção direta da lei, e, ocorrendo turbação ou esbulho da sua "posse natural", devem dirigir-se à pessoa que lhes conferiu a detenção para que esta pessoa, como possuidora, invoque a proteção possessória[38].

Pode-se imaginar o inconveniente que essa posição geraria em casos como, p. ex., o do locatário e os demais sujeitos incluídos na terceira categoria ("c"), pois essas pessoas agem em vista do seu próprio interesse[39], possuem em interesse próprio, diferentemente do que ocorre na quarta categoria ("d"). Por outro lado, o ladrão[40], por considerar a coisa como sua, não encontraria esses obstáculos para defender sua posse, o que é, no mínimo, uma incoerência do ponto de vista social.

---

38 DINIZ, Maria Helena. *Curso de direito civil brasileiro:* direito das coisas. 36. ed. São Paulo: Saraiva, 4º v., 2022. p. 50-52.

39 REZENDE, Astolpho. *Manual do código civil brasileiro*: do direito das coisas – Da posse. Rio de Janeiro: Jacinto Ribeiro dos Santos, v. VII, 1918. p. 8.

40 RIBAS, Antônio Joaquim. *Da posse e das ações possessórias*. São Paulo: Miguel Melillo e cia., 1901. p. 26.

Na teoria subjetiva é o *animus* que distingue o possuidor do simples detentor. Apenas com a análise do *corpus* não seria possível a distinção, pois ambos exteriorizam o mesmo comportamento em relação à coisa aos olhos da comunidade. O que os diferenciaria seria a intenção, o elemento psicológico. Os detentores não possuem *animus domini*, mas *animo nomine alieno*[41].

2.2.3. Aplicações práticas

Analisando-se a obra de Savigny, é possível apontar algumas aplicações práticas[42]:

A) Aquisição.

Em regra, a aquisição da posse ocorre pela conjunção de um fato ou ato físico de apreensão (*corpus)* e uma vontade determinada (*animus domini)*. A consequência da aquisição é a possibilidade da exclusão da intervenção de qualquer outra pessoa sobre a coisa.

B) Apreensão de imóveis.

A posse de um imóvel é obtida pela presença pessoal do possuidor. A proximidade imediata seria a razão de poder o possuidor fazer com o imóvel o que melhor entender. Diferentemente do que ocorre na aquisição da propriedade, na

---

41 VENOSA, Sílvio de Salvo. *Direito civil:* direitos reais. 2. ed. São Paulo: Atlas, v. 5, 2002. p. 47.

42 LOPES, Miguel Maria de Serpa. *Curso de direito civil*: direito das coisas. 3. ed. Rio de Janeiro: Livraria Freitas Bastos, v. VI, 1964. p. 108-109. Sobre o tema, consulte: SANTIAGO, Mariana Ribeiro. Teoria subjetiva da posse. *Jus Navigandi.* Disponível em: https://jus.com.br/artigos/5277/teoria-subjetiva-da-posse. Acesso em: 14 dez. 2022.

aquisição da posse de imóveis não é necessário qualquer tipo de registro como requisito necessário para a aquisição.

C) Apreensão dos móveis.

A aquisição da posse das coisas móveis consuma-se pela apreensão material ou pela presença imediata que coloca a pessoa em condições de tomar a coisa.

D) Teoria da custódia.

Savigny teria criado a teoria da custódia, visando adaptar à teoria subjetiva alguns casos práticos aos quais ela não se ajustaria naturalmente ou entraria em conflito. Um exemplo desses casos práticos seria a situação em que alguém compra um objeto e o vendedor assume a obrigação de entregar o objeto no domicílio do comprador.

A ideia de custódia ou depósito pressupõe os seguintes requisitos:

1º) desnecessidade de a coisa comprada permanecer na presença do comprador após a aquisição;

2º) desnecessidade de o comprador estar presente em seu domicílio no momento da entrega;

3º) o simples depósito da coisa comprada no domicílio do comprador constitui atribuição da posse.

A teoria da custódia abre uma exceção para que aquele que seria simples detentor, na visão de Savigny, seja alçado à condição de possuidor, no intuito de proteger a posse do proprietário mesmo quando ainda não houve a apreensão física de fato.

E) Conservação.

Se o *corpus* e o *animus* são elementos essenciais da posse, esta persiste pela continuidade de suas condições ou elementos essenciais, enquanto existirem suas condições. A posse, segundo Savigny, mantém-se quando subsiste a possibilidade de reproduzir, quando se quer, o estado originário, o estado em que foi adquirida[43].

F) Perda da posse.

As ideias de conservação e perda da posse são correlativas, deixando de existir o *corpus* ou o *animus*, deixa de existir a posse, há a perda da posse, sendo impossível a reprodução do estado originário.

Outra questão de ordem prática, que desemboca na prova do *animus* e suscita grande polêmica, é se esse *animus* deve ser alguma coisa psicologicamente existente ou se deve resultar de certos indícios, de certos elementos objetivos[44].

Em relação a essa questão existem duas correntes, a teoria da vontade concreta e a teoria da vontade abstrata ou da causa. De acordo com o referido autor português, aquela procura de várias formas descobrir qual a vontade concreta do agente; esta atribui a cada sujeito o *animus* correspondente à causa porque detém, ou seja, analisa-se a relação jurídica que está na base da posse para se definir o *animus*.

De fato, os países que ainda hoje adotam a teoria subjetiva procuram elementos objetivos para se verificar com clareza o *animus* no caso concreto, conforme prega a teoria da causa. Isso acaba por ser um ponto de contato entre a teoria subjetiva e a teoria objetiva.

---

43 JHERING, Rudolf Von. *Posse e interditos possessórios*. Tradução de Adherbal de Carvalho. Salvador: Livraria Progresso, 1959. p. 180.

44 ASCENSÃO, José de Oliveira. *Direitos reais*. Lisboa: Livraria Petroni, 1971. p. 248.

Vale ressaltar, sobre o assunto, a opinião de Saleilles[45]: "Este *animus domini* no puede ser únicamente un fenómeno íntimo existente sólo en el fuero interno, porque si así fuera, no habría más prueba de él que la declaración del pretendido poseedor: tiene que aparecer del título mismo en virtud del cual detenta"[46].

2.3. TEORIA OBJETIVA

A teoria objetiva, de Ihering, por sua vez, entende que para constituir a posse basta o *corpus*, dispensando assim o *animus* e sustentando que esse elemento está ínsito no poder de fato exercido sobre o bem. Para ele, o *corpus* é o único elemento visível e suscetível de comprovação, estando vinculado ao *animus* do qual é manifestação externa[47]. O objetivismo dessa teoria, ou melhor, a dispensa da intenção de dono, na caracterização da posse, permite considerar como possuidores o locatário, o comodatário, o depositário etc.[48].

---

45 SALEILLES, Raymundo. *La posesión*. Tradução castelhana de J. Maria Navarro de Palencia. Madri: Librería General de Victoriano Suárez, 1909. p. 167.

46 "Este *animus domini* não pode ser unicamente um fenômeno íntimo existente apenas internamente, porque se fosse assim, não haveria mais prova disso do que a declaração do pretendido possuidor: tem que aparecer do título mesmo em virtude do qual detenha" (Tradução livre).

47 JHERING, Rudolf Von. El fundamento de la protección posesoria. Caps XI e XII, in *La posesión*, 1ª parte. p. 207 e ss.; JHERING, Rudolf Von. *Teoria simplificada da posse*. Tradução de Vicente Sabino Junior. São Paulo: Bushatsky, 1974; MONTEIRO, Washington de Barros. *Curso de direito civil*: direito das coisas. 31. ed. São Paulo: Saraiva, v. 3, 1994. p. 19.

48 *Vide* PEREIRA, Caio Mário da Silva. *Instituições de direito civil*: posse. Propriedade. Direitos reais de fruição. Garantia e aquisição.

Essa doutrina, ao mesmo tempo que separa a posse da propriedade, coloca a relação possessória ao serviço integral da propriedade. Diz ela: a propriedade sem a posse é um tesouro sem a chave para abri-lo, ou uma árvore frutífera sem os meios que possibilitem a colheita de seus frutos. Logo, a posse reveste-se, nessa teoria, de grande importância prática para o proprietário, uma vez que este só poderá utilizar-se economicamente da coisa que lhe pertence se tiver a posse. O proprietário pode usar ele mesmo do destino econômico do bem (utilização imediata ou real) ou, então, cedê-lo, onerosa (locação, venda ou permuta) ou gratuitamente (comodato, doação) a outras pessoas (utilização mediata ou jurídica). Todas essas hipóteses pressupõem a posse, que representa um postulado absoluto da ideia de propriedade, sendo, portanto, uma exteriorização do domínio, apresentando-se ora como condição do nascimento de um direito, ou seja, como um ponto de transição momentânea para a propriedade, ora como fundamento de um direito, porque o possuidor tem o direito de se prevalecer dela até que a terceira pessoa com melhor direito venha tomá-la.

Para Ihering o que importa é o uso econômico ou destinação socioeconômica do bem, pois qualquer pessoa é capaz

---

14. ed. Rio de Janeiro: Forense, v. IV, 2000. p. 24; FRANÇA, R. Limongi. *A posse no Código Civil*. São Paulo: Bushatsky, 1964; ALVES, José Carlos Moreira. *Posse: estudo dogmático*. Rio de Janeiro: Forense, 1990; Natoli, Ugo. *Il possesso*. Milano: Giuffrè, 1992; BATISTA, Antenor. *Posse, possessória, usucapião e ação rescisória*. São Paulo: Juarez de Oliveira, 2004; SANTIAGO, Mariana Ribeiro. Teoria subjetiva da posse. *Jus Navigandi*. Disponível em: https://jus.com.br/artigos/5277/teoria-subjetiva-da-posse. Acesso em: 14 dez. 2022.

de reconhecer a posse pela forma econômica de sua relação exterior com a pessoa. Um claro exemplo de tudo nos é fornecido pelo próprio Ihering, quando afirma: se encontrarmos num bosque um feixe de lenha devidamente amarrado, está evidente, devido à situação da própria coisa, que ele está sob a posse de alguém e que não podemos nos apossar dele sem cometermos um furto; diferentemente ocorre, se nos depararmos numa floresta com um maço de cigarros tombado, que denuncia abandono ou perda porque não é ali o seu lugar adequado, onde cumpre sua destinação econômica. Igualmente, se virmos alguns materiais junto a uma construção, apesar de ali não se encontrar o possuidor, exercendo poder sobre a coisa, a circunstância das obras e dos materiais indica a existência da posse de alguém[49].

São seus elementos constitutivos: o *corpus*, exterioridade da propriedade, que consiste no estado externo, normal das coisas, sob o qual desempenham a função econômica de servir e pelo qual o homem conhece e distingue quem possui e quem não possui, e o *animus* que já está incluído no *corpus*, indicando o modo como o proprietário age em face do bem de que é possuidor.

Assim sendo, na definição de Ihering a posse é a exteriorização ou visibilidade da propriedade, ou seja, a relação exterior intencional, existente normalmente entre o proprietário e sua coisa.

Para essa escola: a) a posse é condição de fato da utilização econômica da propriedade; b) o direito de possuir faz parte

49 JHERING, Rudolf Von. *Oeuvres choisies*. Paris: s/e, v. 2, 1893. p. 217, 220 e 234.

do conteúdo do direito de propriedade; c) a posse é meio de proteção do domínio; e d) a posse é uma rota que conduz à propriedade[50], reconhecendo a posse como um direito.

O Código Civil brasileiro acolheu esta última doutrina, se bem que não chega a conceituar diretamente a posse, mas, pela definição que dá ao possuidor no seu art. 1.196, vê-se que "a posse" é o exercício, pleno ou não, de fato dos poderes constitutivos do domínio ou somente de alguns deles, como no caso dos direitos reais sobre coisas alheias, hipótese em que recebe a denominação de "quase posse", que vem desde os romanos. Logo, tradicionalmente, a posse propriamente dita só se refere à propriedade, sendo a "quase posse" o exercício de outros direitos reais, desmembramentos do domínio, que deste se destacam e param em outras mãos, como as servidões, o usufruto etc. Contudo, esta distinção só tem mero valor histórico; nada há no Código a esse respeito e nem se coaduna com o nosso sistema[51].

Na sistemática de nosso direito civil a posse não requer nem a intenção de dono nem o poder físico sobre o bem, apresentando-se como uma relação entre a pessoa e a coisa, tendo em vista a função socioeconômica desta. Daí a razão pela qual o Projeto de Lei n. 699/2011 pretende alterar a redação do art. 1.196, para o seguinte: "Considera-se possui-

50 RODRIGUES, Silvio. *Direito civil*: direito das coisas. 24. ed. São Paulo: Saraiva, v. 5, 1997. p. 32.

51 Pelo Conselho da Justiça Federal – CJF, no Enunciado n. 492, aprovado na V Jornada de Direito Civil: "A posse constitui direito autônomo em relação à propriedade e deve expressar o aproveitamento dos bens para o alcance de interesses existenciais, econômicos e sociais merecedores de tutela".

dor todo aquele que tem poder fático de ingerência sócio-econômica; absoluto ou relativo, direto ou indireto, sobre determinado bem da vida, que se manifesta através do exercício ou possibilidade de exercício inerente à propriedade ou outro direito real suscetível de posse". Com isso, diz Joel Dias Figueira Júnior, o art. 1.196 "acompanhará a própria orientação legislativa do novo Código Civil, em sintonia com a Constituição Federal, no que concerne às teorias sociológicas da função social da propriedade. Vale registrar que foram as teorias sociológicas da posse, a partir do início do século XX, na Itália com Silvio Perozzi, na França com Raymond Saleilles e na Espanha com Antonio Hernández Gil, que não só colocaram por terra as célebres teorias – objetiva e subjetiva – de Ihering e Savigny, como também tornaram-se responsáveis pelo novo conceito desses importantes institutos no mundo contemporâneo, notadamente a posse como exteriorização da propriedade (sua verdadeira 'função social'). Ademais, o conceito traz em seu bojo o principal elemento e característica da posse, assim considerado pela doutrina e jurisprudência, o poder fático sobre um bem da vida, com admissibilidade de desmembramento em graus, refletindo o exercício ou possibilidade de exercício de um dos direitos reais suscetíveis de posse. Assim, evoluiu-se no conceito legislativo de possuidor, colocando-o em sintonia com o conceito de posse, em paralelismo harmonizado com o direito de propriedade, como sua projeção no mundo fatual. Entendo que a revisão desse dispositivo, impossível de ter sido feita durante a tramitação do Projeto n. 634/75, face aos óbices regimentais, faz-se mister em face da importância desse instituto, de repercussão no mundo fático e jurídico e a manifesta necessidade de uma perfeita compreensão do fenômeno possessório, a partir do próprio texto legal". Sobre essa proposta, contida no Projeto de Lei n. 6.960/2002 (atual PL n. 699/2011), assim se manifestou o Parecer do Relator, Dep. Vicente Arruda: "O artigo define o que é a posse. A proposição objetiva modificar essa definição, acrescentando a ela outros dados que considera uma definição mais moderna do instituto da posse. Acresce à definição termos como 'poder fático de ingerência socioeconômica', que, acreditamos, ao invés de definir melhor tornam completamente obscura a redação do artigo. Não vislumbramos nenhum motivo apresentado na justificação para acolher essa modificação, razão do voto pela rejeição".

Caracteriza-se a posse como a exteriorização da conduta de quem procede como normalmente age o dono[52]. O possuidor é, portanto, o que tem o pleno exercício de fato dos poderes constitutivos de propriedade ou somente de alguns deles, como no caso dos direitos reais sobre coisa alheia, como o usufruto, a servidão etc.

O conselho da Justiça Federal, na III Jornada de Direito, interpretando os arts. 1.196, 1.205 e 1.212 do Código Civil de 2002, entendeu, no Enunciado n. 236: "Considera-se possuidor, para todos os efeitos legais, também a coletividade

52 PEREIRA, Caio Mário da Silva. *Instituições de direito civil*: posse. Propriedade. Direitos reais de fruição. Garantia e aquisição. 14. ed. Rio de Janeiro: Forense, v. IV, 2000. p. 26. O art. 1.784 do Código Civil prescreve que o herdeiro tem a posse no mesmo instante em que ocorre a morte do dono dos bens. Caso de posse sem *corpus* e sem *animus*. Suponha-se que faleça, na Europa, alguém que tenha bens no Brasil, sem que ninguém saiba da sua morte; por força de lei seus herdeiros entram na posse desses bens no momento em que se deu o óbito.

desprovida de personalidade jurídica" e, na VI Jornada de Direito Civil, aprovou o Enunciado n. 563: "O reconhecimento da posse por parte do Poder Público competente anterior à sua legitimação nos termos da Lei n. 11.977/2009 constitui título possessório", apresentando a seguinte justificativa: "No âmbito do procedimento previsto na Lei n. 11.977/2009, verifica-se que o Poder Público municipal, ao efetuar cadastramento dos possuidores no momento da demarcação urbanística, emite documento público que atesta a situação possessória ali existente. Tal reconhecimento configura título possessório, ainda que anterior à legitimação da posse"

Não esgota o Código Civil pátrio, no seu art. 1.196, o conceito de posse, porque em seguida, nos arts. 1.198 e 1.208, acrescenta-lhe dois complementos de natureza explicativa. Com efeito, estatui o art. 1.198: "Considera-se detentor aquele que, achando-se em relação de dependência para com outro, conserva a posse em nome deste e em cumprimento de ordens ou instruções suas"[53]

O conceito que aí se traduz é o do "fâmulo da posse", "gestor da posse" (*Enderman*), "detentor dependente" (*Strohal*) ou "servidor de posse" (*Bekker*) em relação ao dono.

O "fâmulo da posse" é aquele que, em virtude de sua situação de dependência econômica ou de um vínculo de subordinação em relação a uma outra pessoa (possuidor direto

---

53 Artigo muito próximo ao do art. 855 do BGB, que reza: "Quando alguém exerce o poder de fato sobre uma coisa em proveito de outro, em razão do ofício que desempenha em sua casa ou indústria ou por motivo de outra situação do mesmo gênero, que o obriga a se conformar com as ordens que recebe dele, relativamente à coisa, só este último é possuidor".

ou indireto), exerce sobre o bem não uma posse própria, mas a posse desta última e em nome desta, em obediência a uma ordem ou instrução. Aquele que assim se comportar em relação à coisa e à outra pessoa, presumir-se-á detentor, até prova em contrário (CC, art. 1.198, parágrafo único). Tem apenas *posse natural*, que se baseia na mera detenção, não lhe assistindo o direito de invocar a proteção possessória, uma vez que, neste caso, afastado está o elemento econômico da posse. Mas entendeu o Conselho da Justiça Federal – CJF, no Enunciado n. 493, aprovado na V Jornada de Direito Civil, que: "O detentor (art. 1.198 do Código Civil) pode, no interesse do possuidor, exercer a autodefesa do bem sob seu poder". É o que ocorre com empregados ou prestadores de serviços em geral (p. ex., motorista, empregada doméstica, cozinheira, faxineira), almoxarifes, caseiros, administradores, diretores de empresa, bibliotecários, amigo hospedado numa casa etc., que, por presunção *juris tantum*, são considerados detentores de bens sobre os quais não exercem posse própria[54] (RT, 541:207, 560:167, 575:147, 589:142, 778:300; JTACSP, 79:106). Trata-se de uma mera custódia, como diz Pothier, que não gera direitos. A relação de detenção vincular-se-á, portanto, à maneira pela qual a pessoa se comporta perante o bem, pertencente a outrem, e presumir-se-á, até prova em contrário, no instante em que se iniciar sua dependência para o verdadeiro possuidor da coisa, passando a conservar a pos-

54 GOMES, Orlando. *Direitos reais*. Rio de Janeiro: Forense, 1978. p. 43-44. Pelo Conselho da Justiça Federal, no Enunciado n. 301 (aprovado na IV Jornada de Direito Civil): "É possível a conversão da detenção em posse, desde que rompida a subordinação, na hipótese de exercício em nome próprio dos atos possessórios".

se daquele bem em nome deste, em cumprimento de suas ordens.

Acrescenta o art.1.208, 1ª parte, de nosso Código Civil: "não induzem posse os atos de mera permissão ou tolerância"[55]

A permissão como pondera Francisco Eduardo Loureiro, "exige conduta positiva do possuidor, que, sem perda do controle e da vigilância sobre a coisa, entrega-a voluntariamente a terceiro para que este a tenha momentaneamente".

Os atos de mera permissão são oriundos de uma anuência expressa ou concessão do dono, sendo revogáveis pelo concedente: podem ser exercidos por convenção das partes, como a permissão de abertura de janela para o prédio do conceden-

---

55 As raízes desse preceito vieram da sabedoria romana falando no Digesto, Livro 41, Título II, pela sentença de Paulo na Lei 41: "O que em razão de amizade entra no prédio do amigo não parece que o possui; porque não entrou com intenção de possuí-lo, ainda que esteja no prédio".

"Meros atos de tolerância do proprietário da fazenda contígua à propriedade que se vinha beneficiando de desvio de energia elétrica não configuram servidão" (1º TARJ, ADCOAS, 1981, n. 74.998).

"Se a trilha constitui simplesmente um atravessadouro de gado, cavaleiro ou pedestre, de uma das propriedades para outra, sendo certo que nenhuma delas é encravada e ambas limítrofes, podendo o vizinho passar de uma para outra, sem atravessar a propriedade do outro, constitui-se em atravessadouro que traduz atos de tolerância de um proprietário a particular e não o serviço de um fundo a outro fundo. A passagem por essas trilhas, sem qualquer obra de conservação, permitida ou tolerada pelo proprietário, não induzido a posse, nos termos do art. 497 [hoje art. 1.208] do Cód Civ., não enseja a prescrição aquisitiva, podendo ser cercada a qualquer momento pelo dono da terra" (1º TARJ, ADCOAS, 1982, n. 81.648).

te, fechável à sua requisição, a recepção de um hóspede, cedendo, temporariamente o uso de um quarto etc. Não se confundem nem com a outorga nem com a cessão de direito. Há, sem dúvida, uma licença, mas o termo "mera" adverte que o concedido não é um direito para o concessionário, não é parcela alguma dos direitos do senhor da coisa, se não uma autorização revogável por aquele que a concedeu.

A tolerância, na lição de Francisco Eduardo Loureiro, "é o comportamento de inação, omissivo, consciente ou não do possuidor, que, mais uma vez sem renunciar à posse, admite a atividade de terceiro em relação à coisa ou não intervém quando ela acontece".

Os atos de mera tolerância representam uma indulgência pela prática do ato que, na realidade, não cede direito algum, mas, tão somente, retira a ilicitude do ato de terceiro, sem o consenso prévio do possuidor, que, sem renunciar sua posse, mantém, ante aquela atividade, um comportamento omisso, consciente ou não. Por outras palavras, consistem nas relações de boa vizinhança ou familiaridade que, tacitamente, permitem que terceiros façam na propriedade alheia aquilo que não teriam direito de fazer, como passar pelo jardim de uma casa ou pelos atalhos de uma fazenda[56].

Estes atos tolerados ou meramente permitidos constituem uma das formas, no sentido romano, de concessão benévola e revogável, não induzindo, portanto, posse. Não gera também a posse a "detenção independente", ou seja, sem relação de

56 FULGÊNCIO, Tito. *Da posse e das ações possessórias*: teoria legal – prática. 9. ed. Rio de Janeiro: Forense, v. I, 2000. n. 11; Loureiro, Francisco Eduardo. *Código Civil comentado* (Peluso coord.). Barueri: Manole, 2008. p. 1107.

dependência do detentor para com o possuidor, decorrente da segunda parte do art. 1.208 do Código Civil ("...assim como não autorizam a sua aquisição os atos violentos, ou clandestinos, senão depois de cessar a violência ou a clandestinidade") e do art. 1.224 desse mesmo diploma legal ("só se considera perdida a posse para quem não presenciou o esbulho, quando, tendo notícia dele, se abstém de retornar a coisa, ou, tentando recuperá-la, é violentamente repelido").

Perante o direito brasileiro, para que haja posse, além dos elementos constitutivos apontados por Ihering, deve conter, como ato jurídico que é:

> a) sujeito capaz (pessoa natural ou jurídica); b) objeto (coisa: corpórea ou incorpórea) e c) uma relação de dominação entre o sujeito e o objeto, um ter da coisa por parte do sujeito[57].

Faltando qualquer dessas notas, não se poderá falar em relação possessória.

2.4. PARALELO ENTRE TEORIA SUBJETIVA E TEORIA OBJETIVA

As maiores críticas à teoria subjetiva se dirigem ao seu exagerado subjetivismo, que faz a caracterização da posse, instituto de fundamental importância para a sociedade, depender de um estado íntimo do sujeito, difícil de ser precisado no caso concreto[58].

---

57 DINIZ, Maria Helena. *Curso de direito civil brasileiro*. 36. ed. São Paulo: Saraiva, v. 4, 2022. p. 52-59. STF, Súmula 487.

58 GOMES, Orlando. *Direitos reais*. 13. ed. Rio de Janeiro: Forense, 1998. p. 19. Consulte: SANTIAGO, Mariana Ribeiro. Teoria

O principal crítico da teoria subjetiva foi Ihering, em suas obras "Fundamentos da Proteção Possessória" e "Papel da Vontade na Posse". Aliás, o subjetivismo passou a ser reconhecido como tal graças ao próprio Ihering, que criou a imagem do subjetivismo para o criticar. Contrapondo-se a Savigny, Ihering também analisa a posse tomando como base seus dois elementos: *corpus* e *animus*.

Para Ihering, "a posse consiste no fato de uma pessoa proceder intencionalmente em relação à coisa, como normalmente procede o proprietário, a dizer, na posse tem a propriedade sua imagem exterior, este direito, a sua posição de fato"[59]. O fundamento da proteção possessória seria facilitar a defesa da propriedade.

Percebe-se, por essa definição, que Ihering discorda que o *corpus* seja a possibilidade material de dispor da coisa e, ainda, diminui consideravelmente o papel da vontade na constituição da posse, ao contrário do que pregou Savigny.

Isto ocorre porque, segundo Ihering, nem sempre o possuidor terá a possibilidade física de dispor da coisa, sem que esse fato destrua a posse[60]; e, por outro lado, na maioria das vezes é impossível a prova do *animus*, visto se tratar de elemento subjetivo, que está na esfera interior do indivíduo.

O *corpus*, para Ihering, "consiste no estado normal externo da coisa, sob que se cumpre o destino econômico de

---

subjetiva da posse. *Jus Navigandi*. Disponível em: https://jus.com.br/artigos/5277/teoria-subjetiva-da-posse. Acesso em: 14 dez. 2022.

59 FULGÊNCIO, Tito. *Da posse e das ações possessórias*: teoria legal – prática. 9. ed. Rio de Janeiro: Forense, v. I, 2000. p. 8.

60 JHERING, Rudolf Von. *Posse e interditos possessórios*. Tradução de Adherbal de Carvalho. Salvador: Livraria Progresso, 1959. p. 191.

servir aos homens, vale dizer, a exterioridade da propriedade, podendo ser ou não a detenção, conforme a natureza das coisas"[61]. Ou ainda, nas palavras de Caio Mário da Silva Pereira[62], "é a relação exterior que há normalmente entre o proprietário e a coisa, ou a aparência da propriedade".

Já em relação ao *animus*, Ihering o define como a "vontade de se tornar visível como proprietário"[63], não há a intenção de dono, mas tão somente vontade de proceder como procede habitualmente o dono, que seria a *affectio tenendi* [64]. Não é, portanto, necessária a prova da intenção do possuidor, a ideia do *animus* já estaria contida na ideia de *corpus*, e seria observável quando o possuidor desse à coisa sua devida destinação econômica. De outra forma, segundo os objetivistas, estaria prejudicada a posse do incapaz.

Vale ressaltar, que Ihering não nega a influência da vontade na posse, entretanto, afirma que a vontade exerce na posse a mesma função que exerce em qualquer outra relação jurídica.

Além disso, segundo Ihering, mesmo havendo o *corpus* e a *affectio tenendi*, um dispositivo legal pode, de forma excep-

61 FULGÊNCIO, Tito. *Da posse e das ações possessórias:* teoria legal – prática. 9. ed. Rio de Janeiro: Forense, v. I, 2000. p. 9.

62 PEREIRA, Caio Mário da Silva. *Instituições de direito civil*: posse. Propriedade. Direitos reais de fruição. Garantia e aquisição. 14. ed. Rio de Janeiro: Forense, v. IV, 2000. p. 15.

63 FULGÊNCIO, Tito. *Da posse e das ações possessórias:* teoria legal – prática. 9. ed. Rio de Janeiro: Forense, v. I, 2000. p. 9.

64 PEREIRA, Caio Mário da Silva. *Instituições de direito civil*: posse. Propriedade. Direitos reais de fruição. Garantia e aquisição. 14. ed. Rio de Janeiro: Forense, v. IV, 2000. p. 15.

cional, negar a existência de posse numa dada hipótese, caso em que existiria mera detenção.

A diferença substancial entre teoria subjetiva e teoria objetiva está no fato de que, para a teoria subjetiva, *corpus* mais *affectio tenendi* geram apenas detenção, devido à ausência do *animus domini*; e, para a teoria objetiva, *corpus* mais *affectio tenendi* são suficientes para gerar a posse, que somente se desclassificaria para detenção na existência de um imperativo legal que assim determinasse.

O próprio Ihering, com o fim de esclarecer o sentido e o alcance das orientações subjetivista e objetivista, apresenta as seguintes fórmulas possessórias[65]:

Teoria Subjetiva:

$X = a + c + \alpha;$

$Y = a + c.$

Teoria Objetiva:

$X = a + c;$

$Y = a + c - n.$

Legenda:

x = posse;

y = detenção;

a = *animus*, que deve existir mesmo no detentor, para que a situação tenha relevância jurídica;

c = *corpus*;

α = o *plus* de vontade que a teoria subjetiva requer para elevar a detenção à posse;

---

65 CORDEIRO, António Menezes. *A posse:* perspectivas dogmáticas atuais. 2. ed. Coimbra: Livraria Almedina, 1999. p. 26.

n = o fator legal que, segundo a teoria objetiva, conduz a posse à mera detenção.

Ihering[66] vai mais longe e chega a afirmar que a noção de posse na teoria subjetiva está completamente errada, e que se os romanos houvessem se orientado por ela teriam admitido a posse sobre os escravos e sobre os filhos-família, bem como teriam reconhecido ao criminoso a posse sobre o homem livre que aprisionou com o objetivo de lhe extorquir um resgate, por se achar ele incontestavelmente em seu poder.

Os romanos não agiram dessa forma, segundo Ihering, exatamente porque sabiam que não se pode ser proprietário de filhos ou de homens livres, e onde não há propriedade não poderia haver posse, já que esta é uma exteriorização daquela.

Ihering[67] enxerga, ainda, na teoria da custódia, uma contradição dentro da teoria de Savigny sobre a apreensão, pois ora a presença seria necessária para a aquisição da posse, ora não; quer a segurança do poder físico baste, quer não, podendo-se refutar Savigny com o próprio Savigny.

Serpa Lopes também critica a teoria de Savigny nesse ponto, porque esta teoria não justifica satisfatoriamente a persistência ou manutenção da posse de um proprietário que se afasta do seu objeto[68], sendo que a única explicação aceitável seria a finalidade econômica da coisa, alçada à condição de

---

66 JHERING, Rudolf Von. *Teoria simplificada da posse*. Tradução de Vicente Sabino Junior. São Paulo: Bushatsky, 1974. p. 107-108.

67 JHERING, Rudolf Von. *Posse e interditos possessórios*. Tradução de Adherbal de Carvalho. Salvador: Livraria Progresso, 1959. p. 179.

68 LOPES, Miguel Maria de Serpa. *Curso de direito civil:* direito das coisas. 3. ed. Rio de Janeiro: Livraria Freitas Bastos, v. VI, 1964. p. 116.

elemento essencial da posse, como propõe Ihering. O importante, nessa linha, é fixar o destino econômico da coisa[69].

Para exemplificar a importância do conceito de finalidade econômica para a caracterização da posse, Caio Mário da Silva Pereira[70] visualiza as seguintes situações: um homem que deixa um livro num terreno baldio não tem sua posse, pois ali o livro não preenche sua finalidade econômica; mas aquele que manda despejar adubo num campo destinado à cultura tem a posse do adubo, porque ali a coisa cumprirá o seu destino, embora não haja o poder físico.

O próprio Ihering[71], com o intuito de evidenciar a excelência do critério da destinação econômica e a facilidade que atribui ao conveniente reconhecimento da posse no plano prático, exemplifica:

> "suponhamos dois objetos que se acham reunidos no mesmo lugar, uns pássaros seguros por um laço no bosque, ou, num solar em construção, os materiais, e ao lado uma cigarreira com cigarros; o mais ignorante dos homens sabe que será culpado de um furto se tirar os pássaros ou alguns materiais, mas nada tem a temer se tirar os cigarros; qual a razão desse modo diferente de proceder? Com relação à

---

69 VENOSA, Sílvio de Salvo. *Direito civil:* direitos reais. 2. ed. São Paulo: Atlas, v. 5, 2002. p. 48.

70 PEREIRA, Caio Mário da Silva. *Instituições de direito civil*: posse. Propriedade. Direitos reais de fruição. Garantia e aquisição. 14. ed. Rio de Janeiro: Forense, v. IV, 2000. p. 16.

71 GOMES, Orlando. *Direitos reais*. 13. ed. Rio de Janeiro: Forense, 1998. p. 22. O referido exemplo consta, com pequenas alterações, na obra do próprio Jhering (JHERING, Rudolf Von. *Teoria simplificada da posse*. Tradução de Vicente Sabino Junior. São Paulo: Bushatsky, 1974. p. 113).

> cigarreira, cada qual dirá: perdeu-se; deu-se isso contra a vontade do proprietário, e torna-se a pô-lo em relação com a coisa, dizendo-se-lhe que foi encontrada; com relação aos pássaros e aos materiais, sabe-se que a posição em que se acham tem sua causa em uma disposição tomada pelo proprietário; estas coisas não poderão ser encontradas, porque não estão perdidas: seriam roubadas".

Em razão da restrição do papel da vontade na constituição da posse, a teoria de Ihering foi denominada de teoria objetiva, em contraposição à teoria subjetiva de Savigny. Como bem salienta Sílvio Venosa[72], um ponto ficou definitivamente claro na doutrina da posse após Ihering, a distinção entre posse e detenção não pode depender exclusivamente da vontade do sujeito.

O objetivismo de Ihering, que dispensa a intenção de ser dono para a configuração da posse, tem grande repercussão prática, pois dessa forma estão caracterizados como possuidores os locatários, os depositários, os comodatários, os credores pignoratícios etc., permitindo-lhes a utilização das ações possessórias, o que não era possível pela teoria de Savigny. Essa questão prática faz com que os doutrinadores, a exemplo de Caio Mário da Silva Pereira[73], considerem a teoria objetiva mais conveniente e satisfatória.

Outra grande crítica que se faz à teoria subjetiva é pelo fato de não explicar de forma suficiente as chamadas *posses*

---

72 VENOSA, Sílvio de Salvo. *Direito civil:* direitos reais. 2. ed. São Paulo: Atlas, v. 5, 2002. p. 48.

73 PEREIRA, Caio Mário da Silva. *Instituições de direito civil*: posse. Propriedade. Direitos reais de fruição. Garantia e aquisição. 14. ed. Rio de Janeiro: Forense, v. IV, 2000. p. 16.

anômalas, como a posse do credor pignoratício. Segundo Savigny, nesses casos haveria posse derivada, pois o *ius possessionis* seria transmitido pelo possuidor. Quem tem o *animus domini* e a proteção possessória transferiria a posse nessas situações.

Pontes de Miranda[74] ressalta a artificialidade desse raciocínio, alegando que por esse pensamento poderia também ocorrer a transferência da posse ao detentor, não apenas aos casos de posse anômala. Alega, ainda, que a teoria subjetiva resolve apenas a questão de não ser suscetível de posse a coisa fora do comércio e a questão de não serem possuidoras as pessoas sujeitas ao poder de outrem.

Por sua vez, a explicação de Savigny sobre a posse derivada só seria cabível se o direito romano houvesse reconhecido que o possuidor podia alienar livremente sua posse, mas em Roma a atribuição da posse não podia ser matéria de contrato, sendo que esta dependia de circunstâncias de fato expressamente reconhecidas e determinadas pela lei, independente da vontade em contrário das partes[75].

Outro ponto de crítica na teoria subjetiva, que seria o fato de não comportar rigorosamente o desdobramento da relação possessória, permitindo a coexistência de posse direta e indireta, pois não admite a posse por outrem[76].

---

74 PONTES DE MIRANDA, F. C. *Tratado de direito privado. Parte Especial*. Rio de Janeiro: Editor Borsoi, t. X, 1955. p. 26-27.

75 SALEILLES, Raymundo. *La posesión*. Tradução castelhana de J. Maria Navarro de Palencia. Madri: Librería General de Victoriano Suárez, 1909.p. 168.

76 GOMES, Orlando. *Direitos reais*. 13. ed. Rio de Janeiro: Forense, 1998. p. 19.

Menezes Cordeiro[77] também faz uma série de críticas ao *animus* subjetivo, que segundo ele levanta uma série de dificuldades. A primeira dificuldade estaria ligada ao sentido da volição. Não seria correta a identificação do elemento subjetivo com o *animus domini*, pois, segundo esse autor, hoje se entende pela possibilidade de haver posse nos direitos reais menores. Também o *animus possidendi* e o *animus sibi habendi* deixariam, segundo ele, na penumbra os limites da posse, sendo que naquele caso se possibilitaria a posse dos direitos pessoais de gozo. Exatamente por não haver qualquer acordo sobre o sentido do animus subjetivo ele não poderia se erigido a elemento essencial da posse.

O referido autor português[78] lembra ainda que ao momento histórico em que Savigny desenvolveu sua teoria subjetiva, no qual não havia leis modernas sobre posse, mas apenas o *Corpus Iuris Civilis*, sendo que o próprio Savigny era contrário às codificações[79]. Nesse contexto, faltavam critérios explícitos para a distinção entre posse e detenção, por isso o

---

77 CORDEIRO, António Menezes. *A posse:* perspectivas dogmáticas atuais. 2. ed. Coimbra: Livraria Almedina, 1999. p. 52-54.

78 CORDEIRO, António Menezes. *A posse:* perspectivas dogmáticas atuais. 2. ed. Coimbra: Livraria Almedina, 1999. p. 52-54.

79 Savigny é a figura principal do historicismo jurídico, que se insurgia contra a ideia de plenitude e perfeição da lei escrita que a alçava a qualidade de revelação perfeita e acabada do direito. O historicismo valorizava o costume em detrimento da lei, por ser a manifestação espontânea do espírito nacional. Savigny considerava a lei como um instrumento revolucionário da burguesia, que, tendo o domínio do Parlamento e o poder econômico, visava através da imposição da lei conforme seus interesses alcançar o poder político (DINIZ, Maria Helena. *As lacunas no Direito*. 7. ed. São Paulo: Saraiva, 2002. p. 31).

apelo à vontade humana. Modernamente, segundo o autor, nenhum legislador abdica da prerrogativa de prescrever ou vedar a existência da posse numa determinada situação fática, ou seja, as legislações atuais, independentemente da opção pela teoria subjetiva ou não, contêm o fator "n" da fórmula objetiva desenvolvida por Ihering.

Ao justificar suas críticas à teoria subjetiva, Ihering[80] declara:

> "a meu ver Savigny não fez justiça nem ao direito romano, nem à importância prática da posse porque, de um lado, as ideias preconcebidas que tinha impediam-no deter a imparcialidade necessária para reconhecer exatamente o direito romano, e porque, por outro lado, quando empreendeu seu trabalho, estava desprovido de toda noção relativa à prática, defeito que devia ser duplamente pernicioso, sobretudo na teoria da posse, que não pode ser compreendida sem a prática".

Expostas as críticas à teoria subjetiva, é forçoso admitir que elas ocorrem devido à tentativa de se aplicar a teoria subjetiva à conceituação de posse tal como existe modernamente. Entretanto, como bem salientam Serpa Lopes[81] e Moreira Alves[82], é um erro a tentativa de aplicação da teoria de Savigny nessas circunstâncias, pois o objetivo de Savigny

---

80 JHERING, Rudolf Von. *Teoria simplificada da posse*. Tradução de Vicente Sabino Junior. São Paulo: Bushatsky, 1974. p. 135-136.

81 LOPES, Miguel Maria de Serpa. *Curso de direito civil:* direito das coisas. 3. ed. Rio de Janeiro: Livraria Freitas Bastos, v. VI, 1964. p. 117.

82 ALVES, José Carlos Moreira. *Posse:* evolução histórica. Rio de janeiro: Forense, v. I, 1997. p. 208-209.

foi reconstruir a posse tal como existia no direito romano, e não se destinava a fins práticos.

Ademais, como bem observa Arruda Alvim, "em muitos pontos fundamentais das disciplinas existentes sobre a posse há, como parece que diferentemente seria impossível, convergência dos diversos sistemas"[83]. Existem aspectos que são pacíficos sobre a posse, independentemente de se adotar a teoria subjetiva ou objetiva da posse.

Alguns desses pontos de convergência entre as duas teorias são, por exemplo, em relação aos efeitos da posse: 1º) a posse pode ser defendida pelos interditos; 2º) a posse prolongada durante certo tempo, conduz à aquisição do direito, quando observadas as regras da prescrição aquisitiva; 3º) o possuidor de boa-fé tem direito aos frutos; 4º) o possuidor de má fé não tem direito aos frutos (mas tem direito às despesas feitas para colhê-los).

83 ALVIM, José Manuel Arruda. *Anotações sobre o art. 1.196 do Novo Código Civil (noções sobre a ideia de posse)*. Trabalho escrito em homenagem ao Prof. e Des. Yussef Said Cahali. p. 3.

CAPÍTULO 3

Diretriz do ordenamento jurídico brasileiro sobre posse

O art. 1.196, do Código Civil atual manteve a orientação do Código Civil de 1916, art. 485, ao conceituar como possuidor "todo aquele que tem de fato o exercício, pleno ou não, de algum dos poderes inerentes à propriedade"[1].

Já no art. 1.198, o Código Civil atual mantém a ideia do art. 487, do Código Civil de 1916, ao negar o *status* de possuidor àquele que, achando-se em relação de dependência com outra pessoa, conserva a coisa em nome deste. Entretanto, o Código de 2002 é expresso em usar para tal hipótese o termo "detenção".

1 Consulte: SANTIAGO, Mariana Ribeiro. Teoria subjetiva da posse. *Jus Navigandi*. Disponível em: https://jus.com.br/artigos/5277/teoria-subjetiva-da-posse. Acesso em: 14 dez. 2022.

Ambos os Códigos deixaram de conceituar diretamente a posse, tarefa que ficou a cargo da doutrina, mas forneceram, através do conceito de possuidor, todos os elementos essenciais à caracterização do instituto.

O Código Civil de 1916 foi um dos primeiros no mundo a romper com a teoria subjetiva, dominante entre os civilistas anteriores, filiando-se a teoria objetiva da posse, já adotando a ideia de posse que hoje figura no Código de 2002. Isso resta expresso também na exposição de motivos do Código de 1916.

A posse, em nosso sistema jurídico, portanto, não exige o *animus domini*, ou intenção de ser dono, e também não exige o poder físico sobre a coisa. Prioriza-se a utilização econômica da coisa, sendo a posse a exteriorização do domínio.

Por esse método objetivista, pode-se distinguir mais facilmente e seguramente posse e detenção, permitindo-se, inclusive, que um maior número de situações seja enquadrado como posse do que seria possível pela teoria subjetiva.

A consequência mais importante dessa orientação seguida pelo ordenamento pátrio a respeito da posse é a concessão das ações possessórias, previstas no Código de Processo Civil, a princípio em todas as hipóteses em que se configurem o *corpus* e a *affectio tenendi*, independentemente do *animus domini*, como no exemplo clássico do locatário, e ainda nos casos do usufrutuário, comodatário, depositário, transportador, administrador, testamenteiro etc.

Embora o nosso Código Civil atual tenha adotado a teoria objetiva como regra geral, enfocando a posse como postulado da proteção da propriedade, nosso ordenamento sobre posse não repousa exclusivamente sobre a teoria de

Ihering, ou seja, foram feitas algumas concessões à teoria subjetiva[2].

Nos artigos referentes à usucapião, o Código Civil de 2002, à semelhança do Código de 1916, estabelece um ponto de contato, uma interferência entre teoria objetiva e teoria subjetiva, que pode ser notada, por exemplo, no art. 1.238: "Aquele que, por quinze anos, sem interrupção, nem oposição, possuir como seu um imóvel, adquire-lhe a propriedade, independentemente de título e boa-fé; podendo requerer ao juiz que assim o declare por sentença, a qual servirá de título para o registro no Cartório de Registro de Imóveis".

Como resta claro da análise do artigo citado retro, no caso de usucapião o nosso ordenamento, fazendo uma exceção à teoria objetiva, exige a intenção de possuir a coisa como dono para que haja a aquisição, tornando-se necessário o exame do *animus* do possuidor no caso concreto.

Em geral, o instituto da usucapião no nosso ordenamento envolve a noção do *animus domini* do possuidor, tal como definia Savigny, não bastando a *affectio tenendi*, sendo esta uma importante concessão feita pelo nosso ordenamento à teoria subjetiva, da qual o legislador do Código de 2002 não conseguiu desvincular-se. O *animus domini* é, assim, o elemento psíquico da usucapião, e o objetivo da análise desse elemento seria exatamente evitar a possibilidade de usucapião pelos fâmulos da posse[3].

---

2 VENOSA, Sílvio de Salvo. *Direito civil:* direitos reais. 2. ed. São Paulo: Atlas, v. 5, 2002. p. 52-53.

3 DINIZ, Maria Helena. *Curso de direito civil brasileiro:* direito das coisas. 36. ed. São Paulo: Saraiva, 4º v., 2022. p. 180.

A expressão "possuir como sua" ou "possuir como seu" constam ainda nos arts. 1.239, 1.240 e 1.260, do Código Civil de 2002, todos sobre usucapião, sendo que este último artigo trata da usucapião de móveis.

Vale ressaltar que o Código Civil de 2002 restringiu a influência do pensamento de Savigny em matéria de posse no nosso ordenamento jurídico. O Código Civil de 1916 fazia concessões à teoria subjetiva, ao tratar da aquisição e da perda da posse, que o atual Código não faz mais.

O art. 493, do Código Civil de 1916, estabelecia: "Adquire-se a posse: I – pela apreensão da coisa, ou pelo exercício do direito; II – pelo fato de se dispor da coisa, ou do direito; III – por qualquer dos modos de aquisição em geral".

O citado art. 493 enumerava hipóteses de aquisição da posse, demonstrando uma influência da doutrina de Savigny ao expressar sua ideia de *corpus* como apreensão física ou possibilidade de disposição da coisa, enquanto, de acordo com a teoria objetiva, deveria-se priorizar a destinação econômica da coisa.

Já o art. 520, do Código de 1916, determinava: "Perde-se a posse das coisas: I – Pelo abandono; II – pela tradição; III – pela perda, ou destruição delas, ou por serem postas fora do comércio; IV – pela posse de outrem, ainda contra a vontade do possuidor, se este não foi manutenido, ou reintegrado em tempo competente; V – pelo constituto possessório".

O referido art. 520 enumerava as hipóteses de perda da posse, levando em consideração a ausência de um elemento estrutural ou dos dois elementos – *corpus* e *animus,* voltando a demonstrar a influência do entendimento de Savigny sobre esses elementos. Os casos dos incisos I e II seriam de perda da posse pela ausência de *corpus* e *animus*; nos incisos III e IV haveria perda da posse por ausência do *corpus*; e, finalmente, no inciso V, por perda do *animus*.

Inclusive, o caso em que fica mais nítida a influência de Savigny é o caso do inciso V. No constituto possessório, aquele que detém a posse direta não é mais proprietário da coisa, possuindo-a em nome de outrem. Considerar a perda da posse nesse caso é privilegiar o elemento *animus*, o que é incompatível com a teoria de Ihering.

Os arts. 493 e 520, do Código de 1916, foram muito criticados exatamente porque se o próprio Código definia implicitamente a posse no art. 485 como exteriorização da propriedade, de acordo com a doutrina de Ihering, sendo que a enumeração de hipóteses de aquisição e perda da posse era supérflua, ou seja, a aquisição ou perda seriam notadas pelo próprio exercício de poderes inerentes ao domínio.

Segundo o próprio Ihering[4], a aquisição e a perda da posse devem reger-se pela seguinte regra: "o modo pelo qual o proprietário exerce de fato sua propriedade deve ser o critério da existência da posse".

O Código Civil de 2002 mudou esse panorama do Código de 1916 ao estabelecer, no art. 1.204: "adquire-se a posse desde o momento em que se torna possível o exercício, em nome próprio, de qualquer dos poderes inerentes à propriedade". E, ainda, no art. 1.223: "Perde-se a posse quando cessa, embora contra a vontade do possuidor, o poder sobre o bem, ao qual se refere o art. 1.196".

4 JHERING, Rudolf Von. *Posse e interditos possessórios*. Tradução de Adherbal de Carvalho. Salvador: Livraria Progresso, 1959. p. 173.

Como dito anteriormente, no art. 1.196, o Código de 2002 mantém a noção, que já estava presente no art. 485 do Código de 1916, de posse como exercício de poderes inerentes à propriedade, que está de acordo com a doutrina objetiva, que descreve a posse como exteriorização da propriedade.

Dessa forma, os arts. 1.204 e 1.223, do Código de 2002, estão em sintonia com esse conceito objetivo de posse, diminuindo a influência do pensamento de Savigny sobre a posse no nosso ordenamento, ao se desligarem das suas ideias de *corpus* e *animus* ao dispor da aquisição e perda da posse.

Os referidos artigos do Código de 2002 também mostram estreita semelhança com os artigos correspondentes no BGB[5] sobre a matéria. Isso ocorre porque o novo Código pátrio adotou um sistema mais flexível e de maior mobilidade, do qual o BGB é a maior referência. Nesse sistema aberto, as regras mais genéricas, como as cláusulas gerais, assumem o lugar das enumerações casuísticas, o que confere maior liberdade para o aplicador do direito ao julgar o caso concreto.

A atual redação que o Código de 2002 deu aos artigos referentes à aquisição e à perda da posse estão ainda em sin-

---

5 No Código Civil alemão, a aquisição e a perda da posse são tratadas nos §§ 854 e 856, que dispõem (Tradução livre):

§ 854. "(1) A posse de uma coisa é adquirida pela obtenção do poder de fato sobre a coisa.

(2) O consentimento do possuidor anterior e do adquirente, basta para a aquisição, quando o adquirente estiver em situação de exercer o poder sobre a coisa".

§ 856. "(1) A posse termina quando o possuidor abre mão do controle real da coisa ou perde o controle real de outra forma.

(2) A posse não cessa quando o possuidor é impedido de forma temporária de exercer o controle".

tonia com a redação original pretendida por Beviláqua quando do Projeto que deu origem ao Código de 1916. Na redação pretendida por Beviláqua, posteriormente alterada pelo Congresso devido à influência do Código de Seabra, de 1867, também não havia qualquer enumeração de hipóteses de aquisição e perda da posse.

Ainda assim, mesmo sofrendo influências da teoria subjetiva, como pondera Orlando Gomes[6], o nosso Código Civil já era, em 1916, a construção legislativa que mais se aproximava do pensamento de Ihering, tendo o Código de 2002, mantido o mesmo posicionamento.

Essa aderência tão exacerbada à doutrina objetiva da posse foi possível porque o direito anterior ao Código de 1916 era omisso quanto à natureza e ao conceito da posse, simplesmente aplicando-se o direito romano, o que resultava na falta de uma construção sistemática a respeito de um conjunto ordenado de preceitos legais nacionais sobre o tema.

Contudo, é importante frisar que, como ressalta o mesmo autor[7], a interferência da teoria subjetiva no nosso Código Civil não deve ser considerada tecnicamente como incoerência, pois o Código não é obra teórica, na qual o autor deve guardar absoluta fidelidade à doutrina que adotou.

O legislador não é um jurista, que é o cientista do direito, devendo ser coerente à filosofia a que se filiou sob pena da sua obra ter valor científico duvidoso, pois "a coerência ló-

6 GOMES, Orlando. *Direitos reais*. 13. ed. Rio de Janeiro: Forense, 1998. p. 23-24.

7 GOMES, Orlando. *Direitos reais*. 13. ed. Rio de Janeiro: Forense, 1998. p. 52.

gica não é requisito essencial do direito, mas do sistema jurídico, logo a incompatibilidade entre normas é um fato"[8].

8 DINIZ, Maria Helena. *Norma constitucional e seus efeitos*. 4. ed. São Paulo: Saraiva, 1998. p. 124.

CAPÍTULO 4

Conceito de posse: posicionamento da legislação estrangeira

No âmbito internacional, as legislações divergem quanto à adoção da teoria subjetiva ou objetiva em relação ao conceito de posse e seus elementos essenciais. Isso se nota devido à maior ou menor importância que essas legislações conferem ao elemento subjetivo, *animus*, na caracterização da posse[1].

Países que sofreram grande influência do direito romano, como França, Portugal, Itália, Espanha e Argentina, tendem a aderir a teoria subjetiva na definição e caracterização da posse. Já países como Alemanha, Suíça, China, México e Peru, por receberem também grande influência do direito

1 Consulte: SANTIAGO, Mariana Ribeiro. Teoria subjetiva da posse. *Jus Navigandi*. Disponível em: https://jus.com.br/artigos/5277/teoria-subjetiva-da-posse. Acesso em: 14 dez. 2022.

canônico e do BGB alemão, optam pela teoria objetiva do conceito da posse[2].

Entretanto, é importante frisar que se trata apenas de uma influência predominante e não exclusiva, encontrando-se, também na legislação estrangeira, fortes pontos de convergência entre as duas teorias, sendo que importantes concessões foram feitas à teoria oposta a que foi adotada em cada ordenamento.

É forçoso admitir que nos países que conceituam a posse segundo a teoria de Savigny as concessões à doutrina oposta são maiores, inclusive havendo uma tendência a conceder os interditos possessórios à pessoas que rigorosamente, segundo a teoria subjetiva, seriam meras detentoras sem direito à referida proteção. Tudo isso ocorre por motivos práticos, sendo essa saída a que mais se adequa às exigências sociais.

O Código Francês, inspirado pelo direito romano, foi um marco em matéria de codificação, resgatando esta tradição historicamente abandonada no regime feudal. Devido à sua clareza dogmática e seu caráter prático, teve grande influência nas codificações do século XIX.

O referido ordenamento não trata da posse como instituto autônomo, como ressalta Moreira Alves[3], a posse está incluída nesse código no título referente às prescrições, como causa da prescrição aquisitiva. O art. 2.228 contém a definição de posse: "a posse é a detenção ou a fruição de uma

2 ESPÍNOLA, Eduardo. *Posse, propriedade, compropriedade ou condomínio, direitos autorais*. Campinas: Bookseller, 2002. p. 39.

3 ALVES, José Carlos Moreira. *Posse:* evolução histórica. Rio de janeiro: Forense, v. I, 1997. p. 269.

coisa ou de um direito, que tenhamos ou exerçamos por nós próprios ou através de outrem que a tenha ou a exerça em nosso nome".

Quanto ao conceito de posse e seus elementos essenciais, vigora na França a teoria subjetiva[4], que exige, para sua configuração, a existência do elemento *animus domini*. Isso ocorre em respeito a uma tradição anterior ao próprio código e pela influência do pensamento de Pothier[5].

Dessa forma, na ausência do *animus domini* não há propriamente posse, mesmo nos casos em que se detém a coisa por interesse próprio e com base num direito, como na locação, por exemplo. É diferente do que ocorre na legislação brasileira, que não exige o *animus*.

Entretanto, no direito francês, ao contrário do que se possa imaginar, essas situações não se encontram desamparadas, pois são protegidas contra o esbulho violento, com fundamento na reparação de fato ilícito contrário à paz pública, não na posse. Há o que Menezes Cordeiro denomina de "prática objetivista dos tribunais franceses"[6], pois a jurispru-

---

4 Vale ressaltar que, quanto ao fundamento da proteção possessória, os franceses adotaram a teoria da defesa complementar da propriedade, de Jhering, pela qual o fundamento da proteção possessória é exatamente facilitar a proteção do proprietário, pois o possuidor teria o direito provável de propriedade (ALVES, José Carlos Moreira. *Posse:* evolução histórica. Rio de janeiro: Forense, v. I, 1997. p. 274).

5 CORDEIRO, António Menezes. *A posse:* perspectivas dogmáticas atuais. 2. ed. Coimbra: Livraria Almedina, 1999. p. 22.

6 CORDEIRO, António Menezes. *A posse:* perspectivas dogmáticas atuais. 2. ed. Coimbra: Livraria Almedina, 1999. p. 44.

dência é pouco propícia ao *animus domini*, valorizando os atos materiais[7].

Quanto ao problema da prova do *animus*, que é uma das principais razões de crítica à teoria subjetiva, o ordenamento francês adotou um sistema de presunções que veio a solucionar o impasse, através dos arts. 2.230[8], 2.231[9] e 2.234[10], do Código Civil francês.

O próprio Ihering, ao comentar os referidos artigos, considerou-os como salvadores da teoria subjetiva, visto que eliminam as dificuldades de ordem prática sobre o assunto, acrescentando, ainda, que esse sistema de presunções fornece solução perfeitamente satisfatória para a prova da posse, devendo ser seguido por todas as legislações que adotassem a orientação subjetiva[11].

Sobre o direito italiano, tanto na elaboração do Código Civil de 1865, quanto no *codex* de 1942, já era possível a contraposição entre as duas teorias, não havendo mais o domínio absoluto da teoria subjetiva. Já se conhecia, à época, a teoria

---

7 CORDEIRO, António Menezes. *A posse:* perspectivas dogmáticas atuais. 2. ed. Coimbra: Livraria Almedina, 1999. p. 22.

8 Art. 2.230. "Presume-se sempre que alguém possui por si, e a título de proprietário, enquanto não se provar que começou a possuir por outrem" (Tradução livre).

9 Art. 2.231. "Quando se começou a possuir para outrem, sempre se presume possuir com o mesmo título, se não há prova em contrário" (Tradução livre).

10 Art. 2.234. "O possuidor atual, que prova ter possuído anteriormente, se presume haver possuído no período intermediário, salvo prova contrária" (Tradução livre).

11 ALVES, José Carlos Moreira. *Posse:* evolução histórica. Rio de janeiro: Forense, v. I, 1997. p. 272.

de Ihering. Mas, mesmo assim, os referidos Códigos fizeram opção pela teoria de Savigny no que se refere à conceituação de posse e seus elementos essenciais.

Prevaleceu, para o legislador italiano, o entendimento de que a teoria objetiva não eliminava as dificuldades da teoria subjetiva além de lhes acrescentar outras muito graves, como, por exemplo, no caso do proprietário de casa que explode em virtude de bomba ali colocada por outrem. Segundo a teoria objetiva, o proprietário seria possuidor da bomba porque essa se encontrava sob sua esfera de poder, o que seria impossível para a teoria subjetiva pela ausência do *animus*[12].

O legislador italiano, ao contrário do legislador francês e do legislador alemão, afastou-se da regra cautelar pela qual a lei não deve estabelecer definições[13], papel este que caberia a doutrina. O art. 1.140 do atual Código dispõe: "A posse é o poder sobre a coisa que se manifesta na atividade correspondente ao exercício da propriedade ou de outro direito real".

No Código Civil Italiano não se estabelece expressamente o elemento *animus*, mas este fica implícito na referência que se faz à atividade correspondente ao exercício do direito. Adota-se, também no direito italiano (art. 1.141, do Código Civil atual), a mesma presunção que se observa no direito francês de que a pessoa possui por si e a título de proprietário até que se prove que começou a possuir em nome de outrem.

Entretanto, também no direito italiano a proteção possessória tem sido alargada a hipóteses que segundo a teoria

12 ALVES, José Carlos Moreira. *Posse:* evolução histórica. Rio de janeiro: Forense, v. I, 1997. p. 306-307.

13 CORDEIRO, António Menezes. *A posse:* perspectivas dogmáticas atuais. 2. ed. Coimbra: Livraria Almedina, 1999. p. 28.

subjetiva seriam mera detenção, como no caso de locatários, comodatários, arrendatários etc., devido a circunstância de exercerem a posse em interesse próprio e com base num direito[14].

O Código Civil português, de 1966, que trata da posse nos arts. 1.251 a 1.301, com grande influência que sofreu do Código italiano, estabelece, no seu art. 1.251: "posse é o poder que se manifesta quando alguém atua por forma correspondente ao exercício do direito de propriedade ou de outro direito real".

O artigo citado não expressa a necessidade do *animus domini* para a qualificação da posse, mas há no país toda uma tradição subjetivista por parte da doutrina e da jurisprudência, que só recentemente vem sendo questionada, de afirmar que este *animus* estaria implícito na tal atuação "correspondente ao exercício do direito de propriedade ou de outro direito real", ao qual se refere o artigo. Afasta-se, assim, igualmente, da posição adotada no direito brasileiro.

Ao se manifestar sobre a influência do Código italiano no Código português, Menezes Cordeiro afirma que "embora claro, o Código de 1966, no tocante a posse, descaracterizou o instituto, mercê duma transposição incompleta de elementos italianos. (...) Em diversos pontos, ele consagrou esquemas menos avançados, com quebra, por vezes, da própria tradição jurídica nacional"[15].

---

14 CORDEIRO, António Menezes. *A posse:* perspectivas dogmáticas atuais. 2. ed. Coimbra: Livraria Almedina, 1999. p. 29.

15 CORDEIRO, António Menezes. *A posse:* perspectivas dogmáticas atuais. 2. ed. Coimbra: Livraria Almedina, 1999. p. 46.

Entretanto, a proteção possessória tem um campo menos amplo do que tem ainda em outros países que adotaram a teoria subjetiva. Por disposições esparsas o legislador veio conferir a proteção expressamente ao arrendatário, ao parceiro pensador, ao comodatário e ao depositário, não havendo, fora os casos expressos, possibilidade de utilização dos interditos[16].

O Código espanhol também levou em consideração, na fase de elaboração, os debates entre as duas teorias, que já existiam à época, optando, contudo, pela teoria subjetiva.

O art. 430, do Código Civil espanhol, dispõe: "a posse natural é a detenção de uma coisa, ou o gozo de um direito. A posse civil é esta mesma detenção ou gozo, unidos à intenção de considerar a coisa ou direito como próprios".

O legislador espanhol, a exemplo do que ocorre no direito italiano, conceitua expressamente a posse no referido art. 430, deixando clara a exigência do *animus domini* para a sua configuração. Na ausência desse *aninus* tem-se detenção, de acordo com o que prega a teoria subjetiva, diferente do que se observa no direito brasileiro.

Entretanto, a doutrina e a jurisprudência espanholas estendem a proteção possessória àqueles que retêm a coisa com interesse próprio e com base num direito, como os locatários, arrendatários, comodatários etc.

Na elaboração do Código Civil argentino de 1871 também já houve contraposição entre as duas teorias em debates, anteriormente à promulgação, para que se optasse pelo que

16 CORDEIRO, António Menezes. *A posse:* perspectivas dogmáticas atuais. 2. ed. Coimbra: Livraria Almedina, 1999. p. 44.

consideraram à época a melhor tendência a ser adotada no Código, que foi a teoria subjetiva.

Dispôs o art. 2.351, do Código Civil argentino: "*Habrá posesión de las cosas, cuando alguna persona, por sí o por otro, tenga una cosa bajo su poder, con intención de someterla al ejercicio de un derecho de propriedad*[17]". Ficou expresso no referido artigo a necessidade da presença do elemento psíquico, que comprova a opção pela teoria subjetiva quanto ao conceito de posse.

Notava-se também no Código Civil argentino de 1871 a já citada tendência dos países que adotam a teoria subjetiva em alargar o campo das ações possessórias para abranger casos em que, pela doutrina subjetiva, haveria mera detenção.

Todavia, o atual Código Civil e Comercial da Argentina, de 2014, dispõe no art. 1.909, que "*hay posesión cuando una persona, por sí o por medio de otra, ejerce un poder de hecho sobre una cosa, comportándose como titular de un derecho real, lo sea o no*[18]". Sobre a detenção, determina o referido código, em seu art. 1.910: "*Hay tenencia cuando una persona, por sí o por medio de otra, ejerce un poder de hecho sobre una cosa, y se comporta como representante del poseedor*[19]".

---

17 "Haverá posse das coisas, quando alguma pessoa, por si ou por outrem, tenha uma coisa sob seu poder, com intenção de submetê-la ao exercício de um direito de propriedade" (Tradução livre).

18 "Há posse quando uma pessoa, por si ou por meio de outra, exerce um poder de fato sobre uma coisa, comportando-se como titular de um direito real, sendo-o ou não" (Tradução livre).

19 "Há detenção quando uma pessoa, por si ou por meio de outra, exerce um poder de fato sobre uma coisa, e se comporta como representante do possuidor" (Tradução livre).

No código argentino vigente, assim, nota-se a adoção das ideias de Ihering sobre posse como exteriorização da propriedade, sem referência à vontade. Como consequência, faz-se um alargamento em relação à legitimidade para proposição da ação possessória, no art. 2.245[20], de forma mais semelhante ao direito brasileiro.

O BGB alemão trata da posse nos §§ 854 a 872, ao abrir o Livro III, referente ao Direito das Coisas. Ao contrário do Código francês, o BGB evitou uma conceituação de posse, estabelecendo, em seu § 854: "A posse de uma coisa é adquirida através da obtenção do poder de fato sobre ela. É sufi-

---

20 Artículo 2245. "*Legitimación.*
Corresponden las acciones posesorias a los poseedores de cosas, universalidades de hecho o partes materiales de una cosa. Cualquiera de los coposeedores puede ejercer las acciones posesorias contra terceros sin el concurso de los otros, y también contra éstos, si lo excluyen o turban en el ejercicio de la posesión común. No proceden estas acciones cuando la cuestión entre coposeedores sólo se refiere a la extensión mayor o menor de cada parte. Los tenedores pueden ejercer las acciones posesorias por hechos producidos contra el poseedor y pedir que éste sea reintegrado en la posesión, y si no quiere recibir la cosa, quedan facultados para tomarla directamente".
Tradução livre:
"Artículo 2245. "Legitimação.
Correspondem as ações possessórias aos possuidores de coisas, universalidades de fato ou partes materiais de uma coisa. Qualquer dos copossuidores pode exercer as ações possessórias contra terceiros sem o concurso dos outros, e também contra estes, se o excluem ou turbam no exercício da posse comum. Não procedem estas ações quando a questão entre copossuidores só se referem à extensão maior ou menor de cada parte. Os detentores podem exercer as ações possessórias por fatos produzidos contra o possuidor e pedir que este seja reintegrado na posse, e se não quer receber a coisa, ficam facultados para tomá-la diretamente".

ciente, para a aquisição, o acordo do anterior possuidor e do adquirente, quando este esteja em condições de exercer o poder sobre a coisa".

Assim, nota-se a influência de Ihering para a adoção de uma ideia de posse como exteriorização da propriedade, sem qualquer referência à vontade, o que, como dito anteriormente, influenciou o direito brasileiro.

Consequência principal dessa opção do direito alemão é que para a configuração da posse é suficiente a *affectio tenendi*, estando automaticamente incluídos na proteção possessória aqueles que detêm em interesse próprio com fundamento num direito, como no caso dos locatários etc.

Essa visão objetiva de posse sem dúvida simplificou o instituto e tornou a proteção da posse mais justa por ampliar o rol de pessoal que poderiam utilizá-los para proteger um interesse próprio legítimo. Por esses fatores a doutrina objetivista teve tanta repercussão nas legislações modernas, sendo adotada também nos Códigos Civis da Suíça, Turquia, Grécia, Brasil, México, Argentina, Japão etc.

Entretanto, segundo Moreira Alves[21], não é pacífica, na doutrina germânica, a absoluta prescindibilidade da vontade no que diz respeito à posse, havendo autores que sustentam a necessidade da existência do *besitzwille* (vontade possessória).

O Código Civil Suíço recebeu significativos elogios de juristas franceses e alemães, pela independência e autenticidade com que se aproveitou da experiência legislativa destes

21 ALVES, José Carlos Moreira. *Posse:* evolução histórica. Rio de janeiro: Forense, v. I, 1997. p. 298.

dois países, pela sua lógica na distribuição das matérias e pela linguagem sóbria e direta[22].

A respeito da posse, o referido código, em seu art. 919, dispõe: "aquele que tem sobre a coisa um poder efetivo tem a posse (...)", de forma semelhante ao que ocorre no ordenamento brasileiro.

Resta clara, da análise do referido artigo, que para que se configure a posse não é necessária a configuração do *animus domini*, sendo que o dispositivo legal não faz qualquer referência à vontade para a conceituação do possuidor e, indiretamente, da posse.

Também no direito suíço prepondera a doutrina objetivista, o que vem a permitir que neste país seja considerado possuidor aquele que detém a coisa apenas com a *affectio tenendi*, de forma semelhante ao que acontece no direito alemão e no direito brasileiro.

22 ALVES, José Carlos Moreira. *Posse:* evolução histórica. Rio de janeiro: Forense, v. I, 1997. p. 302.

CAPÍTULO 5

Função social da posse e direito à existência digna

O direito das obrigações criado no século XIX, com base no direito romano e aperfeiçoado pela Escola das Pandectas, impulsionou o desenvolvimento econômico, mas patrocinou a preponderância das pessoas economicamente mais fortes[1].

Como salienta Ruy Azevedo Sodré[2], o individualismo, pregando uma autonomia irrestrita e completa liberdade do indivíduo, atingiu um ponto em que se desvirtuou em uma teoria da sistematização do egoísmo. Criou-se uma visão atomista da sociedade, na qual a única realidade verdadeira e

---

1 GOMES, Orlando. *Transformações gerais do direito das obrigações*. São Paulo: Revista dos Tribunais, 1967. p. 2.

2 SODRÉ, Ruy de Azevedo. *Função social da propriedade privada*. Tese de doutorado. Faculdade de Direito de São Paulo, [s/d.]. p. 43.

o único fim eram o indivíduo, sendo a sociedade um singelo meio para que se atinja o bem do indivíduo.

De fato, desde fins do século XIX já começava a surgir uma reação por parte de alguns filósofos contra o individualismo. A teoria do solidarismo, proposta em 1889, como uma nova escola econômica, pela obra de Gide, M. Marion, Leon Bourgeois e Durkheim, procurava fazer uma síntese entre individualismo e socialismo.

Essa teoria propugnava a intervenção estatal circunscrita a justos limites e pregava que o indivíduo desenvolvido, independentemente da sociedade, é uma abstração, assim como é uma abstração imaginar a sociedade prescindida dos elementos que a compõem. Sustentava a citada doutrina que homem e sociedade são objetivamente incindíveis[3].

Duguit[4] também afirmava que os indivíduos de uma sociedade estão unidos uns com os outros; primeiro, porque têm necessidades comuns, cuja satisfação não podem alcançar a não ser pela vida em comum, a que ele denominou de solidariedade ou interdependência por semelhança; e, por outro lado, estes indivíduos estão unidos uns aos outros porque têm necessidades diferentes e aptidões diferentes, podendo, portanto, ajudar-se em serviços mútuos e assegurar a satisfação de suas necessidades diversas, a que ele denominou de solidariedade ou interdependência social pela divisão do trabalho.

A visão solidarista acaba por se refletir na ciência jurídica, defendendo a subordinação da propriedade ao direito coletivo com base na teoria do abuso de direito, pela qual as com-

---

3 SODRÉ, Ruy de Azevedo. *Função social da propriedade privada*. Tese de doutorado. Faculdade de Direito de São Paulo, [s/d.]. p. 60-62.

4 DUGUIT, León. *Las transformaciones del derecho*. Buenos Aires: Heliasta, 1975. p. 182.

petências dos indivíduos têm um limite moral dentro do conteúdo dos poderes legais que as constituem[5].

J. M. Othon Sidou[6] define a socialização do direito como "um movimento em busca da ênfase social do direito, crescente desde fins do séc. XIX, resultante da situação que se manifestou no mundo em face dos antagonismos econômicos e da luta de classes".

A partir dessa mudança de visão, começou-se a valorizar a pessoa enquanto ser humano, ao invés do seu patrimônio. O homem deixa de ser um mero produtor de renda, passando a ser visto no seu sentido axiológico, e a preservação da dignidade pessoal torna-se mais importante do que o lucro. Desencadeou-se a transição do patrimonialismo para o personalismo[7].

Atualmente, grande prestígio tem o personalismo, corrente de pensamento fundada na filosofia da existência que coloca o ser humano como centro e eixo da meditação jusfilosófica, dentro de uma dimensão de coexistencialidade, consubstanciando uma reação contra qualquer tipo de individualismo ou patrimonialismo exacerbados[8].

Conforme a doutrina personalista, o homem, apesar de ser visto como ser único, apresenta-se em várias dimensões, a

5 SODRÉ, Ruy de Azevedo. *Função social da propriedade privada*. Tese de doutorado. Faculdade de Direito de São Paulo, [s/d.]. p. 63-65.

6 SIDOU, J. M. Othon. *Dicionário jurídico*: Academia Brasileira de Letras Jurídicas. 4. ed. rev., atual. e ampl. Rio de Janeiro: Forense, 1997. p. 741.

7 SANTOS, Antonio Jeová. *Função social, lesão e onerosidade excessiva nos contratos*. São Paulo: Método, 2002. p. 123-124.

8 ITURRASPE, Jorge Mosset. *Interpretación económica de los contratos*. Buenos Aires: Rubinzal-Culzoni, 1994. p. 30.

material, a espiritual, a individual e a social, estando essas dimensões integradas, o que é essencial para o desenvolvimento do indivíduo, o qual encontra o equilíbrio quando cada uma dessas dimensões é respeitada[9].

Destarte, embora a lição personalista esteja focada no indivíduo, caminha ao passo da doutrina da socialidade, pois aquela também enxerga o homem na sua dimensão social; e esta prega a preponderância do interesse social sobre o pessoal, sem perder de vista o valor fundamental da pessoa humana. Não há, conclui-se, qualquer contradição entre os dois pensamentos, tão difundidos na atualidade e essenciais para a manutenção do Estado.

A autonomia privada na sua concepção tradicional, pedra angular do liberalismo contratual reinante após a Revolução Francesa (o qual já sofria limitações mesmo na sua concepção originária), passou a sofrer novas limitações devido a essas novas exigências e transformações sociais ocorridas durante o próprio Século XIX e Século XX, sob a égide do Estado social.

Nos primórdios da civilização, a propriedade e a posse tinham função comunitária, na era romana assumem um sentido individualista. Na Idade Média a questão se volta sobre as terras prevalecendo o brocardo *nulle terre sans seigneur,* surgindo os feudos, que desapareceram com a Revolução Francesa de 1789. Hodiernamente, pela teoria da natureza humana, a posse e a propriedade são inerentes ao homem, sendo condição de sua existência, pelo instinto da conserva-

9 SANTOS, Antonio Jeová. *Dano moral indenizável.* 4. ed. rev., ampl. e atual. São Paulo: Revista dos Tribunais, 2003. p. 57.

ção que o leva a possuir ou a adquirir bens para satisfazer suas necessidades físicas e morais. Grande é sua função social e solidária e o serviço que prestam às sociedades civilizadas, justificados pela proteção jurídica da existencialidade.

No panorama nacional, o Código Civil de 1916 revelava forte influência recebida do individualismo típico do Século XIX. Não há, logicamente, nesse Código, qualquer referência à função social da propriedade.

O ideal de justiça social, entretanto, já estava presente no direito pátrio antes mesmo da promulgação do atual Código Civil. Essa justiça social é a "possibilidade de todos contarem com o mínimo para satisfazer às suas necessidades fundamentais, tanto físicas quanto espirituais, morais e artísticas" [10].

A Constituição de 1934 foi a primeira a tratar do interesse social como condicionante da propriedade; a Constituição de 1946 previu a expropriação como sanção específica para o desrespeito a esse interesse social, a expropriação com base nesse interesse; e, a partir da Constituição de 1967, as Leis Fundamentais brasileiras passaram a utilizar expressamente o termo "*função social*".

A Constituição Federal de 1988 expressa a noção de limitação da iniciativa privada e da propriedade, bem como o ideal da socialidade, nos arts. 1º, III e IV, 5º, XXIII e 170, III.

O art. 1º, III e IV, da nossa Lei Maior, dispõe que "a República Federativa do Brasil, formada pela união indissolúvel dos Estados e Municípios e do Distrito Federal, constitui-se

10 BASTOS, Celso Ribeiro; MARTINS, Ives Gandra da Silva. *Comentários à Constituição do Brasil*. 2. ed. São Paulo: Saraiva, 7º v., 2000. p. 20.

em Estado Democrático de Direito e tem como fundamentos: (...) III – a dignidade da pessoa humana; IV – os valores sociais do trabalho e da livre-iniciativa".

O art. 5º, XXIII, da Constituição de 1988, prescreve: "Todos são iguais perante a lei, sem distinção de qualquer natureza, garantindo-se aos brasileiros e aos estrangeiros residentes no País a inviolabilidade do direito à vida, à liberdade, à igualdade, à segurança e à propriedade, nos termos seguintes: XXIII – a propriedade atenderá a sua função social".

E, de acordo com o art. 170, III, também da norma constitucional, "A ordem econômica, fundada na valorização do trabalho humano e na livre-iniciativa, tem por fim assegurar a todos existência digna, conforme os ditames da justiça social, observados os seguintes princípios: III – função social da propriedade".

Assim, o primeiro confronto entre o pensamento liberal e a tendência socializante da época atual ocorreu em detrimento da propriedade, sendo pacífica, atualmente, a concepção de que a propriedade é um direito limitado. Desse entendimento por si só já seria possível deduzir a função social da posse, devido à ligação entre os dois institutos.

De acordo com o pensamento de Miguel Reale[11], a socialidade deve aparecer na lei própria que regula o instituto, como, no caso da propriedade, o direito civil. Conforme o autor, não adianta proclamar ter um instituto uma função social se este princípio permanece como letra morta no texto constitucional, mas, ao contrário, deve transformar-se em instrumento de ação no plano da lei civil.

11 REALE, Miguel. *O projeto de Código Civil*: situação atual e seus problemas fundamentais. São Paulo: Saraiva, 1986. p. 9.

O princípio da socialidade é um dos três princípios basilares do novo Código Civil, sendo os outros dois o princípio da eticidade e o princípio da operatividade. Isso é assim, exatamente, em consequência da mudança de visão que condenou o individualismo exacerbado à morte.

A socialidade veio substituir o individualismo à medida que o indivíduo voltou a estar encadeado à sua comunidade, confundindo-se com o meio social, o que é próprio da natureza humana, uma vez que o homem é um ser social, para o qual é impossível viver sozinho.

Como afirma Pinto Ferreira[12], a socialidade é uma tendência natural do homem, que vive sempre em grupo e tem o instinto de viver associado a outras pessoas, um verdadeiro impulso comunitário ou grupalista.

Como dito anteriormente, o primeiro combate entre o liberalismo tradicional oitocentista e o moderno espírito socializante ocorreu em detrimento da propriedade, a qual, assim como o contrato e anteriormente a ele, deixou de ser absoluta passando a ser limitada pela sua função social.

Ao discorrer sobre a importância do direito de propriedade, Allende[13] reconhece que "las luchas sociales y las grandes revoluciones de la humanidad no tienen en general otro fin que adecuar la legislación de este derecho real a las nuevas necesidades y aspiraciones del pueblo"[14].

---

12 PINTO FERREIRA. Sociabilidade. In: FRANÇA, R. Limongi (coord.). *Enciclopédia Saraiva de Direito*. São Paulo: Saraiva, v. 69, 1977. p. 424.

13 ALLENDE, Guillermo L. *Panorama de derechos reales*. Buenos Aires: La Ley, 1967. p. 371.

14 "As lutas sociais e as grandes revoluções da humanidade em geral

Quanto à sua natureza, o direito de propriedade era visto tradicionalmente como absoluto[15], exclusivo e perpétuo. Absoluto – por poder o proprietário desfrutar da coisa da maneira que lhe convier, impondo o seu direito *erga omnes*; exclusivo – por ter o proprietário o poder de excluir terceiros da utilização da coisa, e até mesmo o Estado, que não pode privar o proprietário do seu direito senão expropriando a coisa mediante indenização[16]; e perpétuo – no sentido de que só se extingue pela vontade do titular ou da lei, não se extinguindo pelo não-uso.

Essas características de absolutismo, exclusividade e perpetuidade, entretanto, foram atingidas por força da evolução do conceito de propriedade que se deu modernamente, no sentido de uma redução dos direitos do proprietário[17], evolução esta que não poderia deixar de influenciar também a noção de contrato.

Hodiernamente, a propriedade não é mais vista na sua concepção individualista exacerbada, típica do capitalismo pós-Revolução Francesa. Aliás, repita-se, o primeiro confronto entre o pensamento liberal e o princípio da socialidade ocorreu justamente em limitação da propriedade, para, posteriormente, atingir outros institutos de direito privado, como o contrato.

não têm outro fim que adequar a legislação desse direito real às novas necessidades e aspirações do povo" (Tradução livre).

15 Conforme o art. 544, do Código de Napoleão, "A propriedade é o direito de gozar e dispor das coisas da maneira mais absoluta".

16 GONÇALVES, Luiz da Cunha. *Tratado de Direito Civil*. Coimbra: Coimbra, v. 11, 1936. p. 179.

17 RODRIGUES, Silvio. *Direito civil*: direito das coisas. 24. ed. São Paulo: Saraiva, v. 5, 1997. p. 84-85.

O absolutismo vem sendo limitado pela restrição das prerrogativas de usar e gozar da coisa, como se nota, p. ex., na multiplicação das servidões legais, na Lei do Inquilinato etc. A exclusividade também vem sendo atingida, na medida em que a lei confere a outras pessoas que não o proprietário, o direito de utilizar a coisa até mesmo contra a vontade do proprietário, como ocorre no caso dos locatários. Já a perpetuidade foi atingida a partir do momento em que se ampliou o rol de hipóteses de perda da propriedade, como nos casos de desapropriação, hoje podendo, inclusive, ser realizada para fins de reforma agrária.

Contudo, de toda a evolução sofrida pelo direito de propriedade, o aspecto que mais nos interessa, nesta oportunidade, é a instituição do princípio da função social da propriedade.

A Constituição de Weimar, de 11-8-1919, já refletia esses ideais sociais, como a função social da propriedade, estabelecendo, em seu art. 153, que a propriedade obriga e que seu uso deve ser realizado no interesse geral.

A expressão função social da propriedade surgiu no ordenamento nacional através do Estatuto da Terra (Lei n. 4.504/64), primeira legislação latino-americana a tratar da reforma agrária, nos seus arts. 2º, *caput*, e 12, onde já estabelecia que a propriedade deve ter uma função social.

Em nível constitucional, o princípio fundamental da função social da propriedade foi estabelecido entre nós pelo art. 5º, XXIII, da Constituição Federal de 1988 (que não trata expressamente da função social do contrato) e constitui, no nosso entender, o alicerce do regime jurídico da propriedade, à medida que evita o abuso desse direito e reflete uma visão moderna da propriedade como direito limitado em face do bem comum.

Ao contrário do que se possa imaginar, a função social da propriedade, expressão de conceituação difícil e imprecisa, não constitui sacrifício à propriedade privada, mas uma garantia de sua manutenção pacífica. A propriedade continua exclusiva e transmissível livremente. Da mesma forma, como visto retro, ocorre com a função social do contrato, que não extingue a autonomia privada, apenas limita-a, também com base em interesses superiores ao interesse individual.

A função da propriedade, assevera Orlando Gomes[18], tornou-se social no momento em que o legislador entendeu, da mesma forma como aconteceria posteriormente em matéria contratual, que o exercício desse direito não deveria ser protegido apenas para a satisfação do seu titular.

De acordo com José de Oliveira Ascensão[19], desvanecida a ilusão liberal da coincidência dos interesses individual e coletivo, coloca-se com premência a necessidade de assegurar que a propriedade não seja afastada do benefício social. Foi na tentativa de conceber o direito como limitado que se desenvolveram as teorias do abuso do direito e teorias que agregam ao direito elementos funcionais, como, por exemplo, no caso da função social da propriedade.

O referido autor português, ao justificar a propriedade em razões de realização pessoal e de utilidade social, defende a noção de direito subjetivo como uma noção funcional. En-

18 GOMES, Orlando. *Direitos reais*. Atualizado por Humberto Theodoro Júnior. 13. ed. Rio de Janeiro: Forense, 1998. p. 107.

19 ASCENSÃO, José de Oliveira. *Direitos reais*. Lisboa: Livraria Petroni, 1971. p. 138-139.

tretanto, diverge da posição de Duguit, para quem a propriedade implica para o detentor da riqueza a obrigação de empregá-la para o crescimento da riqueza social e para a interdependência social (propriedade-dever).

No entendimento de Duguit[20],

> "todo individuo tiene la obligación de cumplir en la sociedad una cierta función en razón directa del lugar en que ella ocupa. Ahora bien, el poseedor de la riqueza, por lo mismo que posee la riqueza, puede realizar un cierto trabajo que sólo él puede realizar. Sólo él puede aumentar la riqueza general haciendo valer el capital que posee. Está, pues, obligado socialmente a realizar esta tarea, y no será protegido socialmente más que si la cumple y en la medida que la cumpla. La propiedad no es, pues, el derecho subjetivo del propietario; es la función social del tenedor de la riqueza[21]".

Segundo Ascensão[22], ao contrário do que prega Duguit, a propriedade não se esgota toda na função social, a garantia

---

20 DUGUIT, León. *Las transformaciones del derecho*. Buenos Aires: Heliasta, 1975. p. 240.

21 "Todo indivíduo tem a obrigação de cumprir determinada função na sociedade na proporção direta do lugar que ocupa. Ora, o possuidor de riqueza, pelo próprio fato de possuir riqueza, pode fazer certo trabalho que só ele pode fazer. Só ele pode aumentar a riqueza geral fazendo valer o capital que possui. Ele é, então, socialmente obrigado a realizar esta tarefa, e ele não será socialmente protegido, exceto se e na medida em que a cumprir. A propriedade não é, portanto, direito subjetivo do proprietário; é a função social do detentor da riqueza" (Tradução livre).

22 ASCENSÃO, José de Oliveira. *Direitos reais*. Lisboa: Livraria Petroni, 1971. p. 147-148.

da autonomia pessoal seria o objeto primário da atribuição dos bens em termos reais. Esse é o entendimento predominante na doutrina a respeito da função social da propriedade, aplicando-se também ao caso da função social dos contratos.

Já na opinião de Humberto Theodoro Júnior[23], foi exatamente a partir da teoria do abuso do direito, bastante criticada na doutrina sob o argumento de ser teoricamente contraditória, que se delineou a função social da propriedade.

A teoria do abuso do direito prega a apreciação dos motivos que legitimam o exercício dos direitos, para que se condene, como antissociais, todos os atos que, apesar de praticados em aparente conformidade com a lei, não se harmonizam essencialmente com o espírito e a finalidade da mesma lei[24].

A mais célebre crítica à teoria do abuso do direito é da autoria de Planiol[25], para quem direito e abuso repelem-se, pois o direito cessa onde o abuso começa, sendo que um só ato não pode ser ao mesmo tempo conforme e contrário ao direito, pois o abuso desnatura o direito. Nas palavras desse autor, "*le droit cesse où l'abus commence, et il ne peut pas y avoir 'usage abusif' d'un droit quelconque, parce qu'un même acte ne peut pas être tout à la fois conforme et contraire au droit*"[26].

---

23 THEODORO JÚNIOR, Humberto. *O contrato e sua função social*. Rio de Janeiro: Forense, 2003. p. 80.

24 MARTINS, Pedro Baptista. *O abuso do direito e o ato ilícito*. 2. ed. Rio de Janeiro: Freitas Bastos, 1941. p. 16.

25 PLANIOL, Marcel. *Traité* élémentaire *de droit civil*. 10. ed. Paris: Libraire Générale de Droit & de Jurisprudence, t. II, 1926. p. 870.

26 "O direito cessa onde começa o abuso, e não pode haver 'uso abusivo' de nenhum direito, porque o mesmo ato não pode ser ao mesmo tempo conforme e contrário à lei" (Tradução livre).

O fato é que, com base na teoria do abuso do direito ou com base na teoria da função social, não se pode negar que o proprietário que se desvia dos limites do seu direito de propriedade, assim como aquele que se desvia do limite da sua liberdade contratual, comete ato ilícito, nos termos do art. 187, do Código Civil vigente.

A Constituição Federal de 1988 estabelece as diretrizes para a configuração do que venha a ser na prática a função social da propriedade ao estabelecer, no seu art. 182, § 2º, que "a propriedade urbana cumpre sua função social quando atende às exigências fundamentais de ordenação da cidade expressas no plano diretor".

E também, no seu art. 186, que "a função social é cumprida quando a propriedade rural atende, simultaneamente, segundo critérios e graus de exigência estabelecidos em lei, os seguintes requisitos: I – aproveitamento racional e adequado; II – utilização adequada dos recursos naturais disponíveis e preservação do meio ambiente; III – observância das disposições que regulam as relações de trabalho; IV – exploração que favoreça o bem-estar dos proprietários e dos trabalhadores".

O Código Civil em vigor, ao tratar da função social da propriedade, dispõe, no art. 1.228, § 1º: "O direito de propriedade deve ser exercido em consonância com as suas finalidades econômicas e sociais e de modo que sejam preservados, de conformidade com o estabelecido em lei especial, a flora, a fauna e as belezas naturais, o equilíbrio ecológico e o patrimônio histórico e artístico, bem como evitada a poluição do ar e das águas".

É importante também ressaltar que a função social da propriedade não se confunde com as limitações impostas ao proprietário pelo ordenamento jurídico, a exemplo das limitações impostas em face do direito de vizinhança. É um princípio a ser observado pelo intérprete e pelo aplicador do direito, além de ser uma diretriz para o exercício do próprio direito de propriedade[27].

Nas palavras de José Afonso da Silva[28], limitações, obrigações e ônus são externos ao direito de propriedade, vinculando simplesmente a atividade do proprietário, interferindo no exercício do direito; enquanto a função social está ligada à própria estrutura do direito de propriedade. Ainda na opinião desse autor, o fundamento das limitações à propriedade está na atuação do poder de polícia e não, na função social, que é completamente independente.

Pode-se concluir, a partir de todos esses fatos elucidados, que a função social da propriedade afeta indubitavelmente a posse, daí a conexão entre função social da propriedade e função social da posse.

A *função social de posse* é mero corolário do princípio constitucional da função social de propriedade e da justiça (LINDB, art. 5º) norteador da ordem econômica, revitalizando-o, para atender aos interesses sociais limitando o arbítrio do possuidor e do proprietário, para que no seio da coletividade se tenha condições para atingir o equilíbrio econômico, ambiental, existencial, amparando o fraco contra o forte. E a função social de posse está ligada ao princípio do respeito e proteção à dignidade da pessoa humana (CF, art. 1º, III), dando tutela jurídica ao possuidor para que se efetive

27 GOMES, Orlando. *Direitos reais*. Atualizado por Humberto Theodoro Júnior. 13. ed. Rio de Janeiro: Forense, 1998. p. 110-112.

28 SILVA, José Afonso da. *Curso de direito constitucional positivo*. 11. ed. São Paulo: Malheiros, 1996. p. 273.

a justiça social e para que se garanta o mínimo convivencial ou existencial.

O art. 1º, III, da Constituição Federal, concede ao cidadão brasileiro dignidade, assegurando, deste modo, um mínimo de direitos que devem ser respeitados pela sociedade e pelo poder público, de forma a preservar a valorização do ser humano.

Esse mínimo existencial pode ser entendido a partir dos preceitos que a própria Constituição Federal estabelece como direitos fundamentais, em seus arts. 5º e 6º, como, por exemplo, a moradia, a saúde e a segurança, os quais se mostram diretamente ligados ao instituto da posse.

Na definição de Ingo Sarlet[29], a dignidade da pessoa humana é

> "qualidade intrínseca e distintiva de cada ser humano que o faz merecedor do mesmo respeito e consideração por parte do Estado e da comunidade, implicando, neste sentido, um complexo de direitos e deveres fundamentais que assegurem a pessoa tanto contra todo e qualquer ato de cunho degradante e desumano, como venham a lhe garantir as condições existenciais mínimas para uma vida saudável, além de propiciar e promover sua participação ativa e corresponsável nos destinos da própria existência e da vida em comunhão com os demais seres humanos".

A ideia de dignidade humana, de que o homem não pode ser tratado como meio, mas como fim, tem influência da

---

29 SARLET, Ingo. *Dignidade da pessoa humana e direitos fundamentais na Constituição Federal de 1988.* 2. ed. Porto Alegre: Livraria do Advogado, 2002. p. 62.

doutrina de Kant[30], com repercussão sobre as temáticas de moral e ética. Segundo o autor.

> "O imperativo categórico é, portanto, só um único, que é este: Age apenas segundo uma máxima tal que possas ao mesmo tempo querer que ela se torne lei universal. Ora se deste único imperativo se podem derivar, como do seu princípio, todos os imperativos do dever, embora deixemos por decidir se aquilo a que se chama dever não será em geral um conceito vazio, podemos pelo menos indicar o que pensamos por isso e o que é que este conceito quer dizer. Uma vez que a universalidade da lei, segundo a qual certos efeitos se produzem, constitui aquilo a que se chama propriamente natureza no sentido mais lato da palavra (quanto à forma), quer dizer a realidade das coisas, enquanto é determinada por leis universais, o imperativo universal do dever poderia também exprimir-se assim: Age como se a máxima da tua ação se devesse tornar, pela tua vontade, em lei universal da natureza".

Cabe, dessa forma, ao princípio da dignidade da pessoa humana conferir unidade e coerência ao conjunto dos direitos fundamentais, respaldando o surgimento de direitos ainda não expressos na Constituição e figurando como critério interpretativo a iluminar os demais princípios e normas dentro do sistema constitucional.

O ser humano tem liberdade para usar o que é seu, mas deve acatar as restrições legais, evitando uso abusivo de bens e atendendo à sua função socioeconômica. O homem e grupo social têm atividades que dependem da ação dos fatores

---

30 KANT, Immanuel. *Fundamentação da metafísica dos costumes*. Tradução Paulo Quintela. Lisboa: Edições 70, 2007. p. 59.

do meio em que vivem, dos valores sociais e da consecução dos fins e do interesse público, para satisfazer o bem comum, a efetiva defesa do consumidor, a recuperação da natureza etc. É preciso harmonizar a posse e propriedade de bens urbanos e rurais com os fins sociais, para que sejam economicamente úteis produtivos de acordo com desenvolvimento econômico, cumprindo as exigências legais alusivas ao aproveitamento da terra, à utilização de recursos naturais, respeitando a preservação ambiental etc. Importante é não só a produtividade do bem, objeto da posse e da propriedade, como também atender aos interesses do possuidor ou de proprietários. Assim se tutela a pessoa humana para que tenha existência digna, protegido de qualquer ofensa. A existência é "o modo de ser do homem no mundo", e a dignidade é o núcleo da existência humana[31]. E se a posse e a propriedade não exercerem sua função social e solidária poderão acarretar *danno ala vita di relazione*, ou seja à convivência ou ao relacionamento social, que poderá atingir, direta ou indiretamente, a capacidade laborativa da pessoa, impedindo-a de gozar dos prazeres da vida advindos de uma moradia digna, de relações consumeristas, de atividades artísticas, recreativas, culturais, etc., que influenciam seu relacionamento afetivo, familiar, social ou profissional, reduzindo a chance de obter êxito na vida[32], frustrando seus projetos de vida, gerando perda de sentido da vida.

---

31 ALMEIDA NETO, A. de. Dano existencial: a tutela da dignidade da pessoa humana. *Revista Síntese – Direito Civil e Processual Civil*, 80:15.

32 ALMEIDA NETO, A. de. Dano existencial: a tutela da dignidade da pessoa humana. *Revista Síntese – Direito Civil e Processual Civil*, 80:21.

O mau exercício da posse e da propriedade incide de modo negativo total ou parcialmente, sobre os afazeres da pessoa, podendo repercutir, temporária ou permanentemente, sobre sua existência, levando-a a modificar sua rotina ou a reprogramar seus relacionamentos. Pois como dizem Forghieri e Angerami-Camon[33], o "ser humano existe não apenas em sua relação corpórea ou pelo lugar que ocupa no espaço", ou seja, "existe em relação a sua condição de ser-no-mundo", a convivência com os demais membros do corpo social (ser-com) faz parte dessa sua condição de ser-no-mundo, isto é, o "existir é originalmente ser-com outro". Esse projetar para o futuro o faz estabelecer planos que terão sentido à existência ou à vida, possibilitando realização em várias esferas[34].

A situação existencial humana – o conjunto de relações nas quais o ser humano se encontra no mundo – com as coisas e outros homens[35] e o direito do mínimo existencial – direito ao necessário à existência digna[36], dialogam com

---

33 FORGHIETI. *Psicologia fenomenológica.* São Paulo: Cangaze Learning, 1993. p. 31; ANGERAMI-CAMON. *Psicoterapia existencial.* São Paulo: Thomson Learning Brasil, 2004. p.25.

34 BARDUCHI, Ana L. J. Projeto de vida: um jeito de estar no mundo. *Desenvolvimento pessoal e profissional.* (BARDUCHI, Ana L. J. org.). São Paulo, Pearson Prentice Hall, 2000; FROTA e BIÃO. A dimensão existencial da pessoa humana, o dano existencial e o dano do projeto de vida: reflexões à luz do direito comparado. *Revista Síntese – Direito Civil e Processual Civil,* 80:57-83.

35 MAMAN, Jeanette. *Fenomenologia existencial do direito:* crítica de pensamento jurídico brasileiro. São Paulo: Quartier Latin, 2003. p. 82-83.

36 ALEXY, R. Guindrechte als subjektive Rochte und als objektive Normen. *Der Staat,* 28 (1): 49-68, 1990.

necessidades materiais e com aspirações transcendentais, pois a pessoa precisa projetar-se para fora de si para encontrar seu próprio significado, satisfazendo suas necessidades básicas para que possa desenvolver-se de modo saudável[37]. Daí o direito de, sendo possuidor, livremente moldar sua vida e seu destino e de escolher os meios para atingir sua realização. O direito à existencialidade é o direito do ser humano de programar sua vida como lhe aprouver para obter seus ideais, enriquecendo sua personalidade. Daí sua interligação com a posse, para que consiga obter algumas vantagens e atingir a consecução de um plano de vida pessoal envolvendo, por ex., moradia, propriedade urbana ou rural etc.

A compreensão da função social e solidária da posse e da sua importância para a existencialidade digna, de forma diferenciada mas conexa à função social da propriedade, é, assim, de suma importância para se traçar o efeitos daquele instituto no mundo jurídico, tarefa à qual nos dedicaremos a seguir.

---

37 FROTA e BIÃO. A dimensão existencial da pessoa humana, o dano existencial e o dano do projeto de vida: reflexões à luz do direito comparado. *Revista Síntese – Direito Civil e Processual Civil*, 80:59.

CAPÍTULO 6

Consequências jurídicas da posse

Os efeitos da posse são as consequências jurídicas por ela produzidas, em virtude de lei ou da norma jurídica[1], que demonstram bem sua função social.

Discrepam os nossos civilistas quanto à sua discriminação, mas ante o caráter analítico e didático da sistematização desses efeitos operada por Clóvis Beviláqua, pareceu-nos preferível adotá-la na explanação deste tema.

Para este jurista sete são os efeitos da posse: I – o direito ao uso dos interditos; II – a percepção dos frutos; III – o direito de retenção por benfeitorias; IV – a responsabilidade

1 RODRIGUES, Silvio. *Direito civil*: direito das coisas. 24. ed. São Paulo: Saraiva, v. 5, 1997. p. 67; AQUINO, Álvaro Antônio S.B de. *A posse e seus efeitos*. São Paulo: Atlas, 2000.

pelas deteriorações; V – a posse conduz à usucapião; VI – se o direito do possuidor é contestado, o ônus da prova compete ao adversário, pois que a posse se estabelece pelo fato; VII – possuidor goza da posição mais favorável em atenção à propriedade, cuja defesa se completa pela posse[2].

Passamos a analisá-los:

A) *O possuidor tem o poder de invocar os interditos possessórios*, ou seja, de propor ações possessórias, que seguem rito especial, quando for ameaçado, molestado ou esbulhado em sua posse, para repelir tais agressões e continuar na posse (CC, art. 1.210; CPC, art. 178, III; Lei n. 9.099/95, art. 3º, IV). Para lhering[3] três são os fundamentos desses inter-

---

2 BEVILÁQUA, Clóvis. *Direito das coisas*. Brasília: Senado Federal, v. 1, 2003. p. 59; BEVILÁQUA, Clóvis. *Código Civil*. Rio de Janeiro: Rio, v. 3, 1976. p. 24; AQUINO, Álvaro Antônio S.B de. *A posse e seus efeitos*. São Paulo: Atlas, 2000; NAVES, Lúcio Flávio de V. *Posses e ações possessórias no novo Código Civil*. Rio de janeiro: Forense, 2003; BATISTA, Antenor. *Posse, possessória, usucapião e ação rescisória*. São Paulo: Juarez de Oliveira, 2006. ARMELIN, Donaldo. *A tutela da posse no novo Código Civil. O novo Código Civil – estudos em homenagem à Miguel Reale*. São Paulo: LTR, 2003. p. 951-980.

3 JHERING, Rudolf Von. El fundamento de la protección posesoria. Caps XI e XII, in *La posesión*, 1ª parte; JHERING, Rudolf Von. *Oeuvres choisies*. Paris: s/e, v. 2, 1893. p. 217, FIGUEIRA JR., Joel Dias. *Posse e ações possessórias*. Curitiba: Juruá, v. I, 1994; Garcez Neto, Martinho. *Temas atuais de direito civil*. Rio de Janeiro: Renovar, 2001. p. 369-412; RT, 580:29, 482:109, 490:99, 495:195, 537:80, 581:216, 582:213, 583:183 e 242; RTJSP, 62:137, 39:129, 43:127, 60:114; TJSP, ADCOAS, 1981, n. 78.236, e 1982, n. 86.380: "Sem a desconstituição do negócio jurídico celebrado não se pode buscar a reintegração de posse sob fundamento de esbulho, pois, apoiada a posse em pré-contrato, enquanto não

ditos: a) proteção da posse por ela a exteriorização do domínio; b) proteção da posse por meio de ações especiais para facilitar a defesa da propriedade, dispensando o proprietário de ter de provar seu direito em cada caso; c) proteção da posse, concebida desse modo, favorece o não proprietário, porém trata-se de um inconveniente inevitável, não se podendo abrir mão dele ante as muitas vantagens resultantes da instituição e por ser aquela situação excepcional, pois o normal é estar a posse a serviço do legítimo proprietário. Logo, protege-se a posse e, por via oblíqua, a propriedade.

O direito pátrio admite as seguintes ações para a defesa da relação possessória:

a) *Ação de manutenção de posse* é o meio que se pode servir o possuidor que sofre turbação a fim de se manter na sua posse (CC, art. 1.210, 1ª parte, e CPC, arts. 560 a 566),

---

rescindido este, dita posse de ser havida como embasada em justo título, não havendo amparo legal para a reintegração".

O CPC, art. 554, *caput*, admite a transmudação de uma ação em outra, ou seja, fungibilidade das ações possessórias, se uma for proposta em vez de outra o juiz conhecerá o pedido e dará a proteção legal, ante o princípio da instrumentalidade das formas, que requer desapego ao rigor formal.

Pelo Enunciado n. 178 do Fórum Permanente de Processualistas Civis: "O valor da causa nas ações fundadas em posse, tais como as ações possessórias, os embargos de terceiro e a oposição, deve considerar a expressão econômica da posse, que não obrigatoriamente coincide com o valor da propriedade".

Pela Súmula 637 do STJ: "O ente público detém legitimidade e interesse para intervir, incidentalmente, na ação possessória entre particulares, podendo deduzir qualquer matéria defensiva, inclusive, se for o caso, o domínio".

> receber indenização dos danos sofridos e evitar reincidência (CPC, art. 555) ou, ainda, se de má-fé o turbador, remover ou demolir construção ou plantação feita em detrimento de sua posse.

A turbação é "todo ato que embaraça o livre exercício da posse, haja, ou não, dano, tenha, ou não, o turbador o melhor direito sobre a coisa"[4]. A turbação pode ser de fato ou de direito. A de fato consiste na agressão material dirigida contra a posse, como rompimento de cercas, abertura de picadas. A de direito é a que opera judicialmente, quando o réu contesta a posse do autor, ou por via administrativa, quando, p. ex., houver decisão das autoridades, fixando largura a uma estrada, em detrimento da utilização da coisa[5]. Distingue-se, ainda, a turbação em direta e indireta, sendo a direta aquela que se exerce imediatamente sobre o bem que é o objeto da posse, como, p. ex., se o réu abrir um caminho no terreno do autor. A indireta, por sua vez, é praticada fora da coisa, mas recai sobre ela, produzindo efeitos nocivos à sua posse; exemplificativamente, se, em razão de palavras do turbador, o possuidor deixa de conseguir inquilino para seu prédio[6].

---

4 GOMES, Orlando. *Direitos reais*. 13. ed. Rio de Janeiro: Forense, 1998. p. 91.

5 MONTEIRO, Washington de Barros. *Curso de direito civil*: direito das coisas. 31. ed. São Paulo: Saraiva, v. 3, 1994. p. 45; PEREIRA, Caio Mário da Silva. *Instituições de direito civil*: posse. Propriedade. Direitos reais de fruição. Garantia e aquisição. 14. ed. Rio de Janeiro: Forense, v. IV, 2000. p. 67; RUGGIERO e MAROI. *Instituições de direito civil*. Tradução da 6. ed. italiana por Paulo Capitanio. Campinas, SP: Bookseller, v.2, 1999. § 126.

6 Classificação proposta por: LEAL, Câmara. *Comentários ao Código de Processo Civil*. p. 17 e ss. *Vide*: MONTEIRO, Washington de

Finalmente, os atos turbativos podem ser positivo, se resultarem da prática de atos materiais equivalentes ao exercício da posse sobre a coisa por parte do turbador, como o corte de árvore ou implantação de marcos, ou negativo, se impedirem o possuidor de praticar certos atos, dificultando seu posse[7].O possuidor que sofre embaraço na sua posse, sem contudo perdê-la, propõe a ação de manutenção de posse, provando a existência da posse e a turbação (CPC, art. 561, I e II); sem discutir a quantidade do direito do turbador nem natureza ou profundidade do dano[8], requerendo ao magistrado a expedição do competente mandado de manutenção (CPC, arts. 562 e 563).

Quando a turbação é nova, com menos de ano e dia, dar-se-á a manutenção liminar, sem audiência da outra parte (*inaudita altera pars*), porém, contra as pessoas jurídicas de direito público, há necessidade de prévia audiência dos respectivos representantes judiciais (CPC, arts. 558, parágrafo único, e 562, parágrafo único)[9]. Na ação de força velha ape-

---

Barros. *Curso de direito civil*: direito das coisas. 31. ed. São Paulo: Saraiva, v. 3, 1994. p. 45.

7 LEAL, Câmara. *Comentários ao Código de Processo Civil*; GOMES, Orlando. *Direitos reais*. 13. ed. Rio de Janeiro: Forense, 1998. p. 91; Ciência Jurídica, 44:127, 27:131, 25:81; JB, 158:130, 161:154.

8 PEREIRA, Caio Mário da Silva. *Instituições de direito civil*: posse. Propriedade. Direitos reais de fruição. Garantia e aquisição. 14. ed. Rio de Janeiro: Forense, v. IV, 2000. p. 66. Súmula 487 do STF; *RT*, 506:123, 499:122, 524:203, 529:206, 530:231, 556:221, 573:252, 578:232, 638:226, 648:116, 699:138, 709:108; *RJE*, 1:123 e 207; *JTACSP*, 269:146; *Ciência Jurídica*, 82:138, 79:129, 74:114 e 65:110; *Bol. AASP* 1945:107, 2727:5963, 3034:9; *RSTJ*, 107:228.

9 MIRANDA, Francisco Cavalcanti Pontes de. *Comentários ao Código de Processo Civil*. Rio de Janeiro, Forense, v. 6, 2002. p. 54;

nas se admite a tutela provisória de urgência antecipada (CPC, arts. 294, parágrafo único, e 300).

É mister salientar que as normas processuais sobre a manutenção de posse são as relativas ao rito comum em caso de ação de força velha ou juizado Especial conforme o valor da causa (L JE, art. 3º, IV) ou especial, sendo ação de força nova (CPC, art. 558, parágrafo único). Entretanto na lição de Donaldo Armelin, "o autor implementado os requisitos do art. 273 – hoje arts. 294, parágrafo único, e 300 – do CPC poderá fazer jus a uma antecipação de tutela com a mesma amplitude daquela que lhe adviria mediante a liminar inserida no rito especial da possessória".

Outrora, se a posse datasse de menos de ano e dia, ninguém seria mantido senão contra quem não tivesse melhor posse: a) a fundada em justo título; b) a mais antiga na falta do título, ou sendo os títulos iguais; e c) a atual, sendo da mesma

FIGUEIRA JÚNIOR, Joel Dias. *Liminares nas ações possessórias.* São Paulo: Revista dos Tribunais, 1995. p. 175. Todavia, há entendimento de que, "ainda que ação possessória intentada além de 'ano e dia' da turbação ou esbulho, e em razão disso, tenha seu trâmite regido pelo procedimento ordinário (CPC, – art. 924 – hoje art. 558, parágrafo, nada impede que o juiz conceda a tutela possessória liminarmente, mediante antecipação de tutela, desde que presentes os requisitos autorizadores do art. 273, I ou II, bem como aqueles previstos no art. 461-A – atuais art. 498, parágrafo único, e 538 – e parágrafo único, todos do CPC" (Enunciado n. 238 do Conselho da Justiça Federal, aprovando na III Jornada de Direito Civil). "Na falta de demonstração inequívoca de posse que atenda a função social, deve-se utilizar a noção de 'melhor posse', com base nos critérios previstos no parágrafo único do art. 507 do CC/16" (Enunciado n. 239 do Conselho da Justiça Federal, aprovado na III Jornada de Direito Civil).

data. Se impossível essa apuração, por serem todas duvidosas, o órgão judicante determinava o sequestro do bem, até que, em decisão definitiva, se demonstrasse qual a melhor (CC de 1916, art. 507, parágrafo único).

"Quando mais de uma pessoa se disser possuidora, manter-se-á provisoriamente a que tiver a coisa, se não estiver manifesto que a obteve de alguma das outras por modo vicioso" (CC, art. 1.211). A posse provisória da coisa disputada, deferida pelo juiz, havendo dúvida, àquele que, no momento, a tem em mãos, sem ter feito uso de violência ou sem que haja precariedade ou clandestinidade, gerará a ele as obrigações de depositário, até que haja decisão definitiva na ação possessória.

Clóvis Beviláqua ensina-nos que não cabe a manutenção de posse para proteger servidões não aparentes, devido à ausência de sinais visíveis, salvo quando os respectivos títulos provieram do possuidor do prédio serviente, ou daquele de quem este o houver, caso em que se distinguem da mera tolerância (CC, art. 1.213). Caberá tal ação se estas servidões se apresentarem de modo ostensivo[10].

Dúvidas existem quanto à contagem do prazo de ano e de dia nesta ação, quando múltiplos forem os atos turbativos, praticados pela mesma pessoa, formando no conjunto, a turbação de que se queixa o lesado. Há civilistas que mandam computar o prazo do primeiro ato de turbação[11]; outros en-

10 BEVILÁQUA, Clóvis. *Código Civil.* Rio de Janeiro: Rio, v. 3, 1976; PIMENTEL, Mendes. Servidão de trânsito. *RF* 40:296; STF, Súmula 415.

11 RAVIART. *Traité théorique et pratique des actions possessoires et du bornage.* Paris: Marchal et Billard, 1909. n. 337.

tendem que dos últimos se deve contar o lapso extintivo.

Melhor será distinguir:

a) se há um, dentre eles, que importe, realmente, em privação da posse, daí correrá o prazo;

b) se há vários atos distintos, sem nexo de causalidade entre eles, cada um será autônomo, para efeito de contagem;

c) se há atos sucessivos, ligados entre si, há apenas uma turbação, e contar-se-á do último deles o prazo para efeito a ser admitido o rito sumário[12].

No art. 1.210, § 1º, do Código Civil há um resquício de justiça privada; trata-se, em caso de turbação, da legítima defesa da posse, em que o possuidor molestado, seja ele direto ou indireto, pode reagir pessoalmente ou por sua própria força, contra o turbador, desde que tal reação seja incontinente ou sem demora e se dirija contra ato turbativo real e atual, mediante emprego de meios estritamente necessários para manter-se na posse (CC, arts. 1.210, § 1º, e 188, I). Essa autodefesa só pode ser exercida contra o próprio autor da turbação e não contra terceiros. Assim sendo, se a assistência do Estado revelar-se tardia ou não puder ser oportunamente invocada, o possuidor poderá reagir para manter-se na posse molestada, evitando excessos, seguindo o princípio do *mode-*

12 FULGÊNCIO, Tito. *Da posse e das ações possessórias*: teoria legal – prática. 9. ed. Rio de Janeiro: Forense, v. I, 2000. n. 208; PEREIRA, Caio Mário da Silva. Turbações sucessivas. *RF* 63:116; Barros Monteiro apresentou elucidativos exemplos ministrados, a respeito, por Vicente Ráo (MONTEIRO, Washington de Barros. *Curso de direito civil*: direito das coisas. 31. ed. São Paulo: Saraiva, v. 3, 1994. p. 47).

ramen inculpatae tutelae, ou seja, da moderação da legítima defesa (RT, 693:370)[13].

b) *Ação de reintegração de posse* é a movida pelo esbulhado, a fim de recuperar posse perdida em razão de violência, clandestinidade ou precariedade (CC, art. 1.210, 1ª parte; CPC, arts. 560 a 566; bol. AASP, 1864:289, 1866:42; EJJSTJJ, 11:57, 12:58, 13:147, 14:73, 15:142, 20:171; RT, 495:207,600:212, 560:167, 591:222, 665:129, 688:101, 710:89, 720:123, 722:168, 745:375, 754:245, 769:169, 778:302, 777:397, 779:264; 791:230 e 231, 798:267, 756:277; Ciência Jurídica, 35:76, 37:247, 41:93, 42:84, 38:155, 50:114, 62,315, 65:153, JB, 158:255 e 274, 163:251, 150:267, 162:211, 163:329, 170:325; ADCOAS, 1983, n. 89.809, 90.709; JTACSP, 115:129; RJE, 1:136, 73, 226 e 110, 3:5 e 21, 4:18, 21 e 25; RJTJSP, 6:147; BAASP,

13 MONTEIRO, Washington de Barros. *Curso de direito civil*: direito das coisas. 31. ed. São Paulo: Saraiva, v. 3, 1994. p. 56-57; LOPES, Miguel Maria de Serpa. *Curso de direito civil*: direito das coisas. 3. ed. Rio de Janeiro: Livraria Freitas Bastos, v. VI, 1964. p. 202-203. O direito alemão no art. 859 do BGB e o suíço no art. 926 do Código Civil regulam do mesmo modo a legítima defesa possessória. *RT*, 523:331 e 484:142.

Pela Lei n. 14.118/2021 (art. 16, §§ 1º e 2º) para garantia da posse legítima dos empreendimentos habitacionais adquiridos ou construídos pelo Programa Casa Verde e Amarela ainda não alienados aos beneficiários finais que venham a sofrer turbação ou esbulho, poderão ser empregados atos de defesa ou desforço diretos, inclusive por meio de auxílio de força policial. Mas tais atos de defesa ou de desforço não poderão ir além do indispensável à manutenção ou restituição da posse e deverão ocorrer no prazo máximo de 5 dias, contado da data da ciência do ato de turbação ou esbulho.

2657:1769-02, 2710:1936-18; Súmula 564 do STJ) e pleitear indenização pelas perdas e danos (CPC, art. 555).

Como se vê, o esbulho é a ato pelo qual o possuidor se vê despojado da posse, injustamente, por violência, por clandestinidade e por abuso de confiança. De maneira que é esbulhador: estranho que invade casa deixada por inquilino; o comodatário que deixa de entregar coisa dada em comodato findo a prazo contratual (RT, 536:174, 570:153); o locador de serviço, dispensado pelo patrão, que não restitui a casa que recebera para morar[14] (RT, 532:158, 550:129).

Pode o possuidor intentar ação de reintegração ou indenização não só contra o esbulhador, mas também contra terceiro, que recebeu a coisa esbulhada, sabendo que era (CC, art. 1.212), por ser receptador de bem esbulhado, devido a sua má-fé ao adquiri-la do esbulhador. Por isso, entendeu o

14 Exemplos dados por: MONTEIRO, Washington de Barros. *Curso de direito civil*: direito das coisas. 31. ed. São Paulo: Saraiva, v. 3, 1994. p. 48; BARROSO, Lucas Abreu Barroso. A demonstração da função social da propriedade como pressuposto da concessão de tutela de urgência em ação possessória. in *A outra face do poder Judiciário*. (Giselda Hironaka – coord.). Belo horizonte: Del Rey, 2005. p. 276-291. Sobre a dificuldade de qualificação jurídica do ato ofensivo (turbação, esbulho ou ameaça): *RT*, 41:365, 44:606, 56:855, 415:116, 495:185, 522:73, 393:175. Proteção possessória das servidões: *RT*, 174:701, 146:275, 165:301, 194:829, 204:510, 220:395, 376:155, 208:171, 285:667, 308:627, 318:545, 320:449, 353:352, 435:186, 448:206, 403:378, 409:374, 413:336, 422:166, 516:75, 569:193, 579:110, 585:101. Súmula 76 do TJSP: "É da competência do foro da situação do imóvel, o processamento e julgamento de ação de rescisão contratual c.c reintegração de posse ajuizada pela CDHU, ante o prescrito no art. 95 – hoje art. 47, § 1º – do CPC".

Enunciado n. 80 do Conselho da Justiça Federal (aprovado na I Jornada de Direito Civil) que: "É inadmissível o direcionamento de demanda possessória ou ressarcitória contra terceiro possuidor de boa-fé, por ser parte passiva ilegítima diante do disposto no art. 1.212 do novo Código Civil. Contra o terceiro de boa-fé, cabe tão somente a propositura de demanda de natureza real", pois deverá restituir a coisa, mas não terá o dever de indenizar qualquer prejuízo.

Se o esbulho datar de menos de ano e dia essa ação recebe também a designação de *ação de força nova espoliativa*, iniciando-se pela expedição do mandado liminar, a fim de reintegrar o possuidor imediatamente (JB, 161:199, 203 e 240). Se é de mais de um ano e dia temos a *ação de força velha espoliativa*, na qual o magistrado fará citar o réu para que ofereça sua defesa, confrontando as suas provas com as do autor, decidindo quem terá a posse[15] (JB, 161:241), sendo, ainda, cabível a tutela provisória de urgência antecipada (CPC, arts. 294, parágrafo único, 300). Nada obsta, segundo o Enunciado n. 238 do Conselho da Justiça Federal, que haja concessão de tutela possessória liminarmente, mediante antecipação da tutela, desde que preenchidos os requisitos do Código de Processo Civil de 1973, arts. 273, I ou II, 461-A e parágrafos, hoje, no atual CPC, arts. 294, parágrafo único, 300, 311, I, 498, parágrafo único e 538. Ambas as ações seguem o procedimento comum depois da contestação (CPC, art. 566), distinguindo-se apenas no fato de que só na de força nova

15 PEREIRA, Caio Mário da Silva. *Instituições de direito civil*: posse. Propriedade. Direitos reais de fruição. Garantia e aquisição. 14. ed. Rio de Janeiro: Forense, v. IV, 2000. p. 69; *JTACSP*, 83:30; *RT*, 495:207; Súmula 15 do TJSP.

espoliativa cabe o mandado liminar *inaudita altera pars*16 (CPC, arts. 558, parágrafo único, e 562).

Há julgado entendendo que, "não sendo a possessória ação real, improcede a alegação de prescrição pelo decurso do prazo entre o ato esbulhativo e sua propositura" (TAMG, JB, 161:143).

A alegação de propriedade ou de outro direito sobre a coisa, na pendência de ação possessória, não obsta a manutenção ou reintegração da posse (CC, art. 1.210, § 2º; Súmula 487 do STF; RT, 506:59 e 123, 499:122, 524:203, 344:125, 304:759, 507:194, 489:99, 526:226; JTACSP, 72:246), se a pretensão for deduzida em face de terceira pessoa. O Código Civil de 2002 atém-se à posse na ação possessória, mas outros direitos poderão nela ser alegados, como, p. ex., o de propriedade, porém a decisão fundar-se-á, tão somente, na posse. O julgamento da posse não pode prejudicar-se pela invocação da propriedade, se a posse for disputada a título de domínio. É possível a exceção de domínio quando as partes não conseguem provar satisfatoriamente sua posse, que disputam a título de domínio (RTJ, 91:594). Assim, p. ex., se o réu esbulhador se defende alegando ser dono da coisa esbulhada (*exceptio domini*), seu argumento não será levado em conta porque não lhe assiste, ainda que sob alegação de propriedade, molestar posse alheia (CC, art. 1.210, § 2º; CPC, art. 557). Cabe ao proprietário do bem defender seu domínio contra quem, injustamente, o possua mediante a ação de

16 Ver o que diz sobre o assunto Washington Barros Monteiro (*Curso de direito civil*: direito das coisas. 31. ed. São Paulo: Saraiva, v. 3, 1994. p. 49); LJE, art. 3°, IV; *JB*, 165:232.

reivindicação[17]. A posse, por sua vez, merece proteção legal

17 O Projeto de Lei n. 699/2011 alterará o art. 1.210, o § 2º será o § 3º, e passará a ter seguinte redação: "Se a coisa móvel ou título ao portador houverem sido furtados ou perdidos, o possuidor poderá reavê-los da pessoa que a detiver, ressalvado a esta o direito de regresso contra quem lhos transferiu. Sendo o objeto, comprado em leilão público, feira ou mercado, o dono, que pretender a restituição, é obrigado a pagar ao possuidor o preço pelo qual o comprou". Trata de sugestão de Joel Dias Figueira Júnior para manter no ordenamento jurídico "a proteção das vindicatórias da posse, colocando-as no devido lugar, isso é, nos 'efeitos de posse' e não no capítulo da 'perda da posse', como se encontrava, equivocadamente, inserindo no CC de 1916. A exclusão das ações vindicatórias da posse do sistema legislativo representaria um retrocesso e, por conseguinte, um prejuízo manifesto ao jurisdicionado. "O Parecer Vicente Arruma concluiu, ao analisar o Projeto de Lei n. 6.960/2002 (atual PL n. 699/2011), que continha essa proposta, pela manutenção do texto: "O autor visa reinserir no NCC o art. 521 do CC/16, que foi expurgado pelo novo Código em razão de tratar-se de norma processual regulamentada pelo CPC/73 que, nos arts. 907 a 913 (sem correspondentes no CPC/15), regula a 'Ação de anulação e substituição de títulos ao portador'". *Vide* ARMELIN, Donaldo. Tutelas diferenciadas. *Revista de Processo*. São Paulo: Revista dos Tribunais, n. 65, 1992. p. 956; GOMES, Orlando, op. cit., p. 93; Hedemann, Justus W. *Derechos reales*. Santiago de Chile: Ediciones Jurídicas Olejnik, v. 2, 2020. p. 69; VENOSA, Sílvio. *Direito civil:* teoria geral das obrigações e teoria geral dos contratos. São Paulo: Atlas, V. 2, 2001. p. 44; STF, Súmula 487. A Lei n. 6.820/80 não revogou o art. 505 (art. 1.210, § 2º, do novo CC) do Código Civil de 1916, que tem idêntica redação, mas a 2ª parte do art. 923 do Código de Processo Civil/73, e este artigo, em sua primeira alínea, só se referia às ações possessórias em que a posse fosse disputada a título de domínio, logo, se a questão sobre o julgamento da posse a favor do proprietário era de ordem material e não processual, não houve derrogação daquele artigo do Código Civil. *Vide*, ainda, 1º TARJ, ADCOAS, 1982, n. 82.534: "Embora na pendência do

por si mesma, independentemente da alegação da propriedade. O juízo possessório (*jus possessionis* – no qual o possuidor pretende exercer o direito de posse) independe do petitório (*jus possidendi* – no qual o proprietário requer o respeito ao seu direito de possuir). Não se deve cogitar, em regra, em matéria de *ius possessionis*, que é um instituto jurídico autônomo, protegido por ações especiais com a defesa do domínio, que é objeto de outra defesa processual. Observa Donaldo Armelin que a supressão da *exceptio proprietatis*, além de evitar a "procrastinação da prestação da tutela jurisdicional em tema de posse, resultante de inserção no pleito de matéria a ela alheia", fará com que o litígio possessório fique adstrito ao *ius possessionis,* afastando a questão alusiva ao domínio, dando "maior efetividade à tutela possessória". E pelo Enunciado n. 78 do Conselho da Justiça Federal (aprovado na I Jornada de Direito Civil de 2002): "Tendo em vista a não recepção, pelo novo Código Civil, da *exceptio proprietatis* (art. 1.210, § 2º)

---

processo possessório não se possa intentar ação de reconhecimento de domínio – art. 923 do CPC (hoje art. 557), com a redação que lhe deu a Lei n. 6.820, de 1980 –, permanece válida a norma do art. 505 (art. 1210, § 2º, do novo CC), parte final, do Cód. Civ., segunda a qual, na interpretação da jurisprudência predominante do STF – Súmula 487 –, 'será deferida a posse a quem evidentemente tiver o domínio, se com base neste for ela disputada'. Se o réu contesta a posse do autor, alegando ser proprietário do bem a que se refere, a matéria terá que ser apreciada como prejudicial da pretensão ajuizada, cabendo, por isso, a declaração incidental para solução da controvérsia que ocorreu no curso do processo – arts. 5º e 325 (sem correspondentes no CPC/2015) do CPC. Pelo Enunciado n. 65 do foram Permanente de Processualista Civis: "O art. 571 do projeto não obsta a cumulação pelo autor de ação reivindicatória e de ação possessória, se os fundamentos forem distintos" (CPC/2015, art. 557).

em caso de ausência de prova suficiente para embasar decisão liminar ou sentença final ancorada exclusivamente no *ius possessionis*, deverá o pedido ser indeferido e julgado improcedente, não obstante eventual alegação e demonstração de direito real sobre o bem litigioso". E, pelo Enunciado n. 79 (aprovado na I Jornada de Direito Civil) o Conselho da Justiça Federal entendeu que: "A *exceptio proprietatis*, como defesa oponível às ações possessórias típicas, foi abolida pelo Código Civil de 2002, que estabeleceu a absoluta separação entre os juízos possessório e petitório".

Pelo art. 1.210, § 1º, do Código Civil brasileiro, o esbulhado pode restituir-se, por sua própria força, à posse do bem, por meio do *desforço imediato*. Ao exercer tal direito, o possuidor deverá agir pessoalmente, assumindo toda a responsabilidade, embora possa ser ajudado por amigos e serviçais, empregando todos os meios necessários, inclusive armas, até conseguir recuperar sua posse, reação esta que deverá ser imediata, ou assim que lhe for possível agir, e proporcional, pois não poderá ir além do indispensável à restituição da coisa, ou seja, não poderá colocar a vida e a integridade física alheia em risco. Carvalho Santos nos dá um exemplo a respeito: se alguém encontrar o ladrão de sua capa, dias depois do furto, apesar do lapso de tempo decorrido, assiste-lhe o direito de fazer justiça pelas próprias mãos, se a polícia não estiver presente. Entretanto, se após a consumação do esbulho já transcorreu certo prazo o melhor mesmo é se socorrer das vias judiciais[18].

---

18 MONTEIRO, Washington de Barros. *Curso de direito civil:* direito das coisas. 31. ed. São Paulo: Saraiva, v. 3, 1994. p. 57-58. "No desforço possessório, a expressão 'contanto que o faça logo' deve

> c) *Interdito proibitório* é a proteção preventiva da posse ante a ameaça de turbação ou esbulho, prevista no art. 1.210, 2ª parte do Código Civil, segundo o qual, o possuidor que tenha justo receio de ser molestado na posse, poderá impetrar ao juiz que o segure da violência iminente. Nesse mesmo sentido os arts. 560 a 567 do Código de Processo Civil. Assim, o possuidor direto ou indireto ameaçado de sofrer turbação ou esbulho, previne-os, obtendo mandado judicial para segurar-se da violência iminente. Tal interdito proibitório só produz seus efeitos depois de julgado por sentença. Procedente a ação, o magistrado proíbe o réu de praticar o ato, sob pena de pagar multa pecuniária, inclusive perdas e danos, em favor do próprio autor ou de terceiro (p. ex.: uma instituição filantrópica).

Para propor essa ação basta que o autor tenha um receio fundado ou justo de que a violência virá, pouco importando a intenção do réu em praticar ou não a turbação ou o esbulho[19], evitando, dessa forma, a consumação do fato não querido.

---

ser entendida restritivamente, apenas como a reação imediata ao fato do esbulho ou da turbação, cabendo ao possuidor recorrer à via jurisdicional nas demais hipóteses" (Enunciado do CJF n. 495, aprovado na V Jornada de Direito Civil). Sobre desforço imediato: *RJM*, 30: 147; 97:100; *RT*, 595:349; *RJ*, 182:120.

Consulte Lei n. 14.118/2021, art. 16, §§ 1º e 2º, sobre esbulho sofrido por beneficiário de Programa Casa Verde e Amarela.

19 MONTEIRO, Washington de Barros. *Curso de direito civil:* direito das coisas. 31. ed. São Paulo: Saraiva, v. 3, 1994. p. 49-50; GOMES, Orlando. *Direitos reais* (atualizado por Humberto Theodoro Júnior). 13. ed. Rio de Janeiro: Forense, 1998. p. 95-96; PEREIRA, Caio Mário da Silva. *Instituições de direito civil*: posse. Propriedade. Direitos reais de fruição. Garantia e aquisição. 14.

d) *Nunciação de obra nova* é a ação que, seguindo o procedimento comum (CPC, arts. 318 a 512), visa impedir que o domínio ou a posse de um bem imóvel seja prejudicada em sua natureza, substância, servidão ou fins, por obra nova no prédio vizinho (CPC, art. 47. § 1º, *in fine*). P. ex., é proibido por lei (CC, art. 1.301) abrir na construção vizinha janela a menos de metro e meio; desviar, o dono do prédio superior, águas de um córrego que há anos é utilizada pelo proprietário de imóvel rural[20].

---

ed. Rio de Janeiro: Forense, v. IV, 2000. p. 71; PONTES DE MIRANDA, F. C. *Tratado de direito privado. Parte especial.* Rio de Janeiro: Editor Borsoi, t. X, 1955. p. 316. *RT* 494:152, 565:170, 334:464, 571:225, 462:245, 510:126, 557:213, 513:139, 544:237, 532:63, 592:167, 518:118, 527:85, 556:220, 434:253, 320:201, 604:116, 702:99, 705:175, 721:191, 722:173, 778:321, 785:232, 737:398, 771:193 e 242, 786:465, 792:293, 795:292, 797:263, 796:292 e 803:257; *RSTJ*, 123:258, *RSTJSP*, 12:73, 56:135; *JTACSP*, 88:20, *ADCOAS*, 1982, n. 82.393, 87.314, 87.315, 82.925 e 1983, n. 91.083; *JB*, 134:264, 158:79 e 173; *Ciência Jurídica* 79:131, 39:127, 13:67, 10:106, 5:127; *Bol. AASP*, 1942:21, 1819:4, 1839:93, 2727:1985-03; *RJE*, 3:7 3 27, 4:8; *EJSTJ*, 14:68; Súmula 228 do STJ: "É inadmissível o interdito proibitório para proteção de direito autoral". *Vide*: CPC, arts. 294, parágrafo único, 300, 558, parágrafo único, e 562; LJE, art. 3º, IV.

20 MONTEIRO, Washington de Barros. *Curso de direito civil:* direito das coisas. 31. ed. São Paulo: Saraiva, v. 3, 1994. p. 55: "por obra nova se deve entender não só a construção, mas qualquer ato material prejudicial ao proprietário ou possuidor"; GOMES, Orlando, op. cit, p. 96; GIANESINI, Rita. *Ação de nunciação de obra nova.* Coleção Saraiva de Prática do Direito, n. 20, 1986; "A ação de nunciação de obra nova não é ação real imobiliária. Sua natureza é de ação pessoal, e não real, uma vez que, de igual modo, são conceituados os direitos subjetivos de vizinhança que ela também visa a assegurar numa de suas manifestações" (*RT*, 594:105); *BAASP*, 2896:12, "Nunciação de obra nova. Paralisação na cons-

Pelo CPC, art. 555, parágrafo único, o autor da ação possessória pode requerer imposição de medida adequada para evitar novo esbulho ou turbação ou cumprir-se a tutela provisória ou final, p. ex., desfazimento de construção ou plantação.

Só cabe essa ação se a obra contígua está em vias de construção; se já estiver concluída ou na fase final de conclusão, como na da pintura, descabe tal remédio possessório (*RT*, 501:113, 490:68, 320:232), que visa suspender a obra[21], até

---

trução de imóvel. Proposição de medida cautelar inominada, objetivando a atribuição de efeito suspensivo a apelação contra sentença que julgara improcedente a nunciação, e a retomada imediata das obras sob pena de deterioração do bem. Não cabimento. Matéria preclusa, porque não houve recurso da decisão que, aparentemente, recebeu a apelação apenas no efeito suspensivo. Ausência de fato novo, não cabendo tomar por tal o laudo da perícia, anterior à sentença apelada, circunstância que não abre caminho à tutela cautelar nessa fase". *RT* 132:182, 187:746, 247:410, 261:290, 505:74, 419:128, 490:68, 501:113, 500:224, 510:106, 554:86, 556:104, 534:113, 584:72, 539:81, 523:124, 518:88 e 114. 545:109, 563:200, 547:75, 558:207, 552:75, 525:103; 574:95, 589:224, 594:105, 533:61, 566:81, 576:62, 561:105, 538:202, 578:188, 571:226, 548:253, 679:165, 650:62, 693:118, 700:150 e 158, 718:101 e 110, 722:160, 759:270, 760:302, 757:237, 778:321, 801:252, 823:258, 825:352, 827:321, 832:271, 836:328 e 844:221, *RF*, 227:179; *RTJ*, 109:576; *RJTJSP*, 81:184, 65:152; *ADCOAS*, 1982, n. 82.655, e 1982, n. 90,321; *JB*, 130:295; Ciência Jurídica, 79:131, 49:164; Bol. *AASP*, 1966:96, 2721:5918; *JSTJ*, 10:260.

21 MONTEIRO, Washington de Barros. *Curso de direito civil:* direito das coisas. 31. ed. São Paulo: Saraiva, v. 3, 1994. p. 55; *RT*, 228:232, 296:270, 388:163, 391:155, 303:486, 300:519, 337:301, 345:426, 383:184, 254:518, 277:225, 278:289; *RF*, 121:417, 164:180, 192:235; GOMES, Orlando. *Direitos reais.* Atualizado

que haja sua demolição, se efetivamente prejudica a posse ou a propriedade do nunciante. Isto porque seu principal objetivo é o embargo à obra, ou seja, impedir sua construção, mesmo que a obra não acarrete dano atual, bastando que permita antever algum resultado turbativo, se vier a completar-se; eis porque há cominação de multa para o caso de reinício ou de reconstrução[22], bem como condenação em perdas e danos[23]. Tudo isso estava previsto pelo revogado Código de Processo Civil/73, art. 936, I, II e III, e pode ser considerado, ante as normas que regem a responsabilidade civil.

> e) *Ação de dano infecto* é uma medida preventiva utilizada pelo possuidor que tenha fundado receio de que a ruína ou demolição ou vício de construção do prédio vizinho ao seu venha causar-lhe prejuízos, para obter, por sentença, do dono do imóvel contíguo caução que garanta a indenização de danos futuros.

Essa ação não é propriamente uma ação possessória, mas sim cominatória, ante sua finalidade puramente acautelatória. Apesar disso é tida pelos autores como medida possessória, haja vista que compreende a proteção do possuidor[24]. O art.

---

por Humberto Theodoro Júnior. 13. ed. Rio de Janeiro: Forense, 1998. n. 880.

22 PEREIRA, Caio Mário da Silva. *Instituições de direito civil*: posse. Propriedade. Direitos reais de fruição. Garantia e aquisição. 14. ed. Rio de Janeiro: Forense, v. IV, 2000. p. 72; DE PAGE, Henri. *Traité* élémentaire *de droit civil belge*. Bruxelas: Émile Bruylant, v. 5, 1964. n. 880.

23 GOMES, Orlando. *Direitos reais*. Atualizado por Humberto Theodoro Júnior. 13. ed. Rio de Janeiro: Forense, 1998. p. 97.

24 GOMES, Orlando. *Direitos reais*. Atualizado por Humberto Theodoro Júnior. 13. ed. Rio de Janeiro: Forense, 1998. p. 97-98;

1.280 do nosso Código Civil menciona o direito do possuidor e do proprietário a "exigir do dono do prédio vizinho a demolição, ou a reparação deste, quando ameace ruína, bem como lhe preste caução pelo dano iminente", reforçando este direito ante o disposto no art. 1.277: "o proprietário ou o possuidor de um prédio tem o direito de fazer cessar as interferências prejudiciais à segurança, ao sossego e à saúde dos que o habitam, provocadas pela utilização de propriedade vizinha". Assim, para exercer seu direito judicialmente, o possuidor deve lançar mão do procedimento comum se a causa for de valor não excedente a 60 vezes o do salário mínimo ou da tutela de urgência (CPC, arts. 300 a 310) uma vez que constitui, sem dúvida, mais uma forma de proteção possessória[25] e, ainda, do procedimento do Juizado Especial Cível se versar sobre imóvel de valor não excedente a 40 salários mínimos (Lei n. 9.099/95, art. 3º, I, II e IV).

f) *Ação de imissão de posse* é a que tem por escopo a aquisição da posse pela via judicial[26]. Ação esta que foi contem-

---

PEREIRA, Caio Mário da Silva. *Instituições de direito civil*: posse. Propriedade. Direitos reais de fruição. Garantia e aquisição. 14. ed. Rio de Janeiro: Forense, v. IV, 2000. p. 71-72; JB, 151:237; *RT*, 805:404, 814:338.

25 *Vide* comentários de DAIBERT, J. *Direito das coisas*. 2. ed. Rio de Janeiro: Forense, 1979. p. 109-110; *RT*, 536:146.

26 Oliveira Filho. A ação da imissão de posse como modo judicial de aquisição de posse. *RF* 104:362; SILVA, Ovídio A. Baptista da. *Ação de imissão de posse*. São Paulo: Revista dos Tribunais, 1997; MONTEIRO, Washington de Barros. *Curso de direito civil:* direito das coisas. 31. ed. São Paulo: Saraiva, v. 3, 1994. p. 52; *RT*, 44:606, 343:370, 456:103, 501:134, 511:115, 522:193, 477:101, 514:81, 567:62, 506:98, 568:192, 569:166, 559:225, 590:232,

> plada no Código de Processo Civil pátrio de 1939, no art. 381, que prescrevia caber esse remédio: "I – aos adquirentes de bens para haverem a respectiva posse, contra alienantes ou terceiros, que os detenham; II – aos administradores e demais representantes das pessoas jurídicas de direito privado, para haverem dos seus antecessores a entrega dos bens pertencentes à pessoa representada; III – aos mandatários, para receberem dos antecessores a posse dos bens do mandante".

Embora nosso Código de Processo Civil/73 não a tenha previsto de modo específico, Washington de Barros Monteiro[27] acreditava que ela não desapareceu, sendo que o autor poderia propô-la desde que imprimisse ao feito o rito comum (ação ordinária de imissão de posse), que objetivaria a obtenção da posse nos casos legais.

Ante a omissão legislativa, poder-se-á postular a ação de imissão de posse (CPC, art. 806, § 2º): *a)* se se tratar de bens móveis, aplica-se, conforme o valor da causa, o rito do art. 3º, I, da Lei n. 9.099/95 e se tiver a causa valor superior aos consignados no artigo acima citado, pelo rito comum (CPC, art. 318 e s.); *b)* se se tratar de bem imóvel de valor não su-

---

515:226, 587:219, 583:102, 528:110, 507:117, 554:97, 564:67, 562:109; *RJT-JSP*, 85:115, 57:85, 58:97, 87:260, 102:280, 73:91, 61:91, 83:308, 12:158, 34:23, 58:97, 70:197, 85:115; *JTACSP*, 44:146, 63:196, 28:151 E 169; *RTJ*, 91:171; *RF*, 227:135.

27 MONTEIRO, Washington de Barros. *Curso de direito civil:* direito das coisas. 31. ed. São Paulo: Saraiva, v. 3, 1994. p. 51; *ADCOAS*, 1983, n. 90937, 1982, n. 82.641, e *TJSC* 1982, N. 86.238: "A ação de imissão na posse muito embora o atual CPC (o de 1973) a tenha retirado de entre as possessórias, é cabível como ação específica do proprietário adquirente que pleiteia a posse direta".

perior a 40 salários mínimos, pelo procedimento do Juizado Especial Cível (Lei n. 9.099/95, art. 3º, I e IV) e se superior, pelo procedimento comum dos arts. 318 e seguintes do Código de Processo Civil[28].

Entendemos que se tem como pressuposto a titularidade do direito à posse, que foi violado, é ação possessória[29].

Não se confundia a ação de imissão com a imissão da posse ou imissão na posse, previstas nos arts. 625 e 879, I, do Código de Processo Civil/73, bem como com a imissão de posse da coisa expropriada e com a imissão de posse em favor do locador para retomada do prédio locado a que se referia o Decreto-Lei n. 9.669, de 29 de agosto de 1946, art. 10, § 2º (revogado pela Lei n. 1.300/50). Na atual Lei do Inquilinato (Lei n. 8.245/91) para tal situação vem prevista a ação de despejo[30].

---

28 Esta é a opinião de Dyle Campello da Conceição, resumida por DAIBERT, J. *Direito das coisas*. 2. ed. Rio de Janeiro: Forense, 1979. p. 114. *Vide*: *RJTJSC*, 8:271; *RJ*, 169:101. Mathias, Maria Ligia Coelho (*Direito civil:* direitos reais. 4. ed. São Paulo: Atlas, 2011. p. 31) exemplifica: Se "A" compra de um imóvel "B" e este nega-lhe o ingresso no prédio adquirido, "A" poderá propor contra ele imissão de posse, pois no instante em que adquiriu o bem, passou a ter direito à posse, e como não tinha posse anterior, não poderá mover a reintegração de posse. Tal ação é própria para os que pretenderem haver a posse dos bens que adquiriram, contra quem os detiver.

29 Nesse mesmo sentido, DAIBERT, J. *Direito das coisas*. 2. ed. Rio de Janeiro: Forense, 1979. p. 111 e 113.

30 Essas observações foram feitas por: MONTEIRO, Washington de Barros. *Curso de direito civil:* direito das coisas. 31. ed. São Paulo: Saraiva, v. 3, 1994. p. 51-52. *Vide* Lei n. 9,099/95, art. 3º, III.

g) Embargos de terceiro senhor e possuidor, pelos arts. 674 a 681 do Código de Processo Civil, é o processo acessório que visa defender os bens daqueles que, não sendo parte numa demanda, sofrem turbação ou esbulho em sua posse, ou direito, por efeito de penhora, depósito, arresto, sequestro, venda judicial, arrecadação, arrolamento, inventário, partilha, busca e apreensão de coisa ou outro ato de apreensão judicial.

Podem lançar mão desse remédio processual tanto o proprietário como o possuidor (p. ex., locatário, usufrutuário, compromissário – comprador), a qualquer tempo antes da sentença final, do processo principal, ou no processo de execução, até 5 dias, depois da arrematação, adjudicação ou alienação por iniciativa particular, e, no cumprimento de sentença, porém antes da assinatura da respectiva carta (CPC, art. 675)[31].

---

31 *Vide* art. 19, I e II, da Lei n. 6.830/80, que revogou tacitamente o Decreto-Lei n. 960, art. 42. *RJTJSP,* 76:94, 38:121, 60:56, 80:71, 153:40, 155:80; *RTJ,* 81:608, 97:817, 100:401, 104:870, 102:231; *RT,* 272:320, 457:61, 539:126, 549:123, 561:216, 562:119, 541:268, 537:112, 537:136, 569:103, 570:127, 659:185, 721:147, 711:131, 710:85, 797:409, 756:193, 796:369, 739:234, 804:239, 808:265, 817:254, 801:160; *RF,* 133:425; *JTACSP,* 57:59; *JB,* 130:275; *RJE,* 4:11; STF, Súmula 621; STJ, Súmulas 84 e 134; Súmula 52, de 3 de setembro de 2010, da Advocacia Geral da União: "É cabível a utilização de embargos de terceiros fundados na posse decorrente do compromisso de compra e venda, mesmo que desprovido de registros"; MONTEIRO, Washington de Barros. *Curso de direito civil:* direito das coisas. 31. ed. São Paulo: Saraiva, v. 3, 1994. p. 53. Pelo Enunciado da ENFAM n. 54: "A ausência de oposição de embargos de terceiro no prazo de 15 dias prevista no art. 792, § 4º do CPC/2015 implica preclusão para fins do art. 675, *caput,* do mesmo Código".

h) Ação publiciana, ação petitória, que se funda na propriedade. Mas também tem por escopo a proteção da posse da pessoa que veio a adquirir o bem por usucapião. Na lição de Nelson Nery Jr. e Rosa Maria de Andrade Nery, essa

---

Enunciado n. 184 do Fórum Permanente de Processualistas Civis: "Os embargos de terceiro também são oponíveis na fase de cumprimento de sentença e devem observar, quanto ao prazo, a regra do processo de execução".

Enunciado n. 186 do Fórum Permanente de Processualistas Civis: "A alusão à 'posse' ou a 'domínio nos arts. 692, 693 e 696, deve ser interpretada em consonância com o art. 689, *caput*, que, de forma abrangente, admite os embargos de terceiro para afastar constrição ou ameaça de constrição sobre bens que possua ou sobre quais tenha 'direito incompatível com o ato constritivo' (arts. 674, 677, 678 e 681, *caput*, do CPC/ 2015)".

Enunciado n. 191 do Fórum Permanente de Processualistas Civis: "O prazo de quinze dias para opor embargos de terceiro, disposto no § 4º do art. 808, é aplicável exclusivamente aos casos de declaração de fraude à execução, os demais casos de embargos de terceiro são regidos pelo prazo do *caput* do art. 690 (art. 792, § 4º, *caput*, e 675, *caput*, do novo CPC, respectivamente)".

Pelo CJF: Enunciado n. 132: "O prazo para apresentação de embargos de terceiro tem natureza processual e deve ser contado em dias úteis".

Enunciado n. 133: "É admissível a formulação de reconvenção em resposta aos embargos de terceiro, inclusive para o propósito de veicular pedido típico de ação pauliana, nas hipóteses de fraude contra credores".

Enunciado n. 134: "A apelação contra a sentença que julga improcedentes os embargos ao mandado monitório não é dotada de efeito suspensivo automático (art. 702, § 4º e 1.012, § 1º, V, do CPC)". (Aprovados na II Jornada de Direito Processual Civil).

Sobre *ação publiciana*: NERY JR., Nelson; NERY, Rosa Maria Andrade. *Código de Processo Civil comentado e legislação processual civil extravagante em Vigor*. 4. ed. São Paulo: Revista dos Tribunais, 1999. p. 919.

ação tem por finalidade a retomada da posse por quem a perdeu, mas com fundamento no fato de já haver adquirido a propriedade pela usucapião. Tal ação segue o procedimento comum.

Provada, em juízo, a procedência dos embargos, expedir-se-á, por ordem do juiz, mandado de manutenção ou reintegração de posse.

B) *O possuidor tem direito à percepção dos frutos (fructuum perceptivo),* que são utilidades que a coisa periodicamente produz, cuja percepção se dá sem detrimento de sua substância.

Classificam-se os frutos, quanto à sua origem, em: naturais (que se renovam periodicamente, devido à força orgânica da própria natureza, p. ex., cria dos animais, colheitas); industriais (que são devidos em virtude do engenho humano, ou seja, da atuação do homem sobre a natureza, p. ex., produção de uma fábrica) e civis (que são rendas oriundas da utilização de coisa frutífera, como juros, dividendos e aluguéis)[32].

Em relação a sua percepção, que é o ato material pelo qual o possuidor se torna proprietário dos frutos, dividem-se em: pendentes (quando unidos à coisa principal); percebidos (quando colhidos); estantes (quando armazenados para venda); percipiendos (quando deviam ter sido, mas ainda não foram colhidos) e consumidos (quando, ante sua utilização pelo possuidor, não mais existem)[33].

---

32 MONTEIRO, Washington de Barros. *Curso de direito civil:* direito das coisas. 31. ed. São Paulo: Saraiva, v. 3, 1994. p. 64.

33 GOMES, Orlando. *Direitos reais* (atualizado por Humberto Theodoro Júnior). 13. ed. Rio de Janeiro: Forense, 1998. p. 71; MON-

Pelo art. 1.214 do Código Civil, o *possuidor de boa-fé* tem direito, enquanto ela durar, aos frutos percebidos, equiparando-se ao dono, uma vez que possui o bem, conforme ensinamento de Lafayette[34], com a convicção do proprietário, já que tem em mãos um título jurídico, como compra e venda, ocupação e direito hereditário, ainda que viciado. Pode, portanto, usar e gozar da coisa, retirando dela todas as vantagens. A boa-fé deve existir no momento da percepção. Os frutos naturais e industriais são considerados colhidos e percebidos no instante em que são separados, e os civis são reputados percebidos dia por dia (*de die in diem* – CC, art. 1.215), assim sendo, a renda obtida com a fruição do bem, será calculada proporcionalmente aos dias de duração da posse. Apesar disso, não terá direito aos frutos pendentes nem aos colhidos antecipadamente, devendo restituí-los, deduzidas, é claro, as despesas de produção e custeio (*fructus intelliguntur deductis impensis*).

Explica-nos Orlando Gomes[35], com muita propriedade, que o possuidor de boa-fé não tem direito aos frutos pendentes no momento em que cessa sua boa-fé, porque eles são parte integrante da coisa principal e que não pode adquirir os frutos colhidos com antecipação porque seriam pendentes no momento em que cessou sua boa-fé. De modo que o possuidor de boa-fé terá, somente, direito aos frutos percebidos

---

TEIRO, Washington de Barros. *Curso de direito civil:* direito das coisas. 31. ed. São Paulo: Saraiva, v. 3, 1994. p. 65.

34 LAFAYETTE, *Direito das coisas*, § 57 *apud* MONTEIRO, Washington de Barros. *Curso de direito civil:* direito das coisas. 31. ed. São Paulo: Saraiva, v. 3, 1994. p. 65.

35 GOMES, Orlando. *Direitos reais* (atualizado por Humberto Theodoro Júnior). 13. ed. Rio de Janeiro: Forense, 1998. p. 71-73.

e às despesas da produção e custeio dos frutos pendentes e dos colhidos antecipadamente (CC, art. 1.214, parágrafo único).

Pontifica Silvio Rodrigues que, no art. 1.214 do Código Civil, o legislador se defronta com dois interesses conflitantes: de um lado, o do possuidor de boa-fé, que, na persuasão de ser sua a coisa, a explorou dando-lhe do destino econômico a que estava afetada; e, de outro, o interesse do proprietário negligente, que permitiu a subtração daquilo que lhe pertencia e levou mais de ano e dia para reagir. Ante tais posições antagônicas, preferiu amparar o interesse do possuidor de boa-fé, por ser o mais próximo do interesse social.

Em regra, com a citação inicial ou com a litiscontestação, a posse de boa-fé passa a ser de má-fé, porque a partir desse instante, ante os elementos probatórios apresentados pela parte contrária, o demandado passa a ter ciência dos vícios que maculam sua posse, perdendo direito aos frutos[36], devendo ser restituídos os frutos então pendentes, com dedução das mencionadas despesas de manutenção e custeio, assim como os colhidos, fraudulentamente, por antecipação[37], a fim de que não se locuplete à custa alheia o adversário a quem vai ser entregue a coisa (CC, art. 1.214, parágrafo único).

O art. 1.216 pune o dolo, a malícia e a má-fé, pois o *possuidor de má-fé*, a partir do instante em que se configurar o

---

36 MONTEIRO, Washington de Barros. *Curso de direito civil:* direito das coisas. 31. ed. São Paulo: Saraiva, v. 3, 1994. p. 85.

37 BEVILÁQUA, Clóvis. *Código Civil*. Rio de Janeiro: Rio, v. 3, 1976; PEREIRA, Caio Mário da Silva. *Instituições de direito civil*: posse. Propriedade. Direitos reais de fruição. Garantia e aquisição. 14. ed. Rio de Janeiro: Forense, v. IV, 2000. p. 61.

estado subjetivo que macula a sua posse, responde por todos os prejuízos que causou pelos frutos colhidos e percebidos, bem como pelos que, por culpa sua, deixou de perceber; tem, porém, direito às despesas de produção e custeio, a fim de se evitar enriquecimento ilícito, mas não tem direito a quaisquer frutos[38].

C) *O possuidor tem direito à indenização das benfeitorias*, que são obras ou despesas efetuadas numa coisa para conservá-la, melhorá-la ou embelezá-la, bem como o *direito de retenção* (CPC, art. 917, IV e § 5º, RT, 653:187, 662178, 68191; RJTJSP, 130314; JSTJ, 60:255), que é o direito que tem o devedor de uma obrigação de reter o bem alheio em seu poder, para haver do credor da obrigação as despesas feitas em benefício da coisa.

O *jus retentionis* é um meio direto de defesa que a lei, excepcionalmente, concede ao possuidor para, por meio de embargos de retenção, conservar em seu poder coisa alheia além do momento em que a deveria devolver, como garantia de pagamento das despesas feitas com o bem, apuradas mediante perícia avaliatória (*RT*, 604:201, 653:187; *JTA*, 100:361). Permite que o possuidor se oponha à restituição da coisa até ser pago, o que se justifica em razão da equidade, que não se compraz com o fato de o possuidor devolver o bem para somente depois ir reclamar o que lhe é devido[39].

---

38 *Vide* os comentários que tecem sobre o assunto W. Barros Monteiro (*Curso de direito civil:* direito das coisas. 31. ed. São Paulo: Saraiva, v. 3, 1994. p. 66-67); Orlando Gomes (*Direitos reais*. Atualizado por Humberto Theodoro Júnior. 13. ed. Rio de Janeiro: Forense, 1998. p. 73); *RT*, 115:176.

39 DAIBERT, J. *Direito das coisas*. 2. ed. Rio de Janeiro: Forense,

O *possuidor de boa-fé*, privado do bem em favor do reivindicante ou evictor, tem, pelo art. 1.219 do Código Civil, direito de ser indenizado das benfeitorias necessárias (que são as que visam conservar a coisa ou evitar que ela se deteriore – CC, art. 96, § 3º) e úteis (que pretendem aumentar ou facilitar o uso do bem – CC, art. 96, § 2º); de levantar ou retirar *(ius tollendi)*, se não lhe forem pagas, desde que não danifique a coisa, as voluptuárias (que segundo o art. 96, § 1º, do CC, são as de mero deleite ou recreio, que não aumentam o uso habitual da coisa, ainda que a tornem mais agradável ou sejam de elevado valor) e de exercer o direito de retenção, pelo valor das benfeitorias necessárias ou úteis (CPC, art. 917, IV e § 5º; *RT*, 755:234, 653:187, 681:91; *RJTJSP*, 130:314; STF, Súmula 158). O meio processual para o exercício do *jus retentionis* seria o dos embargos de retenção, mas

1979. p. 127; BEVILÁQUA, Clóvis. *Direito das coisas*. Brasília: Senado Federal, v. 1, 2003. p. 104; RODRIGUES, Silvio. *Direito civil*: direito das coisas. 24. ed. São Paulo: Saraiva, v. 5, 1997. p. 88; PEREIRA, Caio Mário da Silva. *Instituições de direito civil*: posse. Propriedade. Direitos reais de fruição. Garantia e aquisição. 14. ed. Rio de Janeiro: Forense, v. IV, 2000. p. 62; *RT*, 207:222, 213:218, 458:231, 593:228, 456:88, 389:171, 451:265, 306:702, 533:151, 521:251, 576:227, 580:191, 556:170, 521:132, 588:134, 589:221; *RTJ*, 80:769, 96:704; *RJTJSP*, 70:79, 87:39; *JTACSP*, 85:336; *JB*, 158:118. "Prova quanto à realização de benfeitorias na coisa dada em comodato. Direito de retenção. Art. 1.219 do CC. Pretensão de compensação das benfeitorias com aluguéis, em virtude da não restituição do imóvel no prazo da notificação. Possibilidade. Esbulho possessório. Apuração por liquidação da sentença por arbitramento. Reforma da sentença. Provimento parcial da apelação" (TJRJ- 1ª Câm. Cível, ACI n. 2009.001.46416-São João de Miriti/RJ, rel. Camilo Ribeiro Rulière, j. 17-11-2009; *BAASP*, 2673:612-16).

se, no curso da ação possessória, não forem alegadas, nem provadas as benfeitorias, a defesa por esse mecanismo ficará inibida, porém nada obsta a que se recorra, para obter indenização, às vias ordinárias, em ação autônoma, sob pena de haver enriquecimento sem causa (*JTACSP*, 100:186; *RT*, 627:88).

Apresenta-nos Washington de Barros Monteiro alguns casos em que nossa jurisprudência tem admitido o *jus retentionis*. São eles: *a)* em favor do empreiteiro-construtor[40]; *b)* em favor do locatário contra o senhorio, se não convencionou o contrário em cláusula contratual, exigindo-se expresso consentimento do locador para as benfeitorias úteis[41], porém o direito de retenção não pode ser oposto ao adquirente do imóvel locado[42]. Reconhecido o direito de retenção por benfeitorias realizadas pelo inquilino, a notificação para desocupar o imóvel, dentro do prazo marcado pela sentença, deve ser precedida do depósito do *quantum* arbitrado[43]; *c)* em favor do credor a título de conserto do objeto vendido com reserva de domínio, mesmo com relação ao vendedor[44].

40 *RF*, 128:343, 146:328; *RT*, 216:315, 247:234, 266:215, 273:292.

41 *RF*, 88:144, 125:508; *RT*, 184:197, 321:190, 322:511.

42 *RT*, 230:444, 236:469, 240:204, 244:552, 248:233, 299:311, 300:462, 318:520 e Súmula 158.

43 *RT*, 176:600.

44 *RT*, 150:124, 199:268, 291:191, 238:401, 291:720; MONTEIRO, Washington de Barros. *Curso de direito civil:* direito das coisas. 31. ed. São Paulo: Saraiva, v. 3, 1994. p. 68 e notas 13, 14,15, 16 e 17; VENOSA, Sílvio. *Direito civil:* teoria geral das obrigações e teoria geral dos contratos. São Paulo: Atlas, v. 2, 2001. p. 110-111. Em se tratando de arrendamento rural, o arrendatário, no término do contrato, terá direito à indenização das benfeitorias necessárias e

Esclarece o Enunciado n. 81 do Conselho da Justiça Federal (aprovado na I Jornada de Direito Civil de 2002): "O direito de retenção previsto no art. 1.219 do CC, decorrente da realização de benfeitorias necessárias e úteis, também se aplica às acessões (construções e plantações), nas mesmas circunstâncias".

O *possuidor de má-fé* (CC, art. 1.220; *RT*, 473:59, 587:190, 588:95) só é ressarcido do valor das benfeitorias necessárias, executadas para a conservação da coisa, uma vez que o proprietário seria forçado a fazê-las se estivesse na posse da coisa, devido ao princípio de que ninguém deve enriquecer sem causa. Encontrando feitas essas benfeitorias, é justo que pague o que se despendeu com elas[45]. Não faz jus à indenização das benfeitorias úteis, perdendo-as em favor do proprietário, que as recebe gratuitamente, como compensação pelo tempo em que ficou privado de sua posse[46], não lhe sendo dado levantar as voluptuárias nem reter o bem para forçar o pagamento da indenização[47].

úteis. Quanto às voluptuárias, somente será indenizado se sua construção for expressamente autorizada pelo arrendador. É conferido o direito de retenção até o recebimento da indenização (*vide* Lei n. 4.504/64, art. 95, e Decreto n. 59.566/66, art. 25).

45 GOMES, Orlando. *Direitos reais* (atualizado por Humberto Theodoro Júnior). 13. ed. Rio de Janeiro: Forense, 1998. p. 75.

46 MONTEIRO, Washington de Barros. *Curso de direito civil:* direito das coisas. 31. ed. São Paulo: Saraiva, v. 3, 1994. p. 69. Há decisão que admite retenção em caso de má-fé – *RT*, 587:120.

47 GOMES, Orlando. *Direitos reais* (Atualizado por Humberto Theodoro Júnior). 13. ed. Rio de Janeiro: Forense, 1998. p. 75; LOPES, Miguel Maria de Serpa. *Curso de direito civil*: direito das coisas. 3. ed. Rio de Janeiro: Livraria Freitas Bastos, v. VI, 1964. p. 220.

"As benfeitorias compensam-se com os danos, e só obrigam ao ressarcimento se ao tempo da evicção ainda existirem" (CC, art. 1.221). É possível a compensação entre o crédito do possuidor relativo às benfeitorias e o do retomante concernente à reparação dos prejuízos sofridos pela coisa, desde que o *quantum* dos valores das benfeitorias e o dos danos ao bem sejam apurados pericialmente. Além disso, o retomante da posse da coisa deverá pagar indenização do valor de benfeitoria já existente por ocasião da evicção.

Quanto à indenização das benfeitorias, convém esclarecer que cabe, pelo art. 1.222, 1ª parte, do Código Civil, ao reivindicante (postulante ou autor da demanda recuperatória), obrigado a indenizar benfeitorias ao possuidor de má-fé, optar entre o seu valor atual e o seu custo. Clóvis Beviláqua e a jurisprudência entendiam que o possuidor deveria receber exatamente o que despendeu[48]. Para Carvalho Santos seria mais justa a indenização pelo valor atual. Mas o critério legal deverá ser seguido, logo o devedor da indenização terá opção de pagar as benfeitorias feitas pelo possuidor de má-fé pelo seu valor atual ou pelo seu custo. A perícia, seja qual for a preferência do reivindicante, fixará o *quantum* a ser pago, exceto se houver entre as partes algum acordo nesse sentido, que poderá incluir até mesmo a compensação a que se refere o art. 1.221 do Código Civil. O reivindicante que tiver de pagar indenização de benfeitorias ao possuidor de boa-fé o fará pelo seu valor atual (CC, art. 1.222, 2ª parte), ou seja,

48 BEVILÁQUA, Clóvis. *Código Civil*. Rio de Janeiro: Rio, v. 3, 1976. p. 42; *RT*, 183:284, 207:555, 273:331, 98:499, 303:454, 321:646, 2340:122, 481:206, 511:252, 500:217; *RTJ*, 70:785, 60:719, 61:432, 66:755, *RF*, 151:188.

pela expressão econômica que aquelas benfeitorias tiverem, no mercado, por ocasião do pagamento. Logo, o possuidor de boa-fé fará *jus* ao valor atual e não apenas do que despendeu ao fazê-las. Logo o proprietário reivindicante não poderá, nesta última hipótese, optar pelo valor de custo. Jones Figueirêdo Alves e Mário Luiz Delgado esclarecem que "se por algum motivo, o valor atual de mercado for comprovadamente inferior ao valor gasto pelo possuidor de boa-fé na edificação das benfeitorias, poderá ele exigir que o proprietário lhe indenize pelo custo. O direito de opção de que trata o art. 1.222 deve ser interpretado a favor do possuidor de boa-fé"[49].

D) *O possuidor tem responsabilidade pela deterioração e perda da coisa*, sendo que o de *boa-fé* não responde pela perda ou deterioração da coisa, a que não der causa (CC, art. 1.217); condenado a restituí-la, fá-lo-á no estado em que ela se encontre, senão procedeu com culpa ou dolo. Isto porque se considera como proprietário e como tal não deve prestar contas de seus atos[50], a não ser que concorra propositalmente para que se dê a deterioração ou a perda do bem.

---

49 SANTOS, J. M. Carvalho. *Código Civil interpretado*. Rio de Janeiro: Freitas Bastos, v. 7, 1982. p. 231; ALVES, Jones F. e DELGADO, Mário Luiz Delgado. *Código Civil anotado*. São Paulo: Método, 2005. p. 603; MONTEIRO, Washington de Barros. *Curso de direito civil:* direito das coisas. 31. ed. São Paulo: Saraiva, v. 3, 1994. p. 69-70. *RF*, 243:179, *RT*, 314:236, 352:188, 361:126, 601:154, 563:221.

50 MONTEIRO, Washington de Barros. *Curso de direito civil:* direito das coisas. 31. ed. São Paulo: Saraiva, v. 3, 1994. p. 38.

O de *má-fé*, conforme o disposto no art. 1.218 do Código Civil, responde, ressarcindo os danos, pela perda e deterioração, mesmo se advindas de força maior ou caso fortuito, mas poderá exonerar-se dessa responsabilidade se demonstrar que esses fatos se verificariam de igual modo, ainda que estivesse o bem em poder do reivindicante[51].

E) O *possuidor pode adquirir a propriedade* pela posse continuada, ou seja, *pela usucapião*, sobre a qual falaremos no momento oportuno.

F) O ônus da prova compete ao adversário do possuidor, quando o direito deste for contestado. Não provando o autor o seu direito, deve ser mantida a posse do réu[52].

G) O *possuidor goza, processualmente, de posição mais favorável*, em atenção à propriedade, cuja defesa se completa pela posse.

Além disso, o possuidor do imóvel o será também dos móveis e dos objetos que nele estiverem, até prova contrária (CC, art. 1.209), e a pessoa que tiver a coisa será mantida até que se resolva a questão, atendendo-se ao critério preambular

---

51 MONTEIRO, Washington de Barros. *Curso de direito civil:* direito das coisas. 31. ed. São Paulo: Saraiva, v. 3, 1994. p.70. Interessante é o trabalho de MORAES, Renato D.F. de (A função social da posse. In: *Direito civil, direito patrimonial e direito existencial.* Tartuce e Castilho (coord.). São Paulo: Método, 2006. p. 571-598) no sentido de que a posse, pode ser um desmembramento da propriedade, possui função social consagrada indiretamente nos arts. 183 e 191 da CF/88.

52 *RT*, 182:214, 188:202, 242:403, 276:630; *RF*, 167:97. DINIZ, Maria Helena. *Curso de direito civil brasileiro:* direito das coisas. 36. ed. São Paulo: Saraiva, 4º v., 2022. p. 101-122.

da melhor posse, como possuidora provisoriamente, não estando manifesto que a obteve viciosamente, se mais de uma pessoa se disser possuidora (CC, art. 1.211). O possuidor a título provisório passará, então, a assumir as obrigações de depositário.

CAPÍTULO 7

Juízo possessório e juizo petitório

7.1. GENERALIDADES

Tanto a posse como a propriedade sempre foram institutos que mereceram a maior atenção do legislador brasileiro, devido à sua influência direta no plano econômico. Inegável é a importância de um procedimento rápido e eficaz para a defesa da posse, que pode inclusive ser usado pelo próprio proprietário, como ocorre nas ações possessórias.

O meio processual que visa a defesa da propriedade é a ação petitória, e muito se discutiu, historicamente, se, apesar de prevalecer a propriedade sobre a posse, se a ação petitória prejudica a ação possessória, havendo toda uma evolução legislativa no Brasil com tendência a separar juízo possessório e juízo petitório.

Vale ainda ressaltar que os fundamentos da tendência de proibir concomitância de possessório e petitório repousam também em fortes razões de ordem social, não sendo questão puramente legislativa, como pretendemos demonstrar no presente capítulo, reforçando a tutela jurídica da posse em alguns aspectos, por ser um dos efeitos da posse mencionado no capítulo 6.

7.2. PROTEÇÃO POSSESSÓRIA

Para uma análise mais abrangente e minudente do tema, fazem-se necessários mais alguns esclarecimentos sobre as ações possessórias, que instauram o juízo possessório, visando alcançar a proteção possessória.

Os interditos possessórios estão regulados no Código Civil, arts. 1.210 a 1.213, que disciplinam a fundamentação do direito aos interditos, considerados expressamente pelo código como efeito da posse; e no Código de Processo Civil, arts. 554 a 568, que disciplinam a tramitação das ações possessórias[1].

As ações consideradas tecnicamente como possessórias são a manutenção, a reintegração de posse e o interdito proibitório, exatamente porque visam diretamente a defesa da situação possessória. Outras ações, como imissão na posse, embargos de terceiro e nunciação de obra nova, podem ser utilizadas na defesa da posse, mas não são exclusivamente voltadas para a tutela possessória, não podendo, por isso, ser tecnicamente consideradas ações possessórias[2].

---

1 FIGUEIRA JR., Joel Dias. *Posse e ações possessórias*. Curitiba: Juruá, v. I, 1994. p. 275. No mesmo sentido: GOMES, Orlando. *Direitos reais*. 13. ed. Rio de Janeiro: Forense, 1998. p. 85.

2 WAMBIER, Luiz Rodrigues *et al*. *Curso avançado de processo civil*: processo cautelar e procedimentos especiais. 3. ed. São Paulo:

A causa de pedir mediata nas ações possessórias é referente à posse (*jus possessionis*, posse como fato, que não se confunde com o *jus possidendi*, que é o direito de ter a posse); mas a pretensão possessória, não é a mesma, como se pode ver: a) Manutenção de posse: a pretensão possessória é ser mantido na posse da coisa, em caso de turbação da posse; b) Reintegração de posse: a pretensão é ser restituído na posse da coisa, em caso de esbulho; c) Interdito proibitório: a pretensão é a abstenção de prática de turbação ou esbulho iminente da posse por parte de outrem e pena pecuniária ao réu para o caso de transgredir a ordem judicial (pretensão possessória negativa).

O procedimento nas ações possessórias é diverso, como vimos, caso se trate de ação de força nova ou ação de força velha. A ação de força nova é a intentada dentro do prazo de um ano e dia da turbação ou esbulho, e neste caso o procedimento é especial, segundo o art. 558, do Código de Processo Civil; ação de força velha é a intentada após esse prazo de um ano e dia da turbação ou esbulho, e neste caso o procedimento é ordinário, embora a ação não perca seu caráter possessório, segundo o mesmo art. 558.

O caráter possessório das ações possessórias, que independe do procedimento que siga, está ligado à sua natureza executiva, pois a sentença na possessória tem força executiva,

---

Revista dos Tribunais, v. 3, 2000. p. 189-190. No mesmo sentido: FIGUEIRA JR., Joel Dias. *Posse e ações possessórias*. Curitiba: Juruá, v. I, 1994. p. 279-281. NERY JR., Nelson; NERY, Rosa Maria Andrade. *Código de Processo Civil comentado e legislação processual civil extravagante em vigor*. 4. ed. São Paulo: Revista dos Tribunais, 1999. p. 1283.

altera a situação fática ordenando a expedição de mandado de manutenção ou reintegração, sem necessidade de processo de execução[3]. A própria sentença da possessória enseja proteção possessória imediata, o que traz enormes benefícios na prática. No caso de pedido de indenização cumulado, há, obviamente, processo de execução quanto a este pedido, de acordo com as regras do procedimento de execução por quantia certa[4].

A diferença entre o procedimento especial e ordinário nas ações possessórias era restrita à possibilidade de se obter ou não a liminar de manutenção ou reintegração em favor do autor (que pode ser concedida sem prévia citação do réu, no caso raro de forte prova documental, ou após audiência de justificação com citação do réu – art. 558, CPC). Depois da contestação, a ação de força nova também segue o procedimento ordinário.

A diferença se torna ainda menor, considerando-se a possibilidade da concessão da tutela de urgência, possível nas ações de força velha, desde que preenchidos os requisitos do art. 300 do CPC.

O procedimento sumaríssimo também é cabível nas possessórias. O art. 3º, IV, da Lei n. 9.099/95, é expresso em determinar que às ações possessórias sobre bens imóveis com valor não superior a 40 (quarenta) salários mínimos pode ser aplicado o sumaríssimo. Conforme o art. 1.063, do Código

---

3 CORDEIRO, António Menezes. *A posse:* perspectivas dogmáticas atuais. 2. ed. Coimbra: Livraria Almedina, 1999. p. 143.

4 WAMBIER, Luiz Rodrigues *et al. Curso avançado de processo civil*: processo cautelar e procedimentos especiais. 3. ed. São Paulo: Revista dos Tribunais, v. 3, 2000. p. 192.

de Processo Civil, as ações possessórias sobre móveis e semoventes, continua sob a competência dos Juizados Especiais, independentemente do valor da causa.

Sobre a legitimação ativa, a têm o possuidor direto ou indireto; detentor, não. A polêmica ocorre quando se trata de proprietário que nunca esteve na posse da coisa. Segundo a corrente a qual pertence Nelson Nery Jr.[5], quem nunca teve a posse não pode utilizar os interditos; o adquirente que não recebe a posse do vendedor deverá se utilizar da imissão na posse. Já para a corrente a qual pertence Orlando Gomes[6], o adquirente já é possuidor indireto por força da tradição ficta, cabendo ação de reintegração (no modo de aquisição derivado não é necessária a entrega real efetiva do bem).

Quanto à legitimidade passiva, a regra é que qualquer pessoa que pratique ou esteja na iminência de praticar turbação ou esbulho da posse, pode ser réu na possessória. O art. 1.212 do Código Civil, alarga o campo da legitimidade passiva ao permitir que o terceiro que recebeu a coisa sabendo que era proveniente de esbulho (má-fé) também possa ser atingido pela possessória.

O problema a respeito do art. 1.212 é que, *a contrario sensu*, dele se conclui que o terceiro de boa-fé não pode ser réu na possessória, e, nesse caso, o possuidor esbulhado que não seja proprietário não poderia se utilizar nem da possessória nem da petitória, ficaria sem ação direta para defender a posse,

5 NERY JR., Nelson; NERY, Rosa Maria Andrade. *Código de Processo Civil comentado e legislação processual civil extravagante em vigor*. 4. ed. São Paulo: Revista dos Tribunais, 1999. p. 1.284.

6 GOMES, Orlando. *Direitos reais*. 13. ed. Rio de Janeiro: Forense, 1998. p. 89.

dependendo do proprietário da coisa (obviamente no caso de dano sempre caberá a indenizatória).

Outra polêmica sobre as possessórias diz respeito à natureza dessas ações. Aqueles que defendem a natureza real, como Humberto Theodoro[7], argumentam com o art. 95, Código de Processo Civil de 1973 (atual art. 47, § 2º, CPC/2015), que inclui as ações possessórias entre as ações reais imobiliárias. Aqueles que defendem a natureza pessoal das possessórias, como o Arruda Alvim[8], argumentam com o art. 73, § 2º, CPC/2015), que dispõe que a outorga uxória ou litisconsórcio passivo nas ações possessórias só é indispensável no caso de composse ou ato por ambos praticados.

7.3. IMPOSSIBILIDADE DE CONCOMITÂNCIA ENTRE JUÍZO POSSESSÓRIO E JUIZO PETITÓRIO

No juízo possessório a causa de pedir é a posse e o objetivo da ação é a proteção da posse. Diferente do que ocorre nas ações petitórias, que instauram o juízo petitório.

No juízo petitório os litigantes reivindicam a coisa com base na alegação de propriedade. A prova do domínio, que é essencial, nem sempre é fácil, mesmo no caso dos imóveis, pois a presunção de propriedade que o registro estabelece é *juris tantum*. Por essa razão o procedimento nas petitórias, em regra, é o ordinário.

---

7 THEODORO JR., Humberto. *Curso de direito processual civil*. 22. ed. Rio de Janeiro: Forense, v. III, 2000.

8 ALVIM, José Manuel Arruda. *Anotações sobre o art. 1.196 do Novo Código Civil (noções sobre a ideia de posse)*. Trabalho escrito em homenagem ao Prof. e Des. Yussef Said Cahali.

Há autores, como o Humberto Theodoro[9] e os Mazeaud[10], que consideram a possibilidade de a possessória defender e se fundamentar em outro direito real que não a propriedade. Isso seria possível, segundo essa corrente, porque a *causa petendi* é o *jus possidendi*, do qual a propriedade é o principal fundamento, mas não o único.

No juízo possessório o procedimento é especial, mais célere do que o procedimento ordinário, e se dispensa a prova do domínio, bastando a prova da posse pacífica por ano e dia para que se consiga a proteção (a *causa petendi* é a própria posse).

O intuito da lei, instituindo um procedimento diferenciado para as possessórias, foi facilitar a defesa do próprio proprietário, tendo em vista que o nosso código adotou a teoria de Ihering, segundo a qual a posse é uma exteriorização da propriedade, sendo que na maioria das vezes é o proprietário quem desfruta da posse.

É verdade que na tentativa do legislador de proteger o proprietário, muitas vezes aquele que se encontra indevidamente na posse de coisa alheia é que é protegido. Inclusive o próprio art. 1.297, do Código Civil, permite a defesa da posse contra o possuidor indireto. Mas isso não desmerece a criação dos interditos possessórios, pois de outra forma não teria o proprietário um instrumento rápido e eficaz para

9 THEODORO JR., Humberto. *Curso de direito processual civil*. 22. ed. Rio de Janeiro: Forense, v. III, 2000. p. 127.

10 MAZEAUD, Henri; MAZEAUD, Léon; MAZEAUD, Jean. *Lecciones de derecho civil*. Tradução de Luiz Alcalá-Zamora y Castillo. Buenos Aires: Ediciones Jurídicas Europa-América, Parte Segunda, v. IV, 1969. p. 172.

provar o seu direito, tendo sempre que recorrer ao juízo petitório e provar a propriedade[11].

Mesmo vencido na ação possessória, o proprietário poderá reivindicar a coisa em ação petitória, uma vez que não se pode falar em coisa julgada[12] entre as duas ações pela diversidade de fundamentos entre elas. Ou seja, se o proprietário deixar transcorrer ano e dia da turbação ou esbulho, perde a posse, mas não perde o domínio[13], e poderá reaver a posse posteriormente com base nesse domínio.

Essa afirmação não significa, entretanto, que a ação possessória é provisória. Significa apenas que, confrontadas posse e propriedade, esta prevalecerá ao fim, a posse é provisória em relação à propriedade, mas a ação possessória é definitiva, pois a cognição nelas é completa e sua sentença faz coisa julgada material e formal[14].

Em resumo, não adianta alegar a propriedade no juízo possessório e também não faz diferença alegar a posse no petitório. Isso resta claro do art. 1.210, § 2º, do Código Civil, pelo qual "não obsta à manutenção ou reintegração na posse a alegação de propriedade, ou de outro direito sobre a coisa". O art. 557, do Código de Processo Civil, estabelece ainda

---

11 RODRIGUES, Silvio. *Direito civil*: direito das coisas. 24. ed. São Paulo: Saraiva, v. 5, 1997. p. 55.

12 GOMES, Orlando. *Direitos reais*. 13. ed. Rio de Janeiro: Forense, 1998. p. 87. THEODORO JR., Humberto. *Curso de direito processual civil*. 22. ed. Rio de Janeiro: Forense, v. III, 2000. p. 127.

13 GOMES, Orlando. *Direitos reais*. 13. ed. Rio de Janeiro: Forense, 1998. p. 55-56.

14 FIGUEIRA JR., Joel Dias. *Posse e ações possessórias*. Curitiba: Juruá, v. I, 1994. p. 274

que "Na pendência de ação possessória é vedado, tanto ao autor quanto ao réu, propor ação de reconhecimento do domínio, exceto se a pretensão for deduzida em face de terceira pessoa".

De acordo com o art. 557, do Código de Processo Civil, uma vez intentada a possessória não cabe a petitória, há uma determinação de separação dos dois juízos. Segundo Nelson Nery Jr.[15], enquanto pendente a possessória, há condição suspensiva do exercício do direito de ação fundada na propriedade. Mas não há impedimento legal, na opinião de Tito Fulgêncio[16], para a interposição da possessória na pendência da petitória por aquele que é réu na petitória, visto que o autor do esbulho não pode tolher com o petitório o direito do possuidor.

A respeito da possibilidade de coexistência dos juízos possessório e petitório, os Mazeaud[17], ao comentarem a inexistência dessa possibilidade no direito francês, afirmam que:

> "Está prohibido acumular el juicio posesorio y el petitorio, lo cual significa: 1º Que el juez del juicio posesorio no

15 NERY JR., Nelson; NERY, Rosa Maria Andrade. *Código de Processo Civil comentado e legislação processual civil extravagante em vigor*. 4. ed. São Paulo: Revista dos Tribunais, 1999. p 1.287.

16 FULGÊNCIO, Tito. *Da posse e das ações possessórias:* teoria legal – prática. 9. ed. Rio de Janeiro: Forense, v. I, 2000. p. 282.

17 MAZEAUD, Henri; MAZEAUD, Léon; MAZEAUD, Jean. *Lecciones de derecho civil*. Tradução de Luiz Alcalá-Zamora y Castillo. Buenos Aires: Ediciones Jurídicas Europa-América, Parte Segunda, v. IV, 1969. p. 167. No mesmo sentido: RUGGIERO, Roberto de. *Instituições de direito civil*. Tradução da 6. ed. italiana por Paolo Capitanio. Campinas-SP: Bookseller, v. 2, 1999. p. 812-813.

> puede fundar su resolución sobre el fondo de derecho, sino tan sólo sobre el hecho de la posesión; 2º Que, desde el instante en que el pleito se haya trabado sobre el juicio posesorio, el juez del juicio petitorio no puede conocer ya hasta que se haya convertido en firme la resolución sobre el juicio posesorio; 3º Que el demandante que haya seguido el juicio petitorio no puede intentar ya una acción posesoria, pero el demandado puede dirigirse al juez del juicio posesorio, con lo cual compele al juez del juicio petitorio a diferir su fallo"[18].

Theotonio Negrão[19], entretanto, tem posição divergente sobre o assunto. Segundo esse autor, o impedimento só se aplica aos casos em que na ação possessória se disputa a posse com base na alegação de domínio, sendo cabível a proposição da reivindicatória nos demais casos. Não há, entretanto, qualquer tipo de restrição a esse respeito na letra da lei.

Houve quem defendesse a inconstitucionalidade desses artigos, pois restringiriam a proteção constitucional à propriedade, visto que o proprietário estaria impedido de intentar a ação reivindicatória na pendência da possessória, mas a

---

18 "É proibido cumular o juízo possessório e o petitório, o que significa: 1º Que o juiz do juízo possessório não pode fundar sua decisão sobre direito, mas apenas no fato da posse; 2º Que, desde o instante em que o pleito esteja fundado no juízo possessório, o juiz do juízo petitório não pode conhecer até que se decida sobre o juízo possessório; 3º Que o autor que seguiu o juízo petitório não pode mais mover uma ação possessória, mas o réu pode ir ao juiz do julgamento possessório, que obriga o juiz do juízo petitório a diferir sua decisão" (Tradução libre).

19 NEGRÃO, Theotonio. *Código de Processo Civil e legislação processual em vigor*. 34. ed. São Paulo: Saraiva, 2002. p. 870.

propriedade defendida pela Constituição Federal é a propriedade exercida sem abusos, devendo o espoliador restituir o bem, devido à proibição da justiça privada. O Supremo Tribunal Federal já se pronunciou pela constitucionalidade (*RTJ* 91/594).

Esse art. 1.210, § 2º, do Código Civil, repete a primeira parte do antigo art. 505, do Código de 1916, e exclui a segunda parte, que permitia a exceção do domínio nas ações possessórias ao dispor: "não se deve, entretanto, julgar a posse em favor daquele a quem evidentemente não pertencer o domínio".

O art. 505, do Código de 1916, na sua segunda parte, provocou muita polêmica pela contradição de permitir a análise da propriedade no juízo possessório, o que descaracterizaria esse juízo, tornando-o inútil quando se confronta com o direito de propriedade. A jurisprudência e a doutrina tentaram minimizar a contradição no antigo art. 505, admitindo a possibilidade da exceção do domínio apenas em duas situações[20]: 1) quando os litigantes disputam a posse com fundamento em prova de domínio (posicionamento que originou a atualmente revogada Súmula 487 do STF); 2) ou quando o exame das provas do processo sobre a posse não é suficiente para solucionar a dúvida sobre quem seja o possuidor.

O Código de Processo Civil de 1973, em sua redação original, mantinha em seu art. 923 a mesma contradição do art. 505, do Código Civil de 1916, aceitando a exceção do domínio. Com a reforma da Lei n. 6.820/80, a exceção do domínio foi abolida e a segunda parte do art. 923, do Códi-

20 RODRIGUES, Silvio. *Direito civil*: direito das coisas. 24. ed. São Paulo: Saraiva, v. 5, 1997. p. 57-58.

go de 1973, foi revogada. A segunda parte do art. 505, Código de 1916, não foi restaurada, continuou revogada já que o nosso sistema não admite a repristinação quando a lei revogadora é revogada (LINDB, art. 2º, § 3º). Assim, a proibição da exceção do domínio no juízo possessório não foi uma inovação do Código Civil, visto que já constava no próprio Código de Processo Civil de 1973.

A respeito do papel do aplicador do direito ante um caso de concomitância entre possessório e petitório, de valioso caráter elucidativo é o Enunciado n. 78 do Conselho da Justiça Federal, que dispõe: "Art. 1.210: Tendo em vista a não-recepção, pelo novo Código Civil, da *exceptio proprietatis* (art. 1.210, § 2º) em caso de ausência de prova suficiente para embasar decisão liminar ou sentença final ancorada exclusivamente no *ius possessionis*, deverá o pedido ser indeferido e julgado improcedente, não obstante eventual alegação e demonstração de direito real sobre o bem litigioso".

O referido Enunciado foi justificado pelo Conselho da Justiça Federal da seguinte forma: "os julgamentos em sede possessória haverão de pautar-se, tão somente, com base na pureza dos interditos, isto é, levando-se em conta, para a tomada de decisão, apenas as questões pertencentes ao mundo dos fatos, mesmo se comprovada a propriedade de qualquer das partes sobre o bem litigioso".

Entretanto, dentro do texto de justificativa ao citado Enunciado n. 78, o Conselho da Justiça Federal emite um posicionamento com o qual, *data maxima venia*, não concordamos, *in verbis*:

> "Nada obstante não recepcionada expressamente no art. 1.210 do Novo Código Civil a chamada 'ação vindicatória

> da posse', prevista no art. 521 do Código Civil de 1916, há de ser considerada implicitamente mantida no novo macrossistema por força de interpretação extensiva da norma insculpida no § 1º do art. 1.210, tendo-se em vista que se trata de demanda recuperatória".

Entendemos que não se pode interpretar o § 1º, do art. 1.210, do Código Civil de 2002, de forma extensiva para abranger o caso da ação vindicatória. Primeiramente, o referido § 1º não comporta interpretação extensiva, haja vista se tratar de norma que admite uma hipótese excepcional de justiça privada, que é em regra repugnada pelo nosso ordenamento jurídico.

Além disso, trata-se de providência admitida no caso de ações possessórias, e a natureza da ação vindicatória é polêmica, havendo autores que consideram se tratar de ação petitória, a exemplo de Pontes de Miranda[21] e outros que consideram se tratar de natureza mista, a exemplo de Figueira Júnior. Não há manifestações a respeito de se tratar de natureza possessória, e, se não se trata de ação puramente possessória, não cabe a utilização dos interditos.

O Conselho da Justiça Federal emitiu, ainda, outro Enunciado a respeito da impossibilidade de concomitância dos juízos possessório e petitório, a saber: Enunciado n. 79 – "Art. 1.210: A *exceptio proprietatis*, como defesa oponível às ações possessórias típicas, foi abolida pelo Código Civil de 2002, que estabeleceu a absoluta separação entre os juízos possessório e petitório".

---

21 PONTES DE MIRANDA, F. C. *Tratado de direito privado. Parte especial*. Rio de Janeiro: Editor Borsoi, t. X, 1955. p. 388 e ss.

A proibição da exceção do domínio é, de fato, o entendimento mais acertado, pelas mesmas razões que se proíbe a interposição de ação petitória na pendência de possessória, pois do contrário o juízo possessório estaria descaracterizado e inútil, convertendo-se em petitório, já que permitiria a discussão da propriedade. A tão aclamada vantagem da agilidade do possessório deixaria de existir, em vista da discussão sobre a propriedade.

Além disso, seria um incentivo à justiça privada, na medida em que o proprietário poderia livremente esbulhar a coisa na certeza de que, ao ser acionado em ação possessória, o título de domínio serviria para consolidar a apropriação (abuso do direito de propriedade). Vale ressaltar que a justiça privada é coibida no nosso ordenamento, inclusive o Código Penal tipifica como crime, no art. 345, o exercício arbitrário das próprias razões. A proibição da coexistência de discussão judicial sobre petitório e possessório é o posicionamento mais coerente com o nosso sistema.

A princípio, a proibição da alegação de propriedade no juízo possessório parece ir de encontro à teoria de Ihering, adotada pelo Código Civil, mas isso não ocorre porque tal proibição não significa que a posse tem um *status* mais importante que a propriedade, tanto que a propriedade prevalece no juízo petitório. Trata-se apenas da utilização adequada das vias processuais.

CAPÍTULO 8

Alguns institutos caracterizadores da preponderância da função social da posse na seara do direito civil

8.1. CONSIDERAÇÕES INICIAIS

Apenas para salientar a função social da posse para uma existência digna, neste capítulo vamos comentar alguns institutos que bem caracterizam esse aspecto, tais como: as várias modalidades de usucapião, legitimação fundiária e legitimação da posse, direito de superfície, direito real de laje, sucessão de viúvo no direito real de habitação, locação e Airbnb.

8.2. USUCAPIÃO

A usucapião é um modo de aquisição da propriedade e de outros direitos reais (usufruto – *RT*, 488:183, *RTJ*, 117: 653 –, uso, habitação, enfiteuse (outrora – CC, art. 2.038) – *RT*, 538:278, 598:181, 527:84, 550:174, 596:58; *Ciência Jurídica*, 61:73; *RTJ*, 69:528 – servidões prediais – *Revista jurídica*, 59:107; *RT*, 588:189) pela posse prolongada da coisa com a observância dos requisitos legais e pode dar-se por via extrajudicial ou judicial. É uma aquisição de domínio pela posse prolongada[1], como prefere dizer Clóvis Beviláqua.

---

1 PEREIRA, Caio Mário da Silva. *Instituições de direito civil*: posse. Propriedade. Direitos reais de fruição. Garantia e aquisição. 14. ed. Rio de Janeiro: Forense, v. IV, 2000. p. 128-129; GOMES, Orlando. *Direitos reais*. Atualizado por Humberto Theodoro Júnior. 13. ed. Rio de Janeiro: Forense, 1998. p. 159; BEVILÁQUA, Clóvis. *Código Civil*. Rio de Janeiro: Rio, v. 3, 1976. Obs. ao art. 550; RIBEIRO, Benedito Silvério. *Tratado de usucapião*. São Paulo: Saraiva, 2 v., 1992; CAMPOS, Antonio Macedo de. *Teoria e prática do usucapião*. São Paulo: Saraiva, 1983; SALLES, José Carlos de Moraes. *Usucapião de bens imóveis e móveis*. São Paulo: Revista dos Tribunais, 1999; Levenhagen. *Posse, possessória e usucapião*. São Paulo: Atlas, 1992; ARAÚJO, Fábio Caldas de. *Usucapião no âmbito material e processual*. Rio de Janeiro: Forense, 2003; TFR, Súmula 13; *RJTJSP*, 42:131, 69.215; *RT*,537:172, 546:85, 577:81, 548:189, 583:242, 526:74, 591:81 e 216.

A usucapião serve também para sanar vícios de propriedade.

Pelo Enunciado n. 596: "O condomínio edilício pode adquirir imóvel por usucapião" (aprovado na VII Jornada de Direito Civil).

O STJ já reconheceu a personalidade do condomínio para fins tributários. O Enunciado n. 246 da III Jornada de Direito Civil (que modificou o Enunciado n. 90 da I Jornada), por sua vez, estipula que: "Deve ser reconhecida personalidade jurídica ao condomínio edilício".

O Conselho Superior da Magistratura do Tribunal de Justiça de São Paulo, embora não admita a irrestrita e incondicional atribuição de personalidade jurídica ao condomínio edilício, tem admitido a aquisição de imóveis por este último, inclusive por meio de escritura pública de compra e venda (*vide* Apel. Cível 001991077.2012.8.26.0071, j. abril/2013). Viável seria a usucapião de imóvel pelo próprio condomínio edilício quando feita em benefício dos condôminos que o possuem coletivamente.

São modalidades, previstas no ordenamento jurídico brasileiro de usucapião: a extraordinária (geral ou abreviada), a ordinária (geral ou abreviada), a especial urbana, a pró-família e a especial rural ou *pro labore*.

Nossa lei civil, no seu art. 1.238, consagra a *usucapião extraordinária* ao prescrever: "aquele que, por quinze anos, sem interrupção, nem oposição, possuir como seu um imóvel, adquire-lhe a propriedade, independentemente de título e boa-fé; podendo requerer ao juiz que assim o declare por sentença, a qual servirá de título para o registro no Cartório de Registro de Imóveis". Caso em que se tem a *usucapião extraordinária geral* ou *comum*. Mas, no parágrafo único deste artigo, reduz tal lapso de tempo para dez anos "se o possuidor houver estabelecido no imóvel a sua moradia habitual, ou nele realizado obras ou serviços de caráter produtivo", configurando-se a *usucapião extraordinária abreviada* ou por *posse-trabalho*.

São, portanto, seus requisitos: a) a *posse* pacífica, ininterrupta, exercida com *animus domini*; b) o *decurso do prazo de 15 anos* (*RT*, 556:105) *ou de 10 anos*, se o possuidor estabeleceu no imóvel sua moradia habitual ou nela efetuou obras ou serviços de caráter produtivo, aumentando a sua utilidade. Considera-se o efetivo uso do bem de raiz possuído como moradia e fonte de produção (posse-trabalho) para fins de redução do prazo para usucapião; c) a presunção *juris et de jure* de boa-fé e justo título, que não só dispensam a exibição desse documento, como também proíbem que se demonstre sua inexistência. Todavia, alguns autores entendem que não há tal presunção, mas mera dispensa dos requisitos da boa-fé e justo título. Como bem acentuou Sá Pereira, esta usucapião não tolera a prova de carência do título. O usucapiente terá, simplesmente, que provar uma coisa: sua posse[2]; d) o assento da aquisição do imóvel, obtida extrajudicialmente pelo oficial do Registro Imobiliário ou a sentença judicial declaratória da aquisição do domínio por usucapião, que constituirá o título que deverá ser levado ao registro imobiliário, para registro[3].

Disciplina o art. 1.242 do Código Civil a *usucapião ordinária*, ao dispor: "Adquire também a propriedade do imóvel aquele que, contínua e incontestadamente, com justo título e boa-fé, o possuir, por dez anos"[4]. Hipótese em que se tem a *usucapião ordinária geral*.

---

2 RODRIGUES, Silvio. *Direito civil:* direito das coisas. 24. ed. São Paulo: Saraiva, v. 5, 1997. p. 130; MONTEIRO, Washington de Barros. *Curso de direito civil:* direito das coisas. 31. ed. São Paulo: Saraiva, v. 3, 1994. p. 127.

3 PEREIRA, Caio Mário da Silva. *Instituições de direito civil*: posse. Propriedade. Direitos reais de fruição. Garantia e aquisição. 14. ed. Rio de Janeiro: Forense, v. IV, 2000. p. 138; REALE, Miguel. *O projeto de Código Civil*: situação atual e seus problemas fundamentais. São Paulo: Saraiva, 1986. p. 102; AGUIAR, Mônica. A função social da posse no novo Código Civil brasileiro: breve análise. *Revista Jurídica dos Formandos em Direito da UFBA*, v. VII, p. 195-200. Sobre usucapião extraordinária: *RT*, 542:212 e 232, 590:121, 586: 210, 600: 44; *JB*, 158:134; *Ciência Jurídica*, 38:121. A denominação de usucapião extraordinária ou ordinária geral e abreviada foi dada por COELHO, Fábio Ulhoa. *Curso de direito civil*: direito autoral e direitos das coisas. 7. ed. São Paulo: Revista dos Tribunais, v. 4, 2016. p. 86-87.

4 MONTEIRO, Washington de Barros. *Curso de direito civil:* direito das coisas. 31. ed. São Paulo: Saraiva, v. 3, 1994. p. 128; DINIZ, Maria Helena. Reflexos do princípio constitucional da função social da propriedade na usucapião. In: *Novos rumos para o direito Público*: reflexões em homenagem a Lúcia Valle Figueiredo. Marcelo Figueiredo (coord.). Belo Horizonte: Fórum, 2012. p. 309-22; *RT*, 180:592; *EJSTJ*, 15:79.

E acrescenta no parágrafo único que será de cinco anos o prazo, se o imóvel foi adquirido, onerosamente, com base no registro constante do respectivo cartório, posteriormente cancelado, desde que os possuidores nele estabelecerem sua moradia ou fizerem investimentos de interesse social e econômico. Quem tiver o registro cancelado ou bloqueado poderá valer-se do art. 1.242, parágrafo único, do CC e do art. 214, § 5º, da LRP para convalidá-lo, declarando, mediante usucapião, a sua titularidade e boa-fé. Mas, pelo Enunciado n. 569, do Conselho da Justiça Federal, aprovado na VI Jornada de Direito Civil: "No caso do art. 1.242, parágrafo único, a usucapião, como matéria de defesa, prescinde do ajuizamento da ação de usucapião, visto que, nessa hipótese, o usucapiente já é o titular do imóvel no registro". Trata-se da *posse-trabalho*, que, para atender ao princípio da socialidade, e dar efeito prático à *função social da posse*, punindo a inércia do proprietário e prestigiando o possuidor, reduz o prazo de usucapião, dando origem à *usucapião ordinária abreviada* ou, como preferem alguns autores, à *usucapião ordinária social* ou *por posse-trabalho*.

Apresenta os seguintes pressupostos:

a) A *posse* mansa, pacífica e ininterrupta, exercida com a intenção de dono.

b) O *decurso do tempo de dez anos ou de cinco anos*, se o bem de raiz houver sido adquirido onerosamente e cujo registro foi cancelado, desde que o possuidor nele tenha sua morada ou nele tenha realizado investimentos de interesse social ou econômico. O Código Civil suprimiu a tradicional distinção entre presentes e ausentes, peculiar à usucapião ordinária, por entender ser incompreensível, e até mesmo injusto, que um possuidor, pelo simples fato de residir em outro município, fosse beneficiado com prazo maior. Nessa usucapião, hodiernamente, é irrelevante juridicamente o município onde resida o possuidor[5].

5 PEREIRA, Lafayette Rodrigues. *Direito das coisas*. Rio de Janeiro: Typ. Baptista de Souza, 1922. p. 182. Sobre a contagem do tempo na usucapião ordinária, cumprido entre ausentes e presentes: RIBEIRO, Itagiba d'Avila. A contagem do tempo proporcional na usucapião ordinária, quando há alternância de presença e ausência. *RDCiv*, 5:167-168, 1978; NIESS, Pedro Henrique Távora. Considerações sobre a usucapião. *RTJE*, 62:34-6; MELO, Diogo L. Machado de. Variações sobre a usucapião tabular: o art. 1.242, parágrafo único, do novo Código Civil. *Revista do IASP*, 20:80-98. Outrora, o decurso do tempo era de dez anos entre presentes e quinze entre ausentes. Consideravam-se presentes os moradores do mesmo município e ausentes os que habitavam municípios diversos (art. 551 e parágrafo único, do CC de 1916); não se tratava, como se vê, da ausência no sentido legal do art. 463 do Código Civil de 1916. Lafayette (PEREIRA, Lafayette Rodrigues. *Direito das coisas*. Rio de Janeiro: Typ. Baptista de Souza, 1922. § 67), antes da Lei n. 2.437/55, levantou a hipótese de se saber qual o tempo necessário quando o interessado se encontrava presente numa parte do tempo e ausente em outra. Se morasse, por exemplo, durante 8 anos no mesmo município (presente para efeitos legais), mas se se transferisse, posteriormente, para outra localidade, considerando-se ausente, a usucapião deveria, neste caso, consumar-se ao término de 12 anos (8 entre presentes e 4 entre ausentes- dobro do tempo que ainda restava e que era de 2 anos- *RT*, 448:77). Todavia, com o advento da Lei n. 2.437/55, que reduziu o prazo de ausência de 20 (o dobro do de presença) para 15 anos, aquela proporção matemática apontada por Lafayette (PEREIRA, Lafayette Rodrigues. *Direito das coisas*. Rio de Janeiro: Typ. Baptista de Souza, 1922.):

modificou-se para, ou seja, para cada 2 anos de presença correspondiam 3 anos de ausência, ou melhor, para cada ano de presença ter-se-ia um ano e meio de ausência, logo, para que se pudesse obter, para efeito de usucapião ordinária, os anos correspondentes

c) *Justo título* formalizado e devidamente registrado (*causa habilis ad dominium transferendum*) ainda que este contenha algum vício ou uma irregularidade (p. ex., ausência de requisito legal), bem como *boa-fé* (*RT*, 105:196, 108:249, 495:209; JTJ, Lex, 258:219), ou seja, ignorância desses obstáculos ou defeitos que obstam sua aquisição. Precisa o usucapiente apresentar justo título (escritura pública, formal de partilha), idôneo, para operar transferência de domínio e demonstrar boa-fé, pois, apesar de seu título conter falhas, o lapso de tempo apaga essas imperfeições e consolida a sua propriedade[6]; deve, então, o usucapiente providenciar o registro de seu título.

---

entre ausentes, bastaria multiplicar os de presença faltantes por 1,5. Assim, naquele exemplo de Lafayette, os 8 anos entre presentes, os 2 anos faltantes para que se completassem os 10 anos exigidos legalmente, se não tivesse havido ausência, deveriam ser multiplicados por 1,5 e não dobrados, logo, seriam 3 anos, e o prazo de usucapião consumar-se-ia, então, em 11 anos (20% de 15 anos + 8 anos, ou 2 x 1,5 + 8= 11). Justificava-se a diferença de prazo usucapional entre presentes e entre ausentes, sendo mais curto no primeiro caso, porque era razoável que se submetesse a inércia do proprietário ausente à prova de um maior espaço de tempo, porque podia ser aparente e não provir, senão, ou da ignorância do esbulho, ou de dificuldades, que o inibiam de obrar.

6 PEREIRA, Caio Mário da Silva. *Instituições de direito civil*: posse. Propriedade. Direitos reais de fruição. Garantia e aquisição. 14. ed. Rio de Janeiro: Forense, v. IV, 2000. p. 139-140; GOMES, Orlando. *Direitos reais*. Atualizado por Humberto Theodoro Júnior. 13. ed. Rio de Janeiro: Forense, 1998. p. 135; NERY, Rosa Maria B. Andrade. Caracterização do justo título para usucapião. *RP*, 56:254; *RT*, 241:697, 179:291, 320:525, 526:55, 575: 262, 566:97, 731:369; *RJTJSP*, 108:274, 109:230, 110:367; *RTJ*, 76:555; *JTJ*, 158:53, 236:205, 248:244. O Enunciado n. 86 do STJ (aprovado nas Jornadas de Direito Civil de 2002) esclarece que: "A expressão justo título, contida nos arts. 1.242 e 1.260 do CC, abrange todo

d) *Sentença judicial* (sendo infrutífera a usucapião extrajudicial) que lhe declare a aquisição do domínio, pois, embora o usucapiente já tenha o seu direito assentado em título preexistente, nada lhe impede de mover ação de usucapião para apagar dúvidas e tornar límpido o seu direito; caso em que a sentença terá que ser levada a assento no registro imobiliário[7].

Para atender aos reclamos de uma política urbana, a Constituição Federal de 1988, no art. 183, § 1º a 3º, e o Código Civil, no art. 1.240, contemplam a *usucapião especial urbana*

---

e qualquer ato jurídico hábil, em tese, a transferir a propriedade, independentemente do registro".

7 PEREIRA, Caio Mário da Silva. *Instituições de direito civil*: posse. Propriedade. Direitos reais de fruição. Garantia e aquisição. 14. ed. Rio de Janeiro: Forense, v. IV, 2000. p. 140-141; LETTERIELLO, Rêmolo. *Ação de usucapião ordinário*. São Paulo: Saraiva, 1986. Sobre usucapião: *RJTJSP*, 72:245, 68:222; *TJSP, ADCOAS*, 1980, n. 68.554, e 1983, n. 89.773 e 90.723; *RT*, 507:106, 553:219, 548:187, 534:233, 578:101, 574:236, 553:119, 537:105, 571:227, 575:136, 558:208, 567:160, 541:100, 536:211, 532:73, 538:59, 546:106, 545:89, 552:223, 577:122, 574:238, 565:56, 508:223, 554:115, 547:86; *Ciência Jurídica*, 32:68. Pelo Enunciado n. 564, do Conselho da Justiça Federal, aprovado na VI Jornada de Direito Civil: "As normas relativas à usucapião extraordinária (art. 1.238, caput, CC) e à usucapião ordinária (art.1.242, *caput*, CC), por estabelecerem redução de prazo em benefício do possuidor, têm aplicação imediata, não incidindo o disposto no art. 2.028 do Código Civil", alegando que o CC, quando estabeleceu norma de transição sobre usucapião (art. 2.029), ocupou-se só das hipóteses dos parágrafos únicos dos arts. 1.238 e 1.242, afastando o art. 2.028. Se assim é, os prazos do caput desses artigos incidem diretamente (STF, Súmula 445). O proprietário possuiria, desse modo, o prazo de *vacatio legis* do Código Civil para proceder à defesa de seus interesses.

(*RT*, 649:58, 705:92, 730:218, 741:278, 748:129; *JTJ*, *Lex*, 240:133, 244:188, 266:36, 269:230), também chamada pró-moradia, *pro habitatione*, ou habitacional e, ante o fato de que o solo urbano não deve ficar sem aproveitamento adequado, reconhecem, a quem o utilizar, desde que não seja imóvel público e que tenha dimensão de até 250 m^2, mesmo não sendo seu, a possibilidade de adquirir-lhe o domínio, se não for proprietário de outro imóvel urbano ou rural e se tiver exercido sua posse (*JTJ*, 146:202; *RT*, 744:367), ininterruptamente, por 5 anos, sem oposição, destinando-o para sua moradia ou de sua família. Mas a 3ª Turma do STJ admite usucapião especial urbana em caso de imóvel usado, conjuntamente, para moradia e pequena atividade comercial dos usucapientes (rel. Min. Nancy Andrighi, Processo: RESP 1.777.404, j. 5-5-2020). Procura facilitar a aquisição de imóvel para atender ao direito mínimo de moradia. Há uma presunção *juris et de jure* de boa-fé, não se exigindo prova de justo título. Somente será preciso comprovar para a configuração da *usucapião especial individual em imóvel urbano* a posse ininterrupta e pacífica, exercida com *animus domini*; o decurso do prazo de 5 anos; a dimensão da área (igual ou menor que 250 m^2) edificada (Lei n. 10.257/2001, art. 9º) ou não; a moradia e o fato de não ser proprietário de nenhum imóvel urbano ou rural. Além disso será imprescindível, não havendo aquisição via extrajudicial, o registro no Cartório de Registro Imobiliário da sentença judicial que declare a aquisição da propriedade pelo usucapiente (*JB*, 165:352; *RT*, 727:169; 690:73). Na usucapião urbana individual e coletiva seguir-se-á o rito sumário do art. 14 do Estatuto da Cidade que, por ser norma especial, prevalece sobre o CPC, que é norma geral, mas há quem ache que o rito é o comum. O

título do domínio e a concessão de uso serão conferidos ao homem, à mulher ou a ambos, independentemente do estado civil, mas tal direito não poderá ser reconhecido ao mesmo possuidor mais de uma vez, (CC, art. 1.240, § 1º e 2º; Lei n. 10.257/2001, art. 9º, § 1º e 2º). Observa Maria Lígia Coelho Mathias que, como o Estatuto da Cidade (art. 9º), ao versar sobre a usucapião urbana individual, refere-se à área ou edificação urbana até 250 m^2, o terreno e a construção não poderão ter área superior à indicada. Logo, se num terreno de 250 m^2 houver prédio com 300 m^2, incluindo garagem no subsolo, só será suscetível de usucapião extraordinária ou ordinária, sendo impossível a usucapião especial urbana individual, visto que ultrapassou a metragem de 250 m^2 .O Conselho da Justiça Federal, na IV Jornada de Direito Civil, aprovou o Enunciado n. 314, segundo o qual: "para os efeitos do art. 1.240, não se deve computar, para fins de limite de metragem máxima, a extensão compreendida pela fração ideal correspondente à área comum".

Além disso, a Lei n. 12.424/2011 acrescentou ao Código Civil o art. 1.240-A, gerando um novo tipo de usucapião especial urbana, que seria a "*usucapião especial urbana por abandono do lar ou do imóvel comum*", "*usucapião pró-família*" ou "*usucapião familiar*", que influi em questões familiares, havendo separação do casal ao dispor sobre o destino do imóvel comum dos ex-cônjuges ou ex-companheiros ao prescrever: "aquele que exercer por 2 (dois) anos ininterruptamente e sem oposição, posse direta, com exclusividade, sobre imóvel urbano de até 250 m^2 (duzentos e cinquenta metros quadrados) cuja propriedade divida com ex-cônjuge ou ex-companheiro que abandonou o lar, utilizando-o para sua moradia ou de sua família, adquirir-lhe-á o domínio integral, desde que não seja proprietário de outro imóvel urbano ou rural". Dispondo, ainda, no § 1º desse mesmo artigo que: "o direito previsto no *caput* não será reconhecido ao mesmo possuidor mais de uma vez". Fácil é perceber que, na verdade, não são os membros da família desfeita que têm direito à aquisição do imóvel residencial, mas sim o ex-cônjuge ou ex-companheiro que, ante a desídia do outro, permaneceu, com exclusividade e sem oposição, por 2 anos na sua posse *animus domini*, nele residindo, salvo se houver notificação feita pelo que abandonou o lar demonstrando interesse pelo imóvel ou disputa do casal pelo imóvel, hipóteses em que não se configurará a posse *ad usucapionem*. Como se pode ver, a perda da propriedade (CC, art. 1.275, III) se dá pelo *abandono do imóvel comum* a ser usucapido, a inércia do coproprietário ante a posse exercida pelo outro, não opondo qualquer resistência, não cuidando do que é seu, é que conduz à perda do domínio. Logo, na usucapião familiar há *res habilis specialis*, uma vez que o bem hábil a que o usucapiente fará jus diz respeito à totalidade da cota parte do imóvel pertencente ao outro (ex-companheiro ou ex-cônjuge) ou ao patrimônio comum do ex-casal. Urge lembrar que o art. 1.240-A, por ser norma especial, possibilita, havendo mera separação de fato, de cônjuges, ou rompimento da união estável excepcionalmente, a fluência de prazo entre os cônjuges, ao arrepio do art. 197 do CC (norma geral), para que um deles possa pleitear a usucapião, visto que o outro não só saiu do lar como também abandonou o imóvel a ser usucapido, revelando sua *intentio* de não o ter mais para si (*animus derelinquendi*), demonstrando seu desinteresse. Se não houver vontade de abrir mão do bem, não se dará a usucapião por parte do ex-cônjuge ou ex-convivente. Se assim é, não se terá abandono se o ex-consorte ou ex-companheiro conservar sua posse contribuindo para o recolhimento dos ônus fiscais que recaírem sobre o imóvel (CC, art. 1.276, § 2º); para a conservação do imóvel; para a regularização da posse constituindo direito real de habitação em favor daquele que permaneceu no imóvel comum ou tomando medidas para viabilizar a partilha do bem condominial e, consequentemente, não dará azo ao pedido de usucapião familiar. Portanto o ex-cônjuge ou ex-companheiro deverá ter uma conduta passiva em relação ao imóvel por ele abandonado, não demonstrando qualquer interesse sobre ele, durante 2 anos, ou seja, não poderá, por ex.: no pedido de separação judicial ou de divórcio ou no de dissolução de união estável pleitear partilha; haver concessão de uso do bem como pagamento de alimentos *in natura*, alienação da coisa comum, fixação de aluguel pelo uso exclusivo do imóvel, constituição de direito real de habitação em favor daquele que permaneceu no imóvel etc. Aquele que nele permaneceu como possuidor, possibilitando a função social do bem, pagando tributos ou taxa condominial e praticando atos de conservação, é merecedor da sua propriedade total (CC, art. 1.275) pelo bom uso do imóvel. Assim sendo, se ex-cônjuge ou ex-companheiro vier a abandonar imóvel seu ou do casal, onde residia com a família, poderá perder, via usucapião familiar, depois de 2 anos, o direito à propriedade de sua cota-parte daquele bem imóvel comum em prol do ex-consorte ou ex-convivente que nele permaneceu, fazendo dele sua morada, desde que: a) seja condômino em qualquer percentual: 10%, 90%, 50%, 30%, 70% etc., e não tenha interposto medida judicial, resguardando seu direito sobre o imóvel, não havendo acordo com aquele (possuidor direto) que o ocupa, por 2 anos, com exclusividade e sem oposição;

b) o imóvel seja urbano de até 250 m^2; c) o possuidor direto não seja proprietário de outro imóvel rural ou urbano. Alguns autores entendem que pode ser o ex-cônjuge ou ex-companheiro proprietário de loja ou imóvel voltado a fins empresariais, porque a norma visa garantir o direito à moradia. Tal direito não poderá ser concedido ao mesmo possuidor mais de uma vez. Há quem ache que a discussão da culpa pelo abandono do lar é um atentado ao *princípio da vedação ao retrocesso*. Tal não entendemos, pois não se poderia discutir a culpabilidade pela separação de fato para a concessão do divórcio, mas nada obsta que se averigue a culpa pelo abandono familiar para reconhecer, ou não, certas consequências jurídicas. Se se comprovar que houve afastamento do lar por mútuo consenso, por ser inviável a vida comum e que não houve abandono do imóvel mas simples tolerância da presença do outro e da prole naquele imóvel, não há desídia conducente à usucapião pró-família. Só há sanção patrimonial imposta por lei a quem abandonar o lar ou imóvel comum, deixando de praticar atos pela sua conservação, não preservando sua propriedade e sua posse direta que eram compartilhadas com o ex-cônjuge ou ex-companheiro.

A novel usucapião, ao invadir a órbita do direito de família, atende à solidariedade familiar e à função social da propriedade por garantir a moradia daquele condômino que exerce a posse do imóvel, protegendo a comunidade familiar, apesar de violar normas sobre propriedade e regime matrimonial de bens. Antes da Lei n. 12.424/2011 o ex-cônjuge ou ex-companheiro abandonado que exercesse posse exclusiva do imóvel comum, poderia pleitear a cota-parte do outro por meio da usucapião extraordinária, qualquer que fosse a extensão do imóvel (CC, art. 1.238), da usucapião especial urbana de imóvel de até 250 m² (CC, 1.240 e CF, art. 183) ou da usucapião especial rural, em se tratando de imóvel rural não superior a 50 hectares (CC, art. 1.239 e CF, art. 191).

O art. 1240-A do Código Civil veio portanto solucionar um problema social ligado à família, mediante o emprego de um instituto próprio dos direitos reais, que é a usucapião, regularizando a situação jurídica daquele que permaneceu no imóvel de propriedade comum, que não conseguiria, p. ex., vendê-lo ante a ausência do outro condômino (ex-cônjuge ou companheiro), ao possibilitar-lhe a propriedade plena do imóvel, que antes dividia com ex-consorte ou ex-convivente, tutelando assim os demais membros da família (filhos do casal), apesar de não exigir a permanência destes no imóvel usucapiendo. Resolve situação de pessoa de baixa renda, quando seu ex-cônjuge ou ex-companheiro abandona o lar sem que tenha havido qualquer entendimento formal sobre partilha de bens.

Bastante esclarecedores são os Enunciados do CJF, aprovados na V Jornada de Direito Civil:

a) n. 498: "A fluência do prazo de 2 anos previsto pelo art. 1.240-A para a nova modalidade de usucapião nele contemplada tem início com a entrada em vigor da Lei n. 12.424/2011".

b) n. 499 (ora revogado pelo Enunciado n. 595 da VII Jornada de Direito Civil): "A aquisição da propriedade na modalidade de usucapião prevista no art. 1240-A do Código Civil só pode ocorrer em virtude de implemento de seus pressupostos anteriormente ao divórcio. O requisito 'abandono do lar' deve ser interpretado de maneira cautelosa, mediante a verificação de que o afastamento do lar conjugal representa descumprimento simultâneo de outros deveres conjugais, tais como assistência material e sustento do lar, onerando desigualmente aquele que se manteve na residência familiar e que se responsabiliza unilateralmente pelas despesas oriundas da manutenção da família e do próprio imóvel, o que justifica a perda da propriedade e a alteração do regime de bens quanto ao imóvel objeto de usucapião".

c) n. 500: "A modalidade de usucapião prevista no art. 1240-A do Código Civil pressupõe a propriedade comum do casal e compreende todas as formas de família ou entidades familiares, inclusive homoafetivas".

d) n. 501: "As expressões 'ex-cônjuge' e 'ex-companheiro', contidas no art. 1.240-A do Código Civil, correspondem à situação fática da separação, independentemente de divórcio".

e) n. 502: "O conceito de posse direta referido no art. 1.240-A do Código Civil não coincide com a acepção empregada no art. 1.197 do mesmo Código".

E pelo Enunciado n. 595: "O requisito 'abandono do lar' deve ser interpretado na ótica do instituto da usucapião familiar como abandono voluntário da posse do imóvel somado à ausência da tutela de família, não importando em averiguação da culpa pelo fim do casamento ou união estável". Revogado o Enunciado n. 499 (aprovado na VII Jornada de Direito Civil).

Urge lembrar que pelo Enunciado n. 664 (aprovado na IX Jornada de Direito Civil): "O prazo da usucapião contemplada no art. 1.240-A só iniciará seu curso caso a composse tenha cessado de forma efetiva, não sendo suficiente, para tanto, apenas o fim do contato físico com o imóvel".

A usucapião pró-família é similar à especial urbana, diferenciando-se desta ao exigir como requisitos: abandono do lar, imóvel urbano comum ou condominial e prazo de 2 anos.

A usucapião familiar, portanto, visa preservar a segurança e os interesses das pessoas integrantes da família, dando uma excepcional tutela social ao núcleo.

Ante o conflito entre o direito de propriedade daquele que abandonou o imóvel condominial e o direito social de moradia daquele que nele permaneceu, tornando-o útil socialmente, deverá prevalecer o critério do *justum*, na solução dessa *antinomia real*, aplicando-se o princípio da função social da propriedade, da solidariedade familiar e do respeito à dignidade dos membros da entidade familiar, garantindo-lhes o mínimo existencial (LINDB, arts. 4º e 5º), tornando eficaz o direito social de moradia.

Surgem pontos polêmicos: a) se o art. 1.244 do Código Civil não permite alegação de usucapião entre cônjuges na constância do casamento, se a separação de fato não extingue a sociedade nem o vínculo conjugal, como poderia surgir a usucapião pró-família? Se pelo art. 197, I, do Código Civil não corre prescrição entre cônjuges, na constância do casamento, efeito esse estendido aos companheiros por força do CC, art. 1º e do Enunciado n. 295 do CJF, promovido na IV Jornada de Direito Civil, com o escopo de preservar pretensões durante a comunhão de vida como poderia um usucapir contra o outro? Tais indagações se dão ante a existência de uma antinomia aparente entre uma norma geral (CC, art. 197, I) e uma norma especial (CC, art. 1.240-A), solucionada pelo critério normativo da especialidade (*lex specialis derogat legi generali*). Assim, o art. 1.240-A, por ser norma especial, possibilita, havendo mera separação, excepcionalmente, a fluência de prazo entre cônjuges e conviventes, ao arrepio do art. 197 do CC (norma geral) para que um deles possa pleitear a usucapião por ter demonstrado seu interesse ao dar uma utilização social ao bem de raiz, tendo nele sua morada, visto que o outro não só saiu do lar como também abandonou o imóvel comum a ser usucapido, revelando, com tal atitude, sua *intentio* de não o ter mais para si; b) como admitir usucapião de bem condominial se não pode ser objeto de usucapião coisa que, por razões subjetivas, apesar de se encontrar *in commercio*, dele é excluído, necessitando que o possuidor inverta seu título possessório, p. ex., no caso do condômino em face do outro comunheiro, se estiver de posse de uma área excedente à correspondente ao seu quinhão, como é o caso de usucapiente do art. 1240-A? Deveras é impossível a aquisição por usucapião contra outro condômino, enquanto subsistir o estado de indivisão, pois não pode haver usucapião de área incerta, visto que o direito de cada condômino diz respeito a coisa toda e não a uma fração dela. Se assim é, cada condômino exercerá posse sobre toda a coisa, e enquanto esta permanecer indivisa não poderá um usucapir o quinhão do outro se detiver o imóvel em nome do outro comunheiro; se não exercer posse com exclusividade e se a exercer a título de administrador. Consequentemente, para um cônjuge ou companheiro condômino usucapir contra o outro, necessário será de sua parte um comportamento de dono exclusivo, ou a inversão de sua posse, abrangendo o todo e não apenas uma parte, cessando o estado de comunhão.

Ante a natureza patrimonialista da usucapião pré-família por gerar perda da propriedade, a ação para pleiteá-la é uma ação de direito real, que se insere na Vara Cível da Justiça Estadual, do juízo da situação do imóvel (CPC, art. 47; TJSP, Câmara Especial, CC 0003683-26.2015.8.26.0000, rel. Ricardo Anafe, j. 11.5.2015), mediante procedimento comum

(CPC, art. 318 e ss.), embora se possa admitir a tutela de urgência ou a de evidência. Há, quem entenda, ante o CPC/2015, que, se a usucapião familiar for da competência da Vara de Família e Sucessões, dever-se-ão aplicar os arts. 693 a 699 e, se a competência for das Varas Cíveis, o procedimento comum. E ao alterar, no art. 1.071, o Título V da Lei n. 6.015/73, permite também procedimento extrajudicial, como via opcional, em caso de usucapião familiar. Difícil seria o uso da via extrajudicial (CPC, art. 1.071), pois o art. 1.240-A contém conceitos indeterminados que devem ser solucionados pelo órgão judicante, por serem requisitos para que o registrador possa proceder à conversão da legitimação da posse em propriedade. Mas se poderia admitir a adoção de um procedimento dessa usucapião, processado em cartório, nos casos em que não se apresentarem controvérsias ou conflitos, requerendo tão somente uma regularização da situação de fato do ex-companheiro ou ex-convivente que permaneceu no imóvel comum. Há quem ache, como Roberta Cristina P. Toledo que "no caso de usucapião urbana residencial familiar existe relação jurídica e pessoal antecedentes, um casamento ou uma união estável, entre os sujeitos da relação jurídica material, que se consagra como um de seus requisitos e, também de dependência entre o precedente e o subsequente sujeito de direito, isto é, entre o que adquirirá a propriedade e o que a perderá, demonstrando uma exceção à regra, sendo possível sustentá-la como forma derivada da propriedade". Mas como a usucapião é forma de adquirir o domínio pela posse da coisa com a observância dos requisitos legais, pois a relação jurídica em favor do usucapiente não deriva de nenhuma relação do antecessor, pois se torna proprietário não por alienação do proprietário precedente, mas em razão da posse exercida, o transmitente da coisa, objeto de usucapião não é o antecessor, mas a autoridade judiciária, que reconhece por sentença a aquisição por usucapião.

Logo a usucapião familiar não é, no nosso entendimento, forma derivada de aquisição de propriedade, mas sim originária, visto que é sentença judicial que declara a aquisição da propriedade da quota ideal do que abandonou o imóvel pelo que nele permaneceu, como possuidor direto, atendendo aos requisitos legais. Sem a sentença declaratória dessa usucapião não há aquisição de propriedade e essa sentença serve de título aquisitivo a ser levado ao registro imobiliário, transmitindo a propriedade ao usucapiente. O art. 1.240-A tem por escopo não só a célere aquisição do domínio da cota parte de um dos ex-cônjuges ou ex-companheiros, mas também a preservação do mínimo existencial dos membros do núcleo familiar, dando efetividade ao direito social de moradia. É um instituto protetivo da família ou da entidade familiar, garantindo o direito à moradia, acatando a justiça social e o princípio da função social da posse e da propriedade e contribuindo para reforçar a atividade econômica do país e a estabilidade social. Se após a aquisição da propriedade imóvel, em sua totalidade, por um dos ex-companheiros ou ex-cônjuges, pela usucapião pró-família, houver reconciliação do casal ou reconstituição da entidade familiar, a quota perdida do imóvel voltará ao patrimônio daquele que o havia abandonado? Não haverá, entendemos, possibilidade jurídica de volta obrigatória ao *status quo ante* por haver uma situação consolidada por ato judicial ou notarial, ante a ocorrência de prescrição aquisitiva de propriedade por meio de usucapião preenchidos todos os requisitos legais. Mas alguns autores como Guilherme Calmon Nogueira da Gama e Thaís B. Marçal, entendem que o regime de bens voltará a produzir efeitos entre os ex-cônjuges e ex-companheiros.

Esse instituto jurídico além de ser um instrumento de política urbana, protege, como já afirmamos, a comunidade familiar, ao proporcionar um local para moradia (CF, art. 183), respeitando a dignidade dos seus membros, pessoas de baixo poder aquisitivo, amenizando situação de carência de moradia em nosso país e, com isso tutela a moradia como fator do mínimo existencial, ou seja, como patrimônio mínimo (CF, art. 6º), imprescindível à preservação da vida digna.

A Lei n. 10.257/2001 (norma especial) dispõe, ainda, nos arts. 9º, § 3º, e 10 a 14 que: o herdeiro legítimo continua, de pleno direito, a posse de seu antecessor, desde que já resida no imóvel por ocasião da abertura da sucessão. Pelo art. 10 da Lei n. 10.257/2001 com a redação da Lei n. 13.465/2017, os núcleos urbanos informais (clandestinos, irregulares ou nos quais não foi possível realizar a titulação de seus ocupantes) existentes sem oposição há mais de 5 anos e cuja área total dividida pelo número de possuidores seja inferior a 250 m^2 por possuidor são suscetíveis de serem usucapidos coletivamente, desde que os possuidores não sejam proprietários de outro imóvel urbano ou rural. As áreas urbanas *com mais de duzentos e cinquenta metros quadrados*, ocupadas por população de baixa renda para sua moradia, por *cinco anos*, ininterruptamente e sem oposição, são susceptíveis de serem usucapidas coletivamente, desde que os possuidores não sejam proprietários de outros imóveis urbanos ou rurais. Apesar da sua finalidade social, poderá servir de estímulo à migração interna para as grandes cidades sem condições de novos espaços livres, dando origem a favelas. Deveras, observa Nelson Kojranski que esse grupo de pessoas de baixa renda, cujas moradias não oferecem condições de identificação dos respectivos terrenos, formam favelas. O possuidor pode, para o fim de contar o prazo exigido, acrescentar sua posse à de seu antecessor, contanto que ambas sejam contínuas. A *usucapião especial coletiva* (art.10 – com alteração da Lei n. 13.465/2017 – da Lei n.10.257/2001) *de imóvel urbano* será declarada pelo juiz, mediante sentença, a qual servirá de título para registro no Cartório de Imóveis (Lei de Registros Públicos, art. 167, n. 28). Na sentença, o juiz atribuirá igual fração ideal de terreno a cada possuidor, independentemente da dimensão do terreno que cada um ocupe, salvo hipótese de acordo escrito entre os condôminos, estabelecendo frações ideais diferenciadas. O condomínio especial constituído é indivisível, não sendo passível de extinção, salvo deliberação favorável tomada por, no mínimo, dois terços dos condôminos, no caso de execução de urbanização posterior à constituição do condômino (art. 10, § 4º, da Lei n. 10.257/2001). As deliberações relativas à administração do condomínio especial serão tomadas por maioria de votos dos condôminos presentes, obrigando também os demais, discordantes ou ausentes. Na pendência da ação de usucapião especial urbana, ficarão sobrestadas quaisquer outras ações, petitórias ou possessórias, que venham a ser propostas relativamente ao imóvel usucapiendo.

São partes legítimas para a propositura da ação de *usucapião especial urbana*:

a) o possuidor, isoladamente ou em litisconsórcio originário ou superveniente;

b) os possuidores, em estado de composse;

c) como substituto processual, a associação de moradores da comunidade, regularmente constituída, com personalidade jurídica, desde que explicitamente autorizada pelos representados.

Na ação de usucapião especial urbana é obrigatória a intervenção do Ministério Público. O autor terá os benefícios da justiça e da assistência jurídica gratuita, inclusive perante o cartório de registro de imóveis. A usucapião especial de imóvel urbano poderá ser invocada como matéria de defesa, valendo a sentença que a reconhecer como título para registro no Cartório de Registro de Imóveis. Na ação judicial de usucapião especial de imóvel urbano o rito processual a ser observado é o sumário.

Na vigência da Constituição de 1946, admitia-se a chamada usucapião "*pro labore*" ou *especial rural*, modalidade de usucapião prevista no seu art. 156, § 3º, que estatuía, em sua redação original: "Todo aquele que, não sendo proprietário rural nem urbano, ocupar, por 10 anos ininterruptos, sem oposição nem reconhecimento de domínio alheio, trecho de terra não superior a 25 hectares, tornando-o produtivo por seu trabalho e tendo nele sua morada, adquirir-lhe-á a propriedade, mediante sentença declaratória devidamente transcrita".

Enquanto vigorava a Constituição de 1946 surgiu o Estatuto da Terra (Lei n. 4.504/64, regulamentada e atualizada pelos textos legais: Decs. n. 55.286/64, 55.891/65, 56.792/65, 56.798/65, 56.799/65; Lei n. 4.947/66; Decs. n. 58.197/66 (ora revogado pelo Decreto s/n. de 5-9-1991), 59.428/66, 59.443/66 (ora revogado pelo Decreto n. 95.714/88), 59.566/66, 61.435/67 (ora revogado pelo Decreto s/n. de 5-4-1991), 62.504/68, 63.058/68; Decretos-Leis n. 582/69, 1.110/70; Dec. n. 68.153/71 (ora revogado pelo Decreto n. 90.697/84); Leis n. 5.672/71, 5.709/71; Dec. n. 70.231/72 (ora revogado pelo Decreto s/n. de 5-9-1991); Lei n. 5.868/72; Dec. n. 72.106/73; Lei n. 6.746/79; Dec. n. 84.685/80; Decreto-Lei n. 1.989/82; Lei n. 7.647/88; e Medida Provisória n. 2.183-56, de 24-8-2001 (*vide* ADI 2332, em andamento), que em seu art. 98 estabelecia que essa usucapião especial só dizia respeito a prédio rústico, ou seja, a imóvel rural destinado à pecuária, agricultura etc., pois a finalidade da Constituinte de 46 foi fixar o homem no campo, seja ele brasileiro ou não, para explorar terras abandonadas. Não bastava a simples posse, exigindo-se a ocupação seguida de aproveitamento da coisa. Ensinava-nos Washington de Barros Monteiro que essa ocupação pode ser elidida pelo reconhecimento de domínio alheio, ou em virtude de oposição de seu titular. Não se requer, contudo, justo título ou boa-fé, para que possa ser reconhecido judicialmente. E até os bens públicos podem ser objeto dessa usucapião especial (Decreto-Lei n. 9.760/46, art. 5º, parágrafo único; Decreto-Lei n. 710/38, art. 12, § 1º; Lei n. 4.504/64, arts. 97-102). É exigida, ainda, sentença devidamente assentada[8].

---

8 MONTEIRO, Washington de Barros. *Curso de direito civil:* direito das coisas. 31. ed. São Paulo: Saraiva, v. 3, 1994. p. 131; PEREIRA, Caio Mário da Silva. *Instituições de direito civil*: posse. Propriedade. Direitos reais de fruição. Garantia e aquisição. 14. ed. Rio de Janeiro: Forense, v. IV, 2000. p. 142-143; DINIZ, Maria Helena. Uma visão hermenêutica do art. 1.240-A do Código Civil. *Revista de Direito Civil Contemporâneo*, n. 11, p. 103-124, 2017; KOJRANKI. As favelas: o desafio de sua regularização jurídica. *Revista IASP, 14*:59-64; FERRAZ, Sérgio. Usucapião especial. in *Estatuto da Cidade: comentários à Lei federal 10.257/2001* (coord. DALLARI e FERRAZ). São Paulo: Malheiros, 2002. p. 137-148; FONSECA, Priscila P. C. F. Considerações sobre o art. 1.240-A. Atos normativos e novidades legislativas. *Revista Brasileira das Famílias e Sucessões*. Porto Alegre: Magister, n. 23. p. 122; FREITAS, D. F. Usucapião e direito de família: comentários ao art. 1.240-A do Código Civil. *Revista Síntese – Direito de Família, 71*:9-10; ORSELLI, Helena de A. Análise crítica da usucapião especial por abandono. *Revista Síntese – Direito de Família, 69*:129-

136; TOLEDO, Roberta C. P. *Usucapião urbana residencial familiar como um direito fundamental à moradia*. São Paulo, Tese de doutorado apresentada na PUCSP em 2015; GAMA e MARÇAL. Aspectos polêmicos da usucapião conjugal: questões afetas ao art. 1.240-A do Código Civil brasileiro. *Revista Síntese – Direito de Família, 96*:43-61; SOARES, Ronnie Herbert B. *Usucapião especial urbana individual*. São Paulo: Juarez de Oliveira, 2004; Mathias, Maria Ligia Coelho. *Direito civil:* direitos reais. 4. ed. São Paulo: Atlas, 2011. p. 61. Já se decidiu que "Como esclarecido pela própria requerente, ora apelante, o cômodo, objeto da ação de usucapião, é uma unidade que integra construção maior, 'denominada de habitação coletiva multifamiliar' situada na Rua 'x n. 'y', nesta Capital, imóvel este que teria sido abandonado por seus proprietários, e que, há alguns anos, foi invadido por sem-teto.

Todavia, não é possível a usucapião de parte ideal de imóvel, que não comporta divisão cômoda, e, muito menos, de um cômodo, que integra construção maior, como está a pretender a requerente, ora apelante.

Na espécie, os possuidores do imóvel estabeleceram uma espécie *'sui generis'* de posse, como se fosse um condomínio, mas, como o imóvel é indivisível, tal qual, no verdadeiro, condomínio, inviável a aquisição da posse, via usucapião.

Relevando salientar que, no condomínio, todos os coproprietários, os condôminos, são proprietários de uma fração ou de uma parte ideal, integrante do todo, e, não, de uma parte física, correspondente a sua parte ideal, especifica e destacada.

Assim, todos os condôminos têm direitos iguais sobre a totalidade, observada a proporção de cada um, não sendo lícito a nenhum deles dispor da coisa, no todo, sem a expressa anuência dos demais, ou em parte, fisicamente, determinada.

Em suma, a um único condômino não é permitido excluir os demais da posse, não podendo, portanto, haver o Imóvel, quer como um todo, quer, apenas, como uma parte demarcada, *'ad usucapionem'*, nem que seja, como argumentado pela requerente, ora apelante, para, em cumprimento a dispositivo constitucional, dar à propriedade a sua função social.

Falta, pois, à requerente, ora apelante, interesse para agir, consubstanciado no binômio necessidade-adequação, não sendo a ação proposta a adequada ao fim almejado" (TJSP Embargos de Declaração n. 272.187.4/9-01, São Paulo, rel. Zélia M. Antunes Alves). Benedito Silvério Ribeiro (Críticas à usucapião urbana coletiva. *Tribuna do Direito*, dezembro de 2002. p. 8) considera inconstitucional o art. 10 da Lei n. 10.257/2001 por fazer referência a "áreas urbanas com mais de 250 m^2", enquanto a CF, art. 183, alude a "área urbana até 250 m^2. Salienta, ainda, que pelo art. 182 da CF/88, aquela lei não poderia instituir qualquer modalidade de usucapião porque "a política de desenvolvimento urbano, executada pelo poder público municipal, conforme diretrizes gerais fixadas em lei, tem por objetivo ordenar o pleno desenvolvimento das funções sociais da cidade e garantir o bem-estar de seus habitantes". Continua o autor: "Problema sério que emerge é o referente ao título de propriedade, conferido numa circunstância de copropriedade, já que a lei institui uma modalidade nova de condomínio não passível de extinção. É sabido e consabido ser no condomínio que ocorrem as maiores divergências entre consócios, sendo fonte de desavenças, ainda mais envolvendo pessoas de nível cultural baixo. Assim, dependendo o condomínio de *quorum* especial, para que se viabilize urbanização da área objeto de usucapião (§ 4º, do artigo 10 do Estatuto da Cidade), pode ocorrer que não se chegue a isso, como no caso de favela controlada por quadrilha de tráfico de drogas, em que não se queira abertura de ruas, preferindo-se caminhos tortuosos que impeçam a livre passagem da polícia. A outorga de domínio, embora em frações ideais, trará problemas sérios e de grande consequência para o poder público, no caso de não se resolver fazer a urbanização da área usucapida, podendo ocorrer que se tenha de abrir caminho de acesso a núcleo habitacional criado próximo, quando eventual desapropriação exigirá a citação da totalidade dos condôminos. Cabe ressaltar que o ingresso de pessoas de baixa renda em áreas urbanas quase sempre resultou de invasões, muitas vezes com excesso de gente, constituindo um aglomerado de moradias acanhadas e levantadas de forma desordenada, sem reserva de espaços para passagem, restando até mesmo encravamento da gleba irregularmente ocupada. Não subsiste dúvida de que poderão ser aumentadas as invasões, com o crescimento de favelas, até mesmo erguidas em áreas impróprias a perigosas, com riscos à população ou sua saúde (terrenos marginais a rios, mangues, encostas de

A nossa Emenda Constitucional n. 1/69, no art. 171 e parágrafo único rezava: "A lei federal disporá sobre as condições de legitimação da posse e de preferência para aquisição, até cem hectares, de terras públicas, por aqueles que as tornarem produtivas como seu trabalho e o de sua família. Parágrafo único. Salvo para execução de planos de reforma agrária, não se fará, sem prévia aprovação do Senado Federal, alienação ou concessão de terras públicas com área superior a três mil hectares"[9].

---

morros, também sujeitos a enchentes ou desmoronamentos). Daí a importância de leis vedatórias de usucapião ou urbanização de áreas em locais inapropriados e de altíssimo custo para serem regularizadas. O legislador, quando das discussões que mais tarde resultaram na usucapião especial de imóvel rural, não levou avante projeto do Ministério do Interior, com estudos da CNDU (Conselho Nacional de Desenvolvimento Urbano), para regularização dos imóveis urbanos (problema já consolidado de favelas que constituíam fatos consumados), em vista do estímulo que se daria a novas invasões. A forma flexível de urbanização ou reurbanização fere, em tese, os princípios constitucionais de igualdade e isonomia, uma vez que trata de modo diferente situações iguais".

Enunciado n. 328 do Fórum Permanente de Processualistas Civis: "Os arts. 568 e 579 do CPC aplicam-se nas ações de usucapião coletiva (art. 10 da Lei n. 10.258/2001) e no processo em que é exercido o direito a que se referem os §§ 4º e 5º do art. 1.228 do Código Civil, especialmente quanto à necessidade de ampla publicidade da ação e da participação do Ministério Público, da Defensoria Pública e dos órgãos estatais responsáveis pela reforma agrária e política urbana (arts. 554 e 565 do CPC/2015)".

9 O Código Civil exige como requisitos da usucapião especial rural: a) não ter o usucapiente outro imóvel no mesmo Estado; b) posse por cinco anos; c) dimensão da gleba bastante para subsistência do usucapiente não superior a 50 hectares; d) moradia habitual e produtividade (art.1.239)

Tito Fulgêncio[10] entendeu que em face dessa disposição da Emenda Constitucional n. 1/69, não mais figurava esse instituto; assim sendo os casos em que for possível a outorga de bens públicos deverão reger-se pelo Estatuto da Terra.

Ora, não nos pareceu que tal ocorria, pois o Estatuto da Terra é uma lei federal que estabelece normas de aquisição do domínio de imóvel rural pelo lavrador, fixando-o à terra; compensando, assim, aquele que, com seu trabalho e o de sua família, vive dos proventos da terra. Portanto, não houve na ocasião, na verdade, uma extinção da usucapião *pro labore*, mas sim uma reformulação nas condições pelas quais se pode adquirir propriedade por meio dessa usucapião. A Lei n. 6.969/81 veio dissipar todas as dúvidas, estabelecendo normas sobre a aquisição, por usucapião especial, de imóvel rural possuído por cinco anos ininterruptos, independentemente de justo título e boa-fé, desde que: a) o imóvel não exceda a 25 hectares ou seja igual a um módulo rural; b) o possuidor, que não seja proprietário rural ou urbano, o torne produtivo com seu trabalho, nele tendo sua morada; e c) haja sentença judicial declaratória, que sirva de título para o registro no Cartório de Registro de Imóveis (art. 1º). A usucapião especial abrangia as terras particulares e as terras devolutas da União, dos Estados e dos Municípios, conforme especifica o Decreto n. 87.040/82, sem prejuízo de outros direitos conferidos ao posseiro pelo Estatuto da Terra ou pelas leis que dispõem sobre o processo discriminatório de terras devolutas

A usucapião especial rural segue disposições processuais da Lei n. 6.969/81.

10 FULGÊNCIO, Tito. *Da posse e das ações possessórias:* teoria legal – prática. 9. ed. Rio de Janeiro: Forense, v. I, 2000. p. 16, nota 2.

(art. 2º). Não alcançava, portanto, as áreas indispensáveis à segurança nacional, as terras habitadas por índios, nem as áreas de interesse ecológico, consideradas como tais as reservas biológicas ou florestais e os parques nacionais, estaduais ou municipais, assim declarados pelo Poder Executivo, assegurada aos atuais ocupantes a preferência para assentamento em outras regiões pelo órgão competente (art. 3º), isto é, pelo INCRA. A ação de usucapião especial era processada e julgada na comarca da situação do imóvel; porém, no caso de usucapião especial em terras devolutas federais, a ação, segundo a Emenda Constitucional n. 1/69, art. 126, promovia-se perante a justiça estadual, com recurso para o Tribunal Federal de Recursos, cabendo ao Ministério Público local, na primeira instância, a representação judicial da União (art. 4º, § 1º). Quanto ao procedimento administrativo para o reconhecimento da aquisição, por usucapião especial, de imóveis rurais compreendidos em terras devolutas, seguia-se o disposto no Decreto n. 87.620/82, arts. 1º a 4º, hoje revogado pelo Decreto n. 11/91, que, por sua vez, sofreu revogação pelo Decreto n. 761/93.

Com o advento da nova Carta (art. 191, parágrafo único), reformulam-se alguns aspectos da configuração jurídica da usucapião *pro labore*, ou *especial rural*, que encontra sua justificação no fato do usucapiente ter tornado, com seu trabalho, produtiva a terra, tendo nela sua morada. Para que se concretize a aquisição de terras por esse meio, será preciso que (CC, art. 1.239): a) o ocupante não seja proprietário de imóvel rural ou urbano, visto que esse instituto tem por escopo, atendendo a fins sociais, outorgar o domínio a quem, que não tendo propriedade, cultivou terra alheia abandonada, tornando-a produtiva com seu trabalho. Alguns autores têm entendido que em relação ao requisito de que o usucapiente não pode ter o domínio de outro imóvel, este não é rígido, desde que o bem de raiz seja de valor insignificante, pois o objetivo da norma constitucional é proteger o trabalhador rural, incentivando a aquisição da terra por quem a cultivar tendo nela sua morada. Nem mesmo o fato de o usucapiente ter outra residência, onde fique nos finais de semana, por exemplo, não seria obstáculo para pleitear usucapião *pro labore*. Se o escopo normativo é tornar produtiva a terra, a exigência de tal requisito instauraria uma lacuna axiológica, ensejando, por isso, a aplicação do art. 5º da Lei de Introdução às Normas do Direito Brasileiro. Mas há quem entenda, como Getúlio Targino Lima, que o possuidor não pode ser proprietário de outro imóvel, afirmando que: "aquela terra é, para ele, tudo; seu ponto de apoio e de referência. Não havendo esta exigência, perderia o sentido a usucapião, como meio de se conferir a propriedade da terra àquele que nela trabalha, podendo ser a posse *ad usucapionem* uma mera indústria, sem qualquer compromisso com a produção de bens de consumo e sem qualquer conotação teleológica ligada à fixação do homem e de sua família no local de sua vocação de trabalho". Não é preciso que o usucapiente seja brasileiro nato, pode ser naturalizado ou estrangeiro, mas quanto a este último a Constituição Federal de 1988, art. 190, reza: "a lei regulará e limitará a aquisição ou o arrendamento da propriedade rural por pessoa física ou jurídica estrangeira e estabelecerá os casos que dependerão de autorização do Congresso Nacional". As limitações à usucapião rural especial por estrangeiro são as previstas na Lei n. 5.709/71, arts. 3º e 7º; b) a posse, por ele exercida *animus domini*, deve ser ininterrupta e sem oposição por 5 anos; c) o ocupante da área de terra rural deve torná-la produtiva com seu trabalho e de sua família ou com trabalho agrícola, pecuário, agroindustrial etc.; d) o usucapiente deve ter nela sua moradia habitual, isto porque o fim social perseguido pelo preceito constitucional, ao contemplar essa modalidade de usucapião, foi estimular a fixação do homem no campo; e) a área que se pretende usucapir não pode ser superior a 50 hectares. Pelo Enunciado n. 312 do Conselho da Justiça Federal (aprovado na IV Jornada de Direito Civil): "Observado o teto constitucional, a fixação da área máxima para fins de usucapião especial rural levará em consideração o módulo rural e a atividade agrária regionalizada". E pelo Enunciado n. 594: "É possível adquirir a propriedade de área menor do que o módulo rural estabelecido para a região, por meio da usucapião especial rural" (aprovado na VII Jornada de Direito Civil); e f) a terra, objeto dessa forma de usucapião, não pode ser pública. Logo, proibida está a usucapião de terras públicas, mesmo que abandonadas e improdutivas. Todavia, observam Silvio Rodrigues e Juarez de Freitas que, no nosso ordenamento jurídico, há usucapião de terras devolutas, ante o disposto no art. 188 da Constituição Federal, que prescreve que a destinação das terras devolutas deve compatibilizar-se com a política agrícola e com o plano nacional de reforma agrária, uma vez que aquelas terras constituem bens patrimoniais estatais afetados por uma destinação social *sui generis*. Logo, para esses juristas, possível será ao particular usucapi-las, para atender ao interesse social de continuidade da exploração econômica da terra[11].

11 *Vide* o que dizem a respeito DAIBERT, J. *Direito das coisas*. 2. ed. Rio de Janeiro: Forense, 1979. p. 205-207; LEITE, Armando

Roberto Holanda. Usucapião ordinária e usucapião especial. Dissertação de mestrado apresentada na PUCSP em 1982; BARRUFFINI, José Carlos T. *Usucapião Constitucional*. São Paulo: Atlas, 1998; HIRONAKA, Giselda Maria F. N. Usucapião especial: características do imóvel usucapiendo em face da Constituição Federal de 1988. *Revista de Direito Civil Agrário, Imobiliário e Empresarial*. São Paulo, v. 16, n. 59, 1992, p. 195-198; RIBEIRO, Benedito Silvério. *Tratado de usucapião*. São Paulo: Saraiva, 2 v., 1992. p. 936; LIMA, Getúlio Targino. *A posse agrária sobre o bem imóvel*. São Paulo: Saraiva, 1992. p. 95-96; RODRIGUES, Silvio. Usucapião das terras devolutas. *Revista Literária de Direito, 15*:8-10. Sobre usucapião urbana e especial rural *vide* os Comentários à nova Carta feitos pelo CEPAM; STF, Súmulas 237, 263, 391 e 445; e STJ, Súmula 11. Há autores que, ao comentar o art. 183 da CF/88, aludem à *usucapião especial urbana*, e ao interpretar o art. 191 da nova Carta fazem menção à *usucapião especial rural*, enquanto outros lhes dão outra denominação, como: usucapião constitucional urbana e usucapião constitucional rural; usucapião *pro misero* ou social urbana e usucapião *pro labore*. Há, ainda, os que falam em usucapião urbana e usucapião especial, entendendo que a *usucapião urbana* (art.183 da CF) é aquela que veio atender aos reclamos de uma política urbana, ao passo que a *usucapião especial* ou *pro labore* (art.191, parágrafo único, da CF) apenas sofreu uma reformulação em alguns aspectos de sua configuração jurídica, tendo os mesmos fins do previsto na Constituição de 1946 (art. 153, § 3º), na Emenda Constitucional n. 1/69 (art. 171 e parágrafo único), na Lei n. 6.969/81, no Decreto n. 87.040/82, hoje revogado pelo Decreto n. 11/91, que, por sua vez, perdeu a vigência com o Decreto n. 761/93. Com isso, preferiram tais autores manter a terminologia *usucapião especial* ou *pro labore* apenas para a contemplada no art. 191 da Carta Magna, para demonstrar que se trata do mesmo instituto, previsto pelas normas acima mencionadas, que recebeu alterações em alguns de seus aspectos, salientando que somente a *usucapião urbana* constituía uma novidade no direito brasileiro, evitando, assim, ao adotar a já tradicional designação *usucapião especial* tão somente para a hipótese do art. 191 da Lei Maior, que houvesse uma falsa ideia de que a nova Carta tivesse criado duas novas modalidades de usucapião, quando, na verdade, estabeleceu uma novel espécie, alterando alguns caracteres da já existente anteriormente. Consulte: FRANÇA, Rubens Limongi. *Instituições de direito civil*. São Paulo: Saraiva, 1991. p. 452; FACHIN, Luiz Edson. *A função social de posse e a propriedade contemporânea*: uma perspectiva da usucapião imobiliária rural. Porto Alegre: Fabris, 1987; WALD, Arnoldo. *Curso de direito civil brasileiro: direito das coisas*. 11. ed. São Paulo: Saraiva, 2002. p. 89-90; PEREIRA, Caio Mário da Silva. *Instituições de direito civil*: posse. Propriedade. Direitos reais de fruição. Garantia e aquisição. 14. ed. Rio de Janeiro: Forense, v. IV, 2000. p. 114-6. Lei n. 6.015/73, art. 167, 1, 28, com redação da MP 2.220/2001; *vide* Medida Provisória n. 2.220/2001 (em tramitação) sobre concessão de uso especial de que trata o art. 183, § 1º, da Constituição Federal e Lei n. 10.257/2001 (arts. 56 e 57), que alterou a Lei n. 6.015/73, acrescentando ao art. 167, II, o item 19, e ao art. 167, 1, o item 37. *Vide* Decreto n. 4.449/2002, art. 3º, que dispõe: "nos casos de usucapião de imóvel rural, após o trânsito em julgado da sentença declaratória, o juiz intimará o INCRA de seu teor, para fins de cadastramento. § 1º Para dar maior celeridade ao cadastramento do imóvel rural, poderá constar no mandado de intimação a identificação do imóvel na forma do § 3º do art. 225 da Lei n. 6.015/73, e o endereço completo do usucapiente. § 2º Recebendo a intimação, o INCRA convocará o usucapiente para proceder às atualizações necessárias". BAASP 2850:11. Coisas. Bens imóveis. Usucapião constitucional. Presença dos requisitos necessários ao reconhecimento do domínio com base na prescrição aquisitiva. Omissão do proprietário registral quanto ao dever de zelar pelo seu patrimônio. Função social da propriedade, Sentença de procedência mantida, Apelo não provido. Unânime. Usucapião e bens públicos: *RT*, 750:431, 748:402, 734:507, 734:507, 675:197, 664:81. Esclarece o Conselho da Justiça Federal, na IV Jornada de Direito Civil, ao aprovar o Enunciado n. 313, que: "Quando a posse ocorre sobre área superior aos limites legais, não é possível a aquisição pela via da usucapião especial, ainda que o pedido restrinja a dimensão do que se quer usucapir".

Pelo Estatuto do Índio (arts. 32 e 33), há propriedade plena do índio ou da comunidade indígena de terras havidas por qualquer das formas aquisitivas do domínio, e o índio, integrado ou não, poderá usucapir se ocupar como própria, por dez anos consecutivos, área inferior a 50 hectares. Se for capaz, poderá propor ação

8.3. LEGITIMAÇÃO FUNDIÁRIA E LEGITIMAÇÃO DA POSSE

Segundo a Lei n. 13.465/2017 (arts. 23 e 24) e o Dec. n. 9.310/2018 (arts. 16 e 17), a *legitimação fundiária* constitui

---

de usucapião, se incapaz, será representado judicialmente pela Funai. A *usucapião especial indígena* recai sobre área rural e particular, visto que o art. 33 da Lei n. 6.001/73 não admite que terras da União ocupadas por grupos tribais, por serem consideradas bens públicos federais, sejam usucapidas. Sobre o tema: GONÇALVES, Carlos Roberto. *Direito Civil brasileiro*. São Paulo: Saraiva, v. V, 2006. p. 250. "Usucapião – Aldeamento indígena – Interesse da União – Ausência – Justiça Federal – Falta de Competência – Súmula 650/STJ – Aplicabilidade. Recurso Extraordinário. Inadmissibilidade. Usucapião. Antigos aldeamentos indígenas. Falta de interesse da União. Incompetência da Justiça Federal. Agravo regimental não provido. Aplicação da Súmula 650. As regras definidoras de domínio da União, insertas no art. 20 da Constituição Federal de 1988, não abrangem as terras ocupadas, em passado remoto, por antigos aldeamentos indígenas" (STF, Ag. De Instrumento n. 307401-9 – São Paulo, 1ª T., ac. Um., rel. Min. Cezar Peluso, DJ, 29-4-2005). O CPC/2015 não contém disposições relativas à ação de usucapião, como procedimento especial. *Vide* CPC, arts. 246, § 3º, sobre citação, em ação de usucapião de imóvel, dos confinantes, salvo quando tiver por objeto unidade autônoma de prédio em condomínio, e 259, I, alusivo à necessidade de publicação de editais para demandas de usucapião de imóvel. Ação de usucapião agrária segue o procedimento comum, observados os preceitos especiais, que nela estão tratados (CPC, arts. 318 e 257).

Vide Lei n. 8.629/93, art 4º, § 2º.

Interessante é a lição de: PAIVA, João Pedro L. Novas perspectivas de atos notariais: usucapião extrajudicial e sua validade no ordenamento jurídico brasileiro. *Revista de Direito Notarial*, n. 1 (2009), p. 111-138.

Consulte DINIZ, Maria Helena. *Curso de direito civil brasileiro:* direito das coisas. 36 ed. São Paulo: Saraiva, 4º v., 2022. p. 182-214.

forma originária de aquisição do direito real de propriedade, no âmbito da Reurb (Regularização Fundiária Urbana), conferida por ato do poder público a quem detiver, como sua, em área pública ou possuir em área privada, unidade imobiliária com destinação urbana, integrante de núcleo urbano informal consolidado existente em 22-12-2016. É, portanto, um mecanismo de reconhecimento da aquisição originária do direito real da propriedade sobre unidade imobiliária objeto da Reurb. Para tanto, o *beneficiário* (na Reurb-S) deverá preencher alguns requisitos legais: a) não ser concessionário, foreiro ou proprietário de imóvel urbano ou rural; b) não ter sido contemplado com legitimação de posse ou fundiária de imóvel urbano com a mesma finalidade, mesmo se for situado em outro núcleo urbano; c) haver reconhecimento pelo poder público do interesse público de sua ocupação, na hipótese de imóvel urbano com fim não residencial.

Havendo legitimação fundiária, o ocupante adquire a unidade imobiliária com destinação urbana livre e desembaraçada de quaisquer ônus, direitos reais, gravames ou inscrições eventualmente existentes em sua matrícula de origem, salvo se alusivos ao próprio legitimado. Deverão ser transportadas as inscrições, as indisponibilidades ou os gravames existentes no registro da área maior originária para as matrículas das unidades imobiliárias que não foram adquiridas por legitimação fundiária.

A União, os Estados, o Distrito Federal e os Municípios e as suas entidades vinculadas (na Reurb-S), desde que titulares do domínio, estão autorizadas, mediante legitimação fundiária, na Reurb de imóveis públicos, a reconhecerem o direito de propriedade aos ocupantes do núcleo urbano informal (p. ex., clandestino, irregular, o que tem ocupante sem titulação).

O Poder Público deverá encaminhar a CRF (Certidão de Regularização Fundiária) para registro imediato da aquisição da propriedade, o projeto de regularização fundiária aprovado, a listagem dos ocupantes e sua devida qualificação e a identificação das áreas que ocupam, dispensando a apresentação do título individualizado e de cópias de documentos relativos à qualificação dos ocupantes. Mas o poder público poderá atribuir propriedade por legitimação fundiária aos ocupantes que não constam na listagem inicial, por meio de cadastramento complementar, sem prejuízo dos direitos de quem haja constado na listagem inicial.

Tal procedimento poderá ser aplicado no todo ou em parte do núcleo urbano informal e as unidades que não tenham sido regularizadas por meio da legitimação fundiária poderão ser regularizadas por meio de outro instrumento legal.

Nas hipóteses de regularização fundiária urbana prevista na Lei n. 11.952/2009, os Municípios e o Distrito Federal poderão usar a legitimação fundiária para outorgar domínio aos ocupantes.

Entendemos que a *legitimação de posse* é um direito real de fruição, pelo qual o poder público constitui um ato com o escopo de conferir título, reconhecendo posse de imóvel objeto da Reurb (Regularização Fundiária Urbana) – que abrange medidas urbanísticas, ambientais e sociais voltadas a regularização de núcleos urbanos informais – parcelamento de solo, conjunto habitacional, condomínio horizontal e vertical –, ou seja, clandestino ou irregulares, ou ainda, sem titulação de seus ocupantes, com a identificação de seus ocupantes, do tempo de ocupação e da natureza da posse (Dec. n. 9.310/2018, art. 18).

Nesse sentido, o Enunciado n. 563 (aprovado na VI Jornada de Direito Civil): "o reconhecimento da posse por parte do Poder Público competente anterior à sua legitimação, nos termos da Lei n. 11.977/2009, constitui título possessório".

Pelo Enunciado n. 593: "É indispensável o procedimento de demarcação urbanística para regularização fundiária social de áreas ainda não matriculadas no cartório de Registro de Imóveis, como requisito à emissão dos títulos de legitimação da posse e de domínio" (aprovado na VII Jornada de Direito Civil).

Concedida a legitimação de posse, o ocupante poderá transferi-la por ato *inter vivos* ou *mortis causa* (Dec. n. 9.310/2018, art. 18, § 1º). E o ocupante beneficiário, após 5 anos de registro da legitimação de posse, terá a conversão automática de seu título em título de propriedade, se atender ao disposto o art. 183 da Constituição Federal, independentemente de prévia provocação ou prática de ato registral (art. 19 e § 1º). O possuidor poderá, para contar o tempo, acrescentar à sua posse a dos antecessores (CC, art. 1.243 e Dec. n. 9.310, art. 18, § 3º). Se o ocupante não preencher as condições dessa norma constitucional poderá, via usucapião, converter seu título em título de propriedade, desde que satisfeitos os requisitos legais para a usucapião, daí a legitimação da posse não poder ser aplicada a imóvel urbano situado em área pertencente ao poder público.

A legitimação de posse após ser convertida em propriedade constitui forma originária de aquisição de direito real e a unidade imobiliária com destinação urbana de aquisição de direito real e a unidade imobiliária com destinação urbana regularizada ficará livre e desembaraçada de quaisquer ônus, direitos reais, gravames ou inscrições, eventualmente existentes em sua matrícula de origem, salvo quando disserem ao próprio beneficiário (art. 19, § 2º).

O título de legitimação de posse poderá ser cancelado pelo poder público, que o emitiu, se se constatar que o beneficiário não satisfaz as condições legais, sem que seja devida qualquer indenização àquele que irregularmente se beneficiou desse instrumento (Lei n. 13.465/2017, arts. 25 a 27; Lei n. 11.977/2009 (PMCMV), art. 59, revogado pela Lei n. 13.465/2017; Dec. n. 9.310/2018, art. 20).

Após efetuado tal procedimento, o Poder Público solicitará ao oficial do Cartório de Registro de Imóveis a averbação desse cancelamento (parágrafo único, do art. 20 do Dec. n. 9.310/2018). Fácil é denotar, pelo exposto, a função social da posse na legitimação fundiária e na legitimação da posse.

8.4. DIREITO DE SUPERFÍCIE

De origem romana, a superfície somente agora passou a ser regida por normas do Código Civil, apesar de o art. 7º do Decreto-Lei n. 271/67 ter disciplinado a concessão de uso de terrenos públicos ou particulares, onerosa ou gratuita, por tempo certo ou indeterminado, como direito real resolúvel, para fins de urbanização, industrialização, edificação, cultivo da terra ou outra utilização de interesse social. Tratava-se do direito real relativo à concessão de uso de superfície bastante semelhante ao direito de superfície.

Essa concessão podia ser contratada por instrumento público ou particular ou por simples termo administrativo, inscrita e cancelada em livro especial (§ 1º).

A partir dessa inscrição, o concessionário fruiria plenamente do terreno para os fins estabelecidos no contrato e responderia por todos os encargos civis, administrativos e tributários (§ 2º).

Extinguir-se-ia essa concessão antes do tempo, desde que o concessionário desse ao imóvel diversa destinação, vindo a perder as benfeitorias (§ 3º), e, salvo disposição em contrário, transferia-se por ato *inter vivos* ou *causa mortis* (§ 4º).

E pelo art. 8º, poder-se-ia ter concessão de uso do espaço aéreo[12].

---

12 *Vide* MONTEIRO, Washington de Barros. *Curso de direito civil:* direito das coisas. 31. ed. São Paulo: Saraiva, v. 3, 1994. p. 328; TEIXEIRA, José Guilherme Braga. *O direito real de superfície.* São Paulo: Revista dos Tribunais, 1993. p. 58, 92 e 94; CARLUCCI, Aída Kemelmajer de e CHACÓN, Alícia P. de. *Derecho real de superfície.* Buenos Aires: Astrea, 1989; Di Pietro, Maria Sylvia Zanella. Direito de superfície. In: *Estatuto da Cidade.* (Adilson Abreu Dallari e Sérgio Ferras – coord.). São Paulo: Malheiros, 2002. p. 172-191; GODOY, Luciano de Souza. Direito de superfície: uma alavanca para os negócios imobiliários. in *Novo Código Civil*: interfaces, no ordenamento jurídico brasileiro. Giselda Maria F Novaes Hironaka (corrd.). Belo Horizonte: Del Rey, 2004. p. 233-239. Lei n.6.015/73, art. 167, I, n. 39 (acrescentado pela Lei n. 10.257/2001), e II, n. 20 (com redação da Lei n. 10.257/2001, art. 57). LOUREIRO, Francisco Eduardo. *Código Civil comentado* (Peluso – coord.). Barueri: Manole, 2008. p. 1385; MAZZEI, Rodrigo. O direito de superfície. *Fundamentos do direito civil brasileiro* (Everaldo A. Cambler – org.). Campinas: Millennium, 2012. p. 304-335; GRECO, Pedro T. P. e MARQUES, Gabriella R. As vantagens do direito real de superfície aplicado à construção de arenas esportivas. *Revista Síntese – Direito Civil e Processual Civil*, 120:78-94; DINIZ, Maria Helena. *Curso de direito civil brasileiro:* direito das coisas. 36. ed. São Paulo: Saraiva, 4º v., 2022. p. 531-544; LIRA, Roberto C. P. O moderno direito de superfície. *Revista de Direito da Procuradoria Geral do Estado do Rio de Janeiro*, 1979, v. *38*:89-98; ASCENSÃO, José de Oliveira. *Direito civil*: direitos reais. Coimbra: Almedina, 1987. p. 466 e s.

Esse *direito real de superfície*, similar à concessão de *uso de superfície* ou à *concessão de direito real de uso* (CC, art. 1.225, XII, 1.473, IX, Decreto-Lei n. 271/61, art. 7º, com redação da Lei n. 11.481/2007) encontra-se hoje regulado pela Lei n. 10.257/2001 (com as alterações da Lei n. 12.608/2012), arts.

"A propriedade superficiária pode ser autonomamente objeto de direitos reais de gozo e de garantia, cujo prazo não exceda a duração da concessão da superfície, não se lhe aplicado o art. 1.474" (Enunciado n. 249 do Conselho da Justiça Federal, aprovado na III Jornada de Direito Civil). "Admite-se a constituição do direito de superfície por cisão" (Enunciado n. 250 do Conselho da Justiça federal, aprovado na III Jornada de Direito Civil).

Pelo art. 13 da Lei n. 11.481/2007 a concessão do direito real de uso e o direito de superfície podem ser objeto de garantia real, assegurada sua aceitação pelos agentes financeiros no âmbito do Sistema Financeiro de Habitação.

Pelo CPC, art. 791, *caput*, se a execução tiver por objeto obrigação que seja sujeito passivo o proprietário de terreno submetido ao regime do direito de superfície ou o superficiário, responderá pela dívida, exclusivamente, o direito real do qual é titular o executado, recaindo a penhora ou outros atos de constrição exclusivamente sobre o terreno na primeira hipótese, ou sobre a plantação ou construção, no segundo caso. Tal penhora fracionada se dá porque a superfície concede a outrem, por tempo determinado ou indeterminado, gratuita ou onerosamente, o direito de construir ou plantar em seu terreno.

Pelo CPC, art. 791, § 1º, os atos de constrição sobre os patrimônios distintos na superfície devem ser averbados separadamente na matrícula do imóvel. Devem constar, para os devidos fins registrários, a identificação de executado, do valor do crédito e do objeto sobre o qual recai o ônus real. O Oficial do registro deverá destacar o bem que responde pelo débito (se é o terreno, a plantação ou a construção) para garantir a publicidade da responsabilidade patrimonial de cada um deles, pelas obrigações que a eles estão vinculadas.

21 a 24, e pelo Código Civil nos arts. 1.225, II, 1.369 a 1.377 e 1.473, X.

O *direito de superfície*, constituído por pessoa jurídica de direito público interno (CC, art. 41), reger-se-á também pelo Código Civil, no que não for diversamente disciplinado em lei especial (CC, art. 1.377). Assim, além das normas do Código Civil, aplicam-se à pessoa jurídica de público interno em sede de concessão de terras públicas e respectivo direito de uso as Leis n. 4.504/64, 4.947/66, 8.629/93, 9.636/98; e Decreto-Lei n. 271/61 com alteração da Lei n. 11.481/2007.

Como nos explica Miguel Reale, a lei estende tal concessão de uso às relações entre particulares, por isso o Código Civil não pôde deixar de contemplar essa espécie, pois, consoante justa ponderação de José Carlos Moreira Alves, a migração desse modelo jurídico, que passou da esfera do direito administrativo para a do direito privado, veio restabelecer, sob novo enfoque, o antigo instituto da *superfície*, regendo a exploração da terra por quem não tem domínio legal sobre ela.

É, a *superfície* portanto, o direito real pela qual o proprietário concede, por tempo determinado ou indeterminado, gratuita ou onerosamente, a outrem o direito de construir, ou plantar em seu terreno urbano ou rural, mediante escritura pública, devidamente registrada no Cartório de Registro de Imóvel (CC, arts. 108, 1.369 e 1.370; Estatuto da Cidade, art. 21; Lei de Registro Públicos, art. 167, I, n. 39).

Impossível será, para uns, sua aquisição pela usucapião, ante a dificuldade de se conceber, como diz Roberto Lira, uma posse circunscrita à construção ou à plantação, sem considerá-la abrangente do solo, e por via testamentária.

Todavia, há quem ache que a usucapião possa gerar o direito de superfície, preenchidos os requisitos legais, mas como é mero direito real de fruição de coisa alheia, quem alegar posse *ad usucapionem* irá, em regra, pleitear a aquisição da propriedade e não da superfície, mas também poderá, sabendo da existência de superficiário sem posse atual, pretender ser possuidor do direito de superfície, sem que tenha *animus domini* relativamente à propriedade do solo, exercendo posse sobre um prédio ou plantação, não como proprietário, porém como superficiário. E, além disso, como negar a usucapião ordinária, p. ex., para uma pessoa que exerce posse sobre uma construção, com *animus* de superficiário, se aquele bem de raiz lhe foi concedido em separado do solo por escritura pública eivada de algum vício? José Guilherme Braga Teixeira ensina que "a aquisição do direito de superfície pela usucapião extraordinária apresenta dois aspectos que praticamente a obstam: o primeiro decorre do efeito aquisitivo da acessão, por força do qual a construção ou a plantação feitas no solo ao dono deste passam a pertencer (o que somente o direito de superfície concedido pelo dono do solo poderia impedir), em termos; o segundo se prende ao evento de que o usucapiente adquiriria, no mesmo prazo, a propriedade do imóvel. No que, porém, respeita à usucapião ordinária, existe realmente possibilidade de aquisição da superfície, em razão de sua concessão feita anteriormente a *non domino*. Nesta hipótese, o concessionário adquire o direito de superfície contra o senhor de solo, desde que haja conservado a posse na qualidade de superficiário pelo tempo necessário, demonstrando ser portador de boa-fé".

Para Francisco Eduardo Loureiro, "é possível, ainda, ao superficiário, usucapir o domínio pleno do imóvel, invertendo a qualidade de sua posse direta para posse *ad usucapionem*, explicitando ao concedente não mais reconhecer a supremacia de seu direito à restituição da coisa. Passa, então, o superficiário a ser esbulhador, mas com soberania sobre a coisa, repelindo qualquer direito concorrente de terceiro, possuindo o imóvel como seu (*animus domini*) e fluindo, a partir de então, o termo inicial do prazo de usucapião".

Joel Dias Figueira Jr., a esse respeito, observa que "nada impede que o exercício da posse do pretenso superficiário se dê sob essa chancela e, no decorrer do tempo, o efetivo exercício do poder venha a transmudar-se em exteriorização do direito de propriedade, dando azo, futuramente, à aquisição por usucapião de superfície reside no limite temporal estabelecido no próprio Código ('tempo determinado'). Se admitida a teste em questão, a prescrição aquisitiva havendo de ser, no máximo, vitalícia, isto é, sem qualquer possibilidade de transmissão do direito adquirido aos sucessores do falecido".

E por que não poderia ser constituída por testamento, se o art. 1.372, CC, permite sua transferência aos herdeiros do superficiário?

O direito de superfície não autoriza obra no subsolo, exceto se for inerente ao objeto da concessão (CC, art. 1.369, parágrafo único) (p. ex., abertura do poço artesiano e canalização de suas águas até o local das plantações, colocação de alicerces para edificação de um prédio) ou para atender à legislação urbanística (Lei n. 10.257/2001, arts. 21 a 24).

O Projeto de Lei n. 699/2011, por sua vez, propõe a seguinte alteração: "O proprietário pode conceder a outrem o direito de construir ou de plantar em seu terreno ou direito de executar benfeitorias em sua edificação, por tempo determinado, mediante escritura pública devidamente registrada no cartório de Registro de Imóveis (CC, art. 1.369, *caput*)".

E, assim, fundamenta esta proposta: "O direito de superfície abrange o direito de utilizar o imóvel pronto ou em fase de construção, o solo, o subsolo ou espaço aéreo relativo ao mesmo, na forma estabelecida no contrato, atendida a legislação urbanística" (CC, art. 1.369, parágrafo único). Tal proposta pretende "expandir a utilização do direito de superfície e harmonizar a sua regulamentação. A restrição do parágrafo único do art. 1.369 limita o instituto da superfície ao nível do solo, excluindo o subsolo e o espaço aéreo, que são da essência do instituto da superfície". O Parecer de Vicente Arruda não aceitou essa proposta, que também estava contida no Projeto de Lei n. 6.960/2002 (atual PL n. 699/2011) pelo seguinte motivo: "O direito real de superfície foi introduzido no ordenamento jurídico pátrio pelo Decreto-Lei n. 271, de 28 de fevereiro de 1967, sob o *nomen juris* de 'concessão de uso' e apropriado pela Lei n. 10.257, de 10/07/2001 – Estatuto da Cidade – já agora sob a denominação de 'direito de superfície'. O Código Civil de 2002 acolheu o direito de superfície como direito real no art. 1.255, II, e o regulamentou nos arts. 1.369 a 1.377. Nos três diplomas legais o direito de superfície é instituído por contrato para o fim específico de outorgar direito de construir e de plantar, exigindo o CC vigente que a concessão seja por tempo determinado e por escritura pública registrada no Registro de Imóveis. Há uma aparente divergência entre as normas que disciplinam o direito de superfície no CC e no Estatuto da Cidade. É que, no Estatuto da Cidade, o art.21, § 1º, estabelece que o direito de superfície abrange o direito de utilizar o solo, o subsolo e o espaço aéreo relativo ao terreno, na forma estabelecida no contrato respectivo, atendida a legislação urbanística, enquanto o CC, no parágrafo único do art. 1.369, afirma que o direito de superfície não autoriza obra no subsolo, salvo se for inerente ao objeto da concessão. Da transcrição dos dispositivos acima, verifica-se que o uso do solo, do subsolo e do espaço aéreo, tanto nas normas do Estatuto da Cidade quanto do CC, estão condicionados aos objetivos do contrato de concessão. Evidente que uma concessão para construir no terreno do proprietário implica na utilização do subsolo e do espaço aéreo. Em ambas as hipóteses a utilização está condicionada à previsão contratual. Por conseguinte, mantenho a redação do art. 1.369, porque não há necessidade de se mencionar o espaço aéreo porque esta expressão está visceralmente ligada à exploração do solo. E o subsolo depende do objeto do contrato".

Pelo Enunciado n. 568, do Conselho da Justiça Federal, aprovado na VI Jornada de Direito Civil: "O direito de superfície abrange o direito de utilizar o solo, o subsolo ou o espaço aéreo relativo ao terreno, na forma estabelecida no contrato, admitindo-se o direito de sobrelevação, atendida a legislação urbanística".

É um *direito de posse sobre plantações e construções*, separado do domínio do solo, por ser, na verdade, um direito real de construir ou plantar em terreno de outrem. É um *direito real de fruição sobre coisa alheia*, visto que não atinge a propriedade do dono do solo, por afastar a acessão, consagrada no art. 1.253 do Código Civil, pela qual tudo que se acrescentar ao solo deverá pertencer ao seu proprietário (*superficies solo cedit*). Assim sendo, a *superfície* é exceção ao princípio de que o acessório acompanha o principal, pois a lei concede ao superficiário um direito real sobre a construção ou a plantação feita em terreno alheio, utilizando sua superfície.

Há, para alguns autores, uma propriedade do solo, que é a do fundieiro, e uma propriedade da plantação e da obra construída, que é a do superficiário, durante a vigência do contrato, que deu origem ao *ius in re aliena*. Ter-se-á, portanto: *direito de propriedade do solo*, cujo titular é o fundieiro, que por ser também possuidor indireto, terá o direito de perceber uma quantia (*solarium*), sendo a concessão onerosa, e a expectativa de adquirir a obra ou a plantação, por ocasião da devolução da posse direta do terreno, cuja exploração permitiu; *direito de plantar* ou *de construir* do superficiário (possuidor direto) e o *direito de preferência recíproca*, ou seja, do fundieiro (concedente) e do superficiário, havendo alienação dos respectivos direitos. Trata-se, neste teor de ideias, como diz Luiz Guilherme Loureiro, de um direito real de ter coisa incorporada em solo alheio.

Com isso soluciona-se, em grande parte, o problema da falta de habitação e o do não aproveitamento do solo, e atende-se ao princípio da função social da propriedade e consequentemente da posse. O direito de superfície pode ser concedido gratuitamente, caso em que: o *fundieiro*, apesar de ficar, temporariamente, sem seu imóvel, sem receber qualquer contraprestação pecuniária, recebê-lo finda a concessão da superfície, com acréscimos e bastante valorizado, e o *superficiário*, sem nada pagar, explorará o imóvel, durante o prazo avençado, podendo nele exercer atividade econômica, auferindo lucro, construindo ou plantando. Se concedida a superfície onerosamente, as partes poderão convencionar se o pagamento será feito de uma só vez ou parceladamente (CC, art. 1.370). O proprietário concedente (dono do solo ou fundieiro), havendo tal convenção, passará a ter direito ao *solarium* ou cânon superficiário (remuneração periódica) e nada obsta que haja previsão contratual de atualização monetária do valor das prestações estipuladas. Gratuita ou onerosa a concessão da superfície, o superficiário deverá responder pelos encargos ou ônus (p. ex., despesas com luz e água; obrigações *propter rem*, como a de pagar as despesas condominiais) e tributos (p. ex., IPTU, ITR, taxas e contribuição de melhoria) que incidirem sobre o imóvel (CC, art. 1.371). É preciso lembrar que: "As partes têm plena liberdade para deliberar, no contrato respectivo, sobre o rateio dos encargos e tributos que incidirão sobre a área objeto da concessão do direito de superfície" (Enunciado n. 94 do Conselho da Justiça Federal, aprovado na I Jornada de Direito Civil de 2002).

O Projeto de Lei n. 699/2011, assim, complementará o art. 1.371, ao alterar sua redação: "O superficiário responderá integralmente pelos encargos e atributos que incidirem sobre a propriedade superficiária, arcando, ainda, proporcionalmente à sua parcela de ocupação efetiva, com os encargos e tributos sobre a área objeto da concessão do direito de superfície, salvo disposição em contrário do contrato respectivo". Com isso, visa compatibilizar o art. 1.371 com o art. 21, § 3º, da Lei n. 10.257/2001. O Parecer Vicente Arruda não aceitou essa proposta; também contida no Projeto de Lei n. 6.960/2002 (substituído, hoje, pelo PL n. 699/2011), por ser: "Favorável à manutenção do texto, pois a redação atual mostra-se mais adequada, já que em se tratando de direito real, a obrigação de caráter contratual, e obriga o proprietário a ressarcir o superficiário pelo pagamento efetuado".

Pode haver transferência da superfície a terceiros, bem como sua transmissão aos herdeiros do superficiário, com seu falecimento. Os herdeiros passarão a ser os titulares do direito de superfície até o advento do termo final ou de fato extintivo daquele direito real. Não permite, porém, estipulação de pagamento (de qualquer quantia pecuniária ou entrega de bens, assunção de débito do concedente etc.) pela transferência *inter vivos* ou *causa mortis* da superfície (CC, art. 1.372), evitando, assim, que haja especulação. Se ocorrer alienação do imóvel ou do direito de superfície, o superficiário ou proprietário (fundieiro) terá, dentro do prazo estipulado, direito de preferência em igualdade de condições (CC, art. 1.373) à oferta de terceiros, promovendo a consolidação do direito do solo e do de superfície, para que não haja tal desmembramento. "Ao superficiário que não foi previamente notificado pelo proprietário para exercer o direito de preferência previsto no art. 1.373 do CC é assegurado o direito de, no prazo de seis meses, contado do registro da alienação, adjudicar para si o bem mediante depósito do preço" (Enunciado n. 510 do Conselho da Justiça Federal, aprovado na V Jornada de Direito Civil). Há, portanto, um *direito de preferência recíproco*, como diz Joel Dias Figueira Jr. Aquele que preterir o direito de preferência do outro deverá pagar indenização pelas perdas e danos e o preterido poderá depositar em juízo valor igual ao pago pelo terceiro. Esse direito de preferência apenas poderá ser exercido em caso de alienação onerosa, pois como poderia exigir, p. ex., o superficiário que o dono lhe desse em doação o terreno que deseja doar a outrem, pois o doador ao fazer uma liberalidade tem direito de escolher a pessoa beneficiária. A alienação, onerosa ou gratuita, transmitirá ao adquirente o direito real de superfície com seus caracteres, construções ou plantações. Se o proprietário do solo vier a adquirir a superfície, passarão à sua propriedade toda a plantação ou construção feitas pelo superficiário, desaparecendo o direito à superfície, pois ninguém poderá ter direito real sobre coisa alheia do que lhe é próprio.

O direito de superfície abrange o direito de usar solo e, excepcionalmente, o subsolo (CC, art. 1.369, parágrafo único) ou espaço aéreo relativo ao terreno, na forma contratual, atendida a legislação urbanística (Lei n. 10.257/2001, arts. 21 a 24).

O superficiário responderá, convém repetir, integralmente pelos encargos e tributos que incidirem sobre a propriedade superficiária, arcando, ainda proporcionalmente à sua parcela de ocupação afetiva, com encargos e tributos sobre a área objeto da concessão do direito de superfície, salvo disposição em contrário do respectivo contrato (art. 21, § 3º, da Lei n. 10.257/2001 e CC, art. 1.371). Logo, pelo Enunciado do Conselho da Justiça Federal (aprovado na IV Jornada de Direito Civil) n. 321: "Os direitos e obrigações vinculados ao terreno e, bem assim, aqueles vinculados à construção ou à plantação formam patrimônios distintos e autônomos, respondendo cada um dos seus titulares exclusivamente por suas próprias dívidas e obrigações, ressalvadas as fiscais decorrentes do imóvel". Como se vê, "as normas previstas no Código Civil sobre direito de superfície não revogam as relativas a direito de superfície constantes do Estatuto da Cidade (Lei n. 10.257/2001) por ser instrumento de política de desenvolvimento urbano" (Enunciado n. 93 do Conselho da Justiça Federal, aprovado na I Jornada de Direito Civil).

A superfície poderá extinguir-se: a) pela *consolidação*, fusão do direito do proprietário do solo e do de superfície (CC, art. 1.373); b) pelo *inadimplemento das obrigações* assumidas pelo superficiário (p. ex., falta de pagamento do *solarium*); c) pelo *advento do termo*, se constituída por tempo determinado. A superfície poderá, a pedido do fundieiro, extinguir-se antes do advento do termo final (*ad quem*), se o superficiário der ao terreno destinação diversa daquela para a qual lhe foi concedido, nele edificando, p. ex., quando apenas podia fazer plantação de soja (CC, art 1.374) e, ainda, se vier a descumprir qualquer outra obrigação assumida no contrato, completará o Projeto de Lei n. 699/2011. Tal acréscimo a ser feito pelo referido Projeto visa tornar o art. 1.374 compatível com o art. 23, II, do Estatuto da Cidade, que, ao "dispor sobre a extinção do direito de superfície, apresenta-se mais completo, explicitando outras hipóteses de descumprimento das obrigações contratuais assumidas pelo superficiário, tais como o não pagamento da concessão; não uso do imóvel; danos ao imóvel; não pagamento dos tributos etc. Por esses motivos, afigura-se necessário modificar-se a redação dos dois dispositivos, complementando-a nos termos da proposta formulada". Apesar disso, o Parecer de Vicente Arruda rejeitou tal proposta de alterar o art. 1.374, contida no Projeto de Lei n. 6.960/2002 (atual PL n. 699/2011), visto que "estabelece uma condição resolutiva que opera de pleno direito. Já a infração contratual segue a regra geral dos contratos, não precisando, destarte, ser incluída"; d) pelo fato de o superficiário dar ao terreno *destinação diversa da convencionada* ou não atender à *função social da propriedade*; e) pela *renúncia* do superficiário; f) pelo *distrato*; g) pelo *perecimento do terreno* gravado; h) pelo *não uso do direito* de construir ou de plantar dentro do prazo avançado; i) pela *desapropriação* que incida sobre o solo ou sobre o direito de superfície. Havendo extinção do direito de superfície em razão de desapropriação, a indenização cabe ao proprietário (concedente) e ao superficiário, no valor correspondente ao direito de cada um (CC, art. 1.376). E pelo Enunciado do Conselho da Justiça Federal (aprovado na IV Jornada de Direito Civil) n. 322: "O momento da desapropriação e as condições da concessão superficiária serão considerados para fins da divisão do montante indenizatório (art.1.376), constituindo-se litisconsórcio passivo necessário simples entre proprietário e superficiário". Pablo Stolze Gagliano observa que o superficiário teria direito ao valor proporcional ao benefício que teria durante o período da concessão, se o fundieiro não tivesse sido desapropriado. Neste cálculo o perito, por força do art. 1.375, não poderá incluir o valor da construção ou plantação feita. Todavia, para esse autor, será possível que, no contrato de concessão da superfície, se estabeleça o *quantum* a ser pago ao superficiário em caso de uma eventual desapropriação; j) pelo *falecimento* do superficiário sem herdeiros. Havendo herdeiros legítimos ou testamentários, a eles será transmitido o direito de superfície, não havendo, portanto interrupção do uso socioeconômico do bem.

A extinção do direito de superfície deverá ser averbada no Registro Imobiliário (Lei de Registro Públicos, art. 167, II, 20) e com isso estabelecida estará a recuperação do domínio pleno pelo proprietário do solo, pois, enquanto perdurou o direito de superfície, o domínio era limitado, visto que suspendia o princípio *superficies solo cedit*. Com sua extinção volta-se a aplicar a acessão, e com isso o proprietário do solo recupera a plena propriedade sobre o terreno, a construção ou a plantação (acessões incorporadas), independentemente de indenização se as partes não houverem estipulado o contrário (CC, art. 1.375). Também adquirirá a propriedade das acessões naturais e das benfeitorias e quanto a estas aplicar-se-lhes-ão os arts. 1.219 e 1.220 do Código Civil. E se o superficiário negar-se a devolver o bem, o proprietário, uma vez extinta a concessão, sofrerá esbulho e, por isso, poderá mover ação de reintegração de posse.

A superfície foi contemplada em lugar da enfiteuse, substituindo-a vantajosamente, por sua grande utilidade econômica e social, por não ter o inconveniente da perpetuidade e por diminuir a crise habitacional, por incentivar a agricultura, por possibilitar uma reforma agrária e por fazer com que a terra, no meio urbano, inclusive, possa ser fonte de trabalho e produção, reforçando a ideia de *função social da posse e da propriedade*.

Na era romana decorria o direito da superfície da necessidade prática de permitir construção em terra alheia, principalmente pública. Ricardo César Pereira Lira salienta que não se está ressuscitando uma instituição supérflua, porque o direito à superfície ajusta-se às exigências sociais, principalmente na política de racionalização do uso do solo urbano e de mantença do homem na zona rural.

Esse instituto dinamiza a propriedade evitando interferência estatal, tornando-a frutífera, principalmente se o proprietário não tiver meios para explorá-la, possibilitando-o de fazer acordos com particulares ou empresas, concedendo-lhes o uso da superfície de sua terra, para que nela haja plantação ou a construção de prédios, que, após alguns anos, reverterá ao seu patrimônio. Realmente o proprietário do solo (fundieiro) continuará com o domínio, tendo não só o interesse na sua utilização por outrem (superficiário), mas também, como já dissemos, a expectativa de direito de receber o bem com a obra (construção ou plantação), em razão da temporariedade do instituto. O mesmo sucederá no relacionamento do proprietário com o Poder Público, para que se realizem, como diz Miguel Reale, equipamentos urbanos reclamados pela coletividade.

Trata-se de instituto benéfico ao proprietário e à coletividade, por atender ao princípio constitucional da função social da propriedade e consequentemente da posse, sendo também adotado, em razão das vantagens que traz, pela legislação de vários países como: Bélgica, Portugal, China, Holanda, Suíça, Alemanha, Itália, Áustria, Espanha, Inglaterra etc.

8.5. DIREITO REAL DE LAJE

O *direito real de laje* (CC, arts. 1.225, XIII, 1.510-A a 1.510-E, acrescentados pela Lei n. 13.465/2017; Decreto n. 9.310/2018, arts. 58 a 63; CPC, arts. 791, 804 e 889, III) é um *direito real de fruição* pelo qual alguém poderá edificar unidade na superfície superior ou inferior de uma construção-base pertencente a outrem, desde que haja, obviamente, permissão do proprietário da unidade original construída sobre o solo. É uma forma de manifestação do direito real de superfície. Pelo Dec. n. 9.310/2018, art. 58, §§ 6º e 7º, o titular da laje poderá ceder a superfície de sua construção para a instituição de um sucessivo direito real de laje, desde que haja uma autorização expressa dos titulares da construção-base e das demais lajes, respeitadas as posturas edilícias e urbanísticas vigentes. Além disso, a constituição do direito real de laje na superfície superior ou inferior da construção-base, como unidade imobiliária autônoma, apenas poderá ser admitida quando as unidades imobiliárias tiverem acessos independentes. Há uma unidade imobiliária autônoma relativamente à que pertence ao proprietário do prédio, onde se construiu laje, logo seu titular poderá dela usar, gozar e dispor *inter vivos* ou *causa mortis*, desde que devidamente registrada (Lei n. 6.015/73, art. 176, § 9º; CC, art. 1.510-A, § 3º). Com isso, ter-se-á a coexistência de unidades imobiliárias autônomas de titularidades distintas situadas numa mesma área: a do lajeiro e a do dono da construção-base.

O direito real de laje: a) recai sobre espaço aéreo ou subsolo de terrenos públicos ou privados, tomados em projeção vertical, como unidade imobiliária autônoma, não contemplando as demais áreas edificadas ou não pertencentes ao proprietário da construção-base; b) não atribui fração ideal de terreno ao titular da laje ou a participação proporcional em áreas já edificadas.

É preciso lembrar que, para fins de Reurb (Regularização Fundiária Urbana), o direito real de laje dependerá da comprovação da estabilidade da unidade imobiliária, que deverá preencher condições para o uso a que se propõe dentro da realidade em que se situa o negócio. Tal comprovação competirá ao Poder Público Municipal ou Distrital (Dec. n. 9.310/2018, art. 63, § 1º e 2º).

Para aprovação e registro do direito real de laje em unidades imobiliárias que compõem a Reurb, dispensada estará a apresentação do habite-se e, na Reurb-S, das certidões negativas de tributos e de contribuições previdenciárias (Dec. n. 9.310/2018, art. 63, § 3º). Pelo Enunciado n. 669 (aprovado na IX Jornada de Direito Civil): "É possível o registro do direito real de laje sobre construção edificada antes da vigência da lei, desde que respeitados os demais requisitos previstos tanto para a forma quanto para o conteúdo material da transmissão".

O *titular da laje*, cuja unidade imobiliária autônoma construída em matrícula própria, no Registro imobiliário, poderá: a) dela usar, gozar e dispor; b) ceder a superfície de sua construção para a instituição de um sucessivo direito real de laje, desde que haja anuência expressa dos titulares da construção-base e das demais lajes, respeitadas as posturas edilícias e urbanísticas vigentes, pois os municípios e o Distrito Federal poderão regulamentar, mediante posturas, o direito real de laje. Mas tem o dever de: a) responder pelos encargos e tributos que incidirem sobre a sua unidade; e b) não prejudicar com obras novas ou com falta de reparação a segurança, a linha arquitetônica ou o arranjo estético do edifício, observadas as posturas previstas em legislação local.

O *titular da construção-base* ou da *laje* tem *direito*: a) de preferência em caso de alienação de qualquer das unidades sobrepostas, em igualdade de condições com terceiros, desde que cientificado por escrito, para que se manifeste dentro de 30 dias, salvo se o contrato dispuser de modo diverso. Havendo mais de uma laje, terá preferência, sucessivamente, o titular das lajes ascendentes e o titular das lajes descendentes, assegurada a prioridade para a laje mais próxima à unidade sobreposta a ser alienada; e b) depositar em juízo o preço, não tendo sido comunicado da alienação, para haver para si a parte alienada a terceiro, dentro do prazo decadencial de 180 dias, contado da data de alienação. E tem o *dever* de: a) arcar, aplicando-se no que couber as normas relativas ao condomínio edilício com as despesas necessárias à conservação e fruição das partes que servem a todo edifício (p. ex. alicerces, colunas, pilares, paredes-mestras, telhado, terraço de cobertura – mesmo se destinado ao uso exclusivo do titular da laje – instalações gerais de água, luz, esgoto, aquecimento, ar condicionado, gás, comunicações, coisas afetadas ao uso de todo edifício); b) pagar serviços de interesse comum; e c) promover reparos urgentes (CC, art. 249, parágrafo único; Dec. n. 9.310/2018, art. 60, § 2º). Tais despesas deverão ser partilhadas entre o proprietário da construção-base e o titular da laje, na proporção que estiver estipulada contratualmente.

A *ruína da construção-base gera*: a) extinção do direito real de laje, salvo se tal direito foi instituído sobre o subsolo ou se a construção-base não for reconstruída no prazo de 5 anos; b) eventual reparação civil contra o culpado pela ruína.

Pela VIII Jornada de Direito Civil, no Enunciado n. 627: "O direito real de laje é passível de usucapião".

Pelo Enunciado n. 150 "aplicam-se ao direito de laje os arts. 791, 804 e 889, III, do CPC" (aprovado na II Jornada de Direito Processual Civil).

Visível é a função social da propriedade e da posse havendo direito real de laje.

8.6. QUESTÃO DA SUCESSÃO DE VIÚVO NO DIREITO REAL DE HABITAÇÃO

Há *sucessão do viúvo no direito real de habitação* (CC, art. 1.831) do imóvel destinado à residência, se este for o único do gênero a inventariar, qualquer que seja o regime de bens e sem prejuízo da participação que lhe caiba na herança (*RT*, 606:218, 616:83) na qualidade de herdeiro ou legatário. Não mais se estabelece o limite temporal até a cessação da viuvez por novas núpcias, o que parece não ser uma solução justa, se vier a constituir nova família pelo casamento ou união estável. Esse artigo dará origem a uma lacuna axiológica se aplicado for. Não haveria prejuízo aos herdeiros do *de cujus*, proprietários de imóvel sobre o qual recai o direito real de habitação, que teriam que suportar cônjuge ou companheiro do ocupante? Se o ocupante habitador, que se recasou, vier a falecer, cessará o direito real de habitação, e o viúvo teria direito de permanecer no imóvel, pagando aluguel àqueles herdeiros? Por isso, tendo por parâmetro o art. 5º da LINDB, parece-nos que o viúvo deveria perder esse direito real de fruição sobre a coisa alheia, assim que vier a convolar novas núpcias ou formar união estável. Por tal razão, o Projeto de Lei n. 699/2011 pretende modificar a redação do art. 1.831 para: "ao cônjuge sobrevivente, qualquer que seja o regime de bens, *enquanto permanecer viúvo ou não constituir união estável*, será assegurado, sem prejuízo da participação que lhe caiba na herança, o direito real de habitação relativamente ao imóvel destinado à residência da família, desde que seja o único daquela natureza a inventariar" (grifo nosso), mas, infelizmente, o Parecer de Vicente Arruda não aprovou tal sugestão ao analisar o PL n. 6.960/2002 (substituído pelo PL n. 699/2011), por entender que: "Não há motivos para incluir a exigência de 'enquanto permanecer viúvo ou não constituir união estável'. Tal inclusão apenas veda que uma pessoa se relacione, não havendo razão para tanto". Pode ocorrer, p. ex., que o cônjuge venha acumular o benefício do direito real de habitação e o da concorrência com descendente, se casado sob o regime da comunhão parcial, e o *de cujos* deixar bens particulares. Os herdeiros não poderão cobrar o aluguel do viúvo pelo exercício do direito real de habitação. O imóvel tem, portanto, destinação específica: servir de morada ao viúvo, que nele deverá residir, a título gratuito (CC, art. 1.414), não podendo alugá-lo, nem cedê-lo em comodato[13],

13 *Vide*: CC português, art. 2.103-A. "Ementa: Apelação Cível (...) Direito real de habitação que independe do regime de bens do casamento. Aplicação do art. 1.831 do Código Civil, ainda que o *de cujus* não tenha sido o exclusivo proprietário do imóvel. É garantido ao cônjuge sobrevivente, independentemente do regime de bens estabelecido para o seu casamento, o direito de permanecer habitando no imóvel destinado à residência da família, desde

daí a função social da posse, por permitir uma existência digna ao cônjuge sobrevivente.

Pelo Enunciado n. 271 do Conselho da Justiça Federal, aprovado na III Jornada de Direito Civil: "O cônjuge pode renunciar ao direito real de habitação nos autos do inventário ou por escritura pública, sem prejuízo de sua participação na herança".

---

que este fosse o utilizado pelo casal como moradia (...). Direito real de habitação do agravado somente se extingue com a morte ou com o advento de novo casamento ou união estável, o que não foi demonstrado nos autos. Frise-se que o cônjuge só poderá continuar a residir no imóvel, mas não poderá, seja a que título for, transferir a sua posse direta, onerosa ou gratuitamente. Precedentes do Superior Tribunal de Justiça e deste Tribunal (...)" (Apelação n. 0371433-71.2009.8.19.0001, Rel. Cezar Augusto Rodrigues Costa, Tribunal de Justiça do Rio de Janeiro, 8ª Câmara Cível, j. 11-3-2014, p. 14-3-2014). Consulte: DINIZ, Maria Helena. *Curso de direito civil brasileiro:* direito das coisas. 35. ed. São Paulo: Saraiva, 6º v., 2021. p. 166-168.

Bol. AASP, 2917:12. Agravo de instrumento. Inventário. Decisão interlocutória nos autos de inventário que reconheceu, em favor da viúva, casada pelo regime da comunhão parcial de bens, direito à herança e direito real de habitação sobre o imóvel de residência do casal, único dessa natureza no espólio, bem particular do inventariado. Direitos garantidos. Aplicação do inciso I do art. 1.829 do Código Civil. Alegação de que a viúva mantém nova união. Ausência de provas. Agravo de instrumento desprovido.

Pelo CC português, art. 1.707-A, n. 3: "Sendo a casa de moradia de família propriedade do falecido, o cônjuge sobrevivo pode nela permanecer, pelo prazo de cinco anos, como titular de um direito real de habitação e de um direito de uso do recheio". Tal prazo (n. 4) poderá ser prorrogado por igual prazo pelo juiz havendo motivo justo. Esse direito não será concedido se o viúvo tiver casa própria no concelho da casa da morada ou nos concelhos limítrofes (n.5).

8.7. USO, CONCESSÃO DE USO ESPECIAL PARA FINS DE MORADIA E CONCESSÃO DE DIREITO REAL DE USO

Prescreve o art. 1.412, *caput*, do Código Civil que "o usuário usará da coisa e perceberá os seus frutos, quanto o exigirem as necessidades suas e de sua família".

Essas necessidades pessoais serão avaliadas conforme a condição social do usuário e o lugar em que ele vive (CC, art. 1.412, § 1º). Como a norma jurídica fala em necessidades pessoais, excluídas estão as necessidades comerciais ou industriais do beneficiário. O uso não é imutável; poderá ser ampliado ou diminuído se houver aumento ou diminuição das necessidades pessoais do usuário, tendo-se sempre por base a sua condição social e o local em que ele vive, pois é possível que haja, por exemplo, uma ascensão da condição social do beneficiário, por ter ele adquirido novos recursos intelectuais, caso em que ele poderá utilizar frutos ou rendimentos que satisfaçam a tal ordem de novas necessidades, não fazendo uso de frutos naturais, industriais ou civis, que ultrapassem o limite ideal dessas necessidades.

Complementa o art. 1.412, § 2º, que as necessidades de sua família abrangem: as de seu cônjuge, as de seus filhos solteiros, oriundos de relação matrimonial ou extramatrimonial ou de adoção (CF, art. 227, § 6º) e as das pessoas de seu serviço doméstico. Figuram, então, como dependentes do usuário não só aquelas pessoas que se lhe vinculam por laços consanguíneos, mas também aquelas das quais precisará para tirar as utilidades da coisa que usa. Logo, o legislador atribuiu ao termo *família* um significado mais amplo de que o contido no direito de família, pois compreende, além do cônjuge, os filhos e empregados domésticos a seu serviço, com exclusão de parentes ou visitas que venham morar com o usuário. Entretanto, se o usuário tiver sob sua dependência econômica alguma outra pessoa, que não as arroladas pelo art. 1.412, § 2º, desde que se prove juridicamente a necessidade, poder-se-á enquadrar tal circunstância nos artigos que regulam o uso, por não contrariar a natureza desse instituto[14].

Como se vê, o uso distingue-se do usufruto pela intensidade do direito, pois, enquanto o usufrutuário retira toda a utilização do bem frutuário, o usuário só pode utilizá-lo limitado às suas necessidades e às de sua família. Isso levou alguns autores, como Trabucchi, a dizer que o uso constitui um *usufruto limitado* ou, ainda, como prefere De Page, um *usufruto em miniatura*[15].

Com base nessas ideias, poder-se-ia definir o uso como sendo o direito real que, a título gratuito ou oneroso, autoriza uma pessoa a retirar, temporariamente, de coisa alheia, todas as utilidades para atender às suas próprias necessidades e às de sua família.

Apresenta o uso, os seguintes caracteres jurídicos:

1) é um *direito real* (CC, art. 1.225, V) *sobre coisa alheia*, porque recai diretamente sobre bem pertencente a outrem, impon-

---

14 MONTEIRO, Washington de Barros. *Curso de direito civil:* direito das coisas. 31. ed. São Paulo: Saraiva, v. 3, 1994. p. 327-328; DAIBERT, J. *Direito das coisas.* 2. ed. Rio de Janeiro: Forense, 1979. p. 423-424; MENDONÇA, Manoel Ignácio Carvalho de. *Do usufruto, do uso e da habitação no Código Civil brasileiro.* Rio de Janeiro: A. Coelho Branco Fº, 1922.

15 TRABUCCHI, Alberto. *Instituzioni di diritto civile.* Padova, Milano: Cedam, 1993. n. 206; DE PAGE, Henri. *Traité* élémentaire *de droit civil belge.* Bruxelas: Émile Bruylant, v. 5, 1964. n. 481.

do restrições ao titular do domínio em benefício do usuário, durante todo o tempo da vigência do título constitutivo;

2) é *temporário*, porque terá, no máximo, a duração da vida do seu titular ou, então, a do prazo estabelecido no seu título constitutivo;

3) é *indivisível*, porque não pode ser constituído *pro parte*;

4) é *intransferível ou incessível*, porque nem o seu direito, nem o seu exercício podem ser cedidos;

5) é *personalíssimo*, pois só se constitui para assegurar ao usuário a utilização imediata do bem conforme suas próprias necessidades e as de sua família. Se o usuário falecer, o uso não se transmitirá a seus herdeiros[16].

O direito de uso pode recair tanto em bens móveis (infungíveis e inconsumíveis) como imóveis, como sobre bens corpóreos ou incorpóreos. Pontes de Miranda ensina que como bem incorpóreo só pode ser objeto de uso o direito real de reprodução, se gratuitamente, com exceção da peça teatral, que Venezian apontava como explorável pelo ator que a representasse, o que seria fruir e não usar, já que só a imposição da gratuidade poderia permitir que se cogitasse de uso[17].

16 PEREIRA, Caio Mário da Silva. *Instituições de direito civil:* posse. Propriedade. Direitos reais de fruição. Garantia e aquisição. 14. ed. Rio de Janeiro: Forense, v. IV, 2000. p. 253; MONTEIRO, Washington de Barros. *Curso de direito civil*: direito das coisas. 31. ed. São Paulo: Saraiva, v. 3, 1994. p. 326; DAIBERT, J. *Direito das coisas.* 2. ed. Rio de Janeiro: Forense, 1979. p. 416-419. GOMES, Orlando. *Direitos reais.* Atualizado por Humberto Theodoro Júnior. 13. ed. Rio de Janeiro: Forense, 1998. p. 312. RUGGIERO e MAROI. *Instituzioni di diritto privato*, v. 1, § 120.

17 Texto de Pontes de Miranda transcrito por DAIBERT, J. *Direito das coisas.* 2. ed. Rio de Janeiro: Forense, 1979. p. 419; GOMES,

Temos, ainda, também para atender a função social da propriedade e da posse, a *concessão* gratuita de *direito de uso especial para fins de moradia* (CC, arts. 1.225, XI; 1.473, VIII; Lei n. 9.636/98, arts. 6º, § 1º, 7º, 22-A, acrescentados pela Lei n. 11.481/2007; CPC, art. 791, § 2º, MP n. 2.220/2001, arts. 1º e 2º, com a redação da Lei n. 13.465/2017; Lei n. 13.465/2017, art. 87; CF, arts. 6º, 183, § 1º) em favor daquele que, independentemente de sexo e estado civil, até 22 de dezembro de 2006 possuiu como seu, por cinco anos, ininterruptamente e sem oposição, até 250 m² de imóvel público, inclusive em terreno de marinha e acrescidos, exceto se for funcional, situado em área urbana, utilizando-o para sua

---

Orlando. *Direitos reais* (atualizado por Humberto Theodoro Júnior). 13. ed. Rio de Janeiro: Forense, 1998. p. 313; MONTEIRO, Washington de Barros. *Curso de direito civil*: direito das coisas. 31. ed. São Paulo: Saraiva, v. 3, 1994. p. 326-327; Venezian, Giacomo. *Usufruto, uso y habitación*. Madrid: V. Suárez, v. 2, 1928. p. 817 e ss.; MATHIAS, Maria Ligia C. e DANELUZZI, Maria Helena Marques Braceiro. Considerações sobre a Lei n. 11.481/07 – concessão de uso especial para fins de moradia e concessão de direito real de uso. *Justicia*, 197:193-197. Imóvel urbano possuído por população de baixa renda: Lei n. 9.636/98, art. 6º, § 1º (redação da Lei n. 11.481/2007). Ocupação de imóvel dominial da União: Lei n. 9.636/98, art. 7º, §§ 1º a 7º (com redação da Lei n. 11.481/2007). Concessão de uso especial para fins de moradia de áreas de propriedade da União, inclusive terrenos de marina e acrescidos: Lei n. 9.636/98, arts. 6º, § 1º, e 22-A, §§ 1º e 2º; Lei n. 8.666/93, art. 17, I, *f* (com redação da Lei n. 11.481/2007); Decreto-Lei n. 9.760/46, arts. 79, 100, 103 e 121 (com redação da Lei n. 11.481/2007); Lei n. 11.888/2008, que assegura às famílias de baixa renda assistência técnica pública e gratuita para o projeto e a construção de habitação de interesse social como parte integrante do direito social à moradia e altera a Lei n. 11.124/2005.

morada ou de sua família, desde que não seja proprietário ou concessionário, a qualquer título, de outro imóvel urbano ou rural. Esse direito não será reconhecido mais de uma vez ao mesmo concessionário e permite-se que o herdeiro legítimo do possuidor continue a sua posse, desde que resida no imóvel por ocasião da abertura da sucessão.

E em se tratando de imóveis, com mais de 250 m^2, ocupados, para fins de residência, por população de baixa renda, por cinco anos sem interrupção e sem oposição, cuja área total dividida pelo número de possuidores seja inferior a 250 m^2 por possuidor, conferir-se-á a concessão de forma coletiva, desde que os possuidores não sejam proprietários nem concessionários a qualquer título de outro imóvel urbano ou rural. Permitido está somar a posse do antecessor, contanto que ambas sejam contínuas.

Atribuir-se-á igual fração ideal de terreno, não superior a 250 m^2, a cada possuidor, pouco importando a dimensão da área que cada um ocupar, exceto em caso de acordo escrito entre os ocupantes, estabelecendo frações ideais diferenciadas. Se a ocupação acarretar risco à vida ou à saúde dos ocupantes, o Poder Público deverá assegurar ao possuidor o exercício do direito de uso em outro local. O mesmo se diga se a ocupação se der em imóvel: a) de uso comum do povo; b) destinado a projeto de urbanização; c) de interesse da defesa nacional, da preservação ambiental e da proteção dos ecossistemas naturais; d) reservado à construção de represas e obras congêneres; ou e) situado em via de comunicação.

O título de concessão de uso especial para fins de moradia deverá ser obtido por via administrativa perante o órgão competente da Administração Pública, ou, em caso de recusa ou omissão deste, por meio do Poder Judiciário, mediante sentença. Esse título servirá para efeito de registro no Cartório de Imóveis (Lei n. 6.015/73, art. 167, I, n. 37), que lhe dará eficácia *erga omnes*.

Esse direito de concessão de uso especial para fins de moradia é transferível por ato *inter vivos* ou *causa mortis* e se extingue no caso de o concessionário: a) dar ao imóvel destinação diversa da moradia para si ou para sua família; b) adquirir propriedade ou obter concessão de uso de outro imóvel urbano ou rural. Se se operar tal extinção deverá ela ser averbada no Cartório de Registro de Imóveis, por meio de declaração do Poder Público concedente (Medida Provisória n. 2.220/2001, arts. 1º a 8º).

Poderá haver *concessão de direito real de uso de imóvel público* dominial para atender programa habitacional ou para regularização fundiária de interesse social, que é a destinada a atender famílias com renda mensal até cinco salários mínimos, promovida no âmbito de programas de interesse social, sob gestão de órgãos ou entidades da Administração Pública, em área urbana ou rural. Deverão ser realizados independentemente do recolhimento de custas e emolumentos e de comprovação do pagamento de quaisquer tributos, inclusive previdenciários: a) o primeiro registro de direito real constituído em favor de beneficiário de regularização fundiária de interesse social em áreas urbanas e em áreas rurais de agricultura familiar; e b) a primeira averbação de construção residencial de até 70 m^2 de edificação em áreas urbanas, objeto de regularização fundiária de interesse social. Tais registro e averbação independerão da comprovação de pagamento de quaisquer tributos, inclusive previdenciários (Lei n. 6.015/73, art. 290-A, I a III, e § 1º, com alterações das Leis n. 11.481/2007 e n. 12.424/2011).

O Poder Público poderá, ainda, autorizar, onerosa ou gratuitamente, dispensada a licitação, o uso de imóvel público àquele que, até 27 de abril de 2006, o possuiu como seu, por cinco anos, sem interrupção e sem oposição, até 250 m^2 situado em área urbana, utilizando-o para fins comerciais, desde que atenda ao programa de regularização fundiária de interesse social, desenvolvido por órgão ou entidade de Administração Pública. Tal contrato de concessão de direito real de uso de imóvel público deverá ser inscrito no Cartório de Registro de Imóveis (Lei n. 6.015/73, art. 167, I, n. 40; Medida Provisória n. 2.220/2001, art. 9º; Lei n. 8.666/93, art. 17, *f* e *h*, com alteração da Lei n. 11.481/2007; Lei n. 9.636/98, art. 18, § 6º, II, com redação da Lei n. 11.481/2007). Pelo art. 25 da Lei n. 11.481/2007, a concessão de uso especial de que trata a Medida Provisória n. 2.220/2001 aplica-se também a imóvel público remanescente de desapropriação cuja propriedade tenha sido transferida a empresa pública ou sociedade de economia mista[18].

18 *BAASP*, 2744:2037-04. A autora objetiva o direito à *concessão de uso especial de imóvel público* da prefeitura no qual reside há mais de 20 anos com supedâneo na Medida Provisória n. 2.220/2001, estabilizada na forma do art. 2º da Emenda Constitucional n. 32/2001. Requisitos preenchidos. Área de preservação ambiental. Faculdade do Município de lhe assegurar o direito a outro imóvel. Sentença reformada. Dá-se provimento ao Recurso (TJSP, 5ª Câm. de Direito Público; Ap. n. 994.09.356711-7, São Paulo-SP; Rel. Des. Xavier de Aquino; j. 8-11-2010; v.u.).

Pelo art. 791, § 2º, do CPC, a penhora fracionada, conforme a divisão dos bens, incide na concessão de uso especial para fins de moradia e para a concessão do direito real de uso, visto que se referem a áreas públicas, invadidas e urbanizadas por favelas, com o objetivo de regularizar juridicamente essas áreas.

A Administração Pública, portanto, não transfere a sua propriedade, mas apenas a sua posse, ao conceder uso especial para fins de moradia ou direito real de uso de bem público para o ocupante, aplicando o princípio da função social da posse e da propriedade.

Temos, também, *concessão de direito real de uso* (CC, arts. 1.225, XII, e 1.473, IX e § 2º; Decreto-Lei n. 271/67, arts. 7º e 8º, com redação da Lei n. 11.481/2007; Lei n. 13.465/2017, art. 65; CPC, art. 791, § 2º) de *terrenos públicos ou particulares* remunerada ou gratuita, por tempo certo ou indeterminado, como direito real *resolúvel*, para fins específicos de regularização fundiária de interesse social, urbanização, industrialização, edificação, cultivo da terra, aproveitamento sustentável das várzeas, preservação das comunidades tradicionais e seus meios de subsistência ou outras modalidades de interesse social em áreas urbanas. Pelo art. 65 da Lei n. 13.465/2017, os imóveis arrecadados pelos Municípios ou pelo Distrito Federal poderão ser objeto de concessão de direito real de uso a entidades civis que tenham, comprovadamente, fins filantrópicos, assistenciais, educativos, esportivos ou outros, no interesse do Município ou do Distrito Federal.

Para que se constitua o *uso* é mister a presença do *constituinte*, que é a pessoa que cede o uso do bem e que é titular do domínio, gravando-o de ônus real, e do *usuário*, que é a pessoa em proveito de quem se estabelece tal direito. A relação jurídica só produzirá seus efeitos se tais pessoas forem capazes e legítimas.

O uso não pode ser constituído por lei. Deriva ele de ato jurídico "*inter vivos*", isto é, por meio de contrato, exigindo, conforme a natureza da coisa seja móvel ou imóvel, a tradição ou escritura pública transcrita no competente registro imobiliário. Pode constituir-se, ainda, por *ato jurídico "mortis causa"*, ou seja, através de testamento; por *sentença judicial*, quando o próprio juiz, por necessidades impostas por determinadas circunstâncias, o instituir, para partilhar, dividir ou executar forçosamente, com a observância do disposto no art. 2.017 do Código Civil, e por *usucapião*, desde que cumpridos os requisitos exigidos por lei[19].

O *usuário* tem os seguintes *direitos*:

> 1) fruir a utilidade da coisa; 2) extrair do bem todos os frutos para atender às suas próprias necessidades e às de sua família; 3) praticar todos os atos indispensáveis à satisfação de suas necessidades e às de sua família, sem comprometer a substância e a destinação do objeto; 4) melhorar o bem, introduzindo benfeitorias que o tornem mais cômodo ou agradável; 5) administrar a coisa.

Tem, por outro lado, os seguintes *deveres*:

> 1) conservar a coisa como se fosse sua, com diligência e zelo, para que possa restituí-la como a recebeu; 2) não retirar rendimentos ou utilidades que excedam àquela necessidade prevista em lei; 3) proteger o bem com os remédios possessórios, não só contra terceiros, mas também contra o próprio constituinte se este não respeitar seus direitos; 4) não dificultar ou impedir o exercício dos direitos do proprietário; 5) restituir a coisa, pois só detém a sua posse direta, a título precário, uma vez que o uso é temporário. Deve devolvê-la na época e nas condições

---

19 DAIBERT, J. *Direito das coisas*. 2. ed. Rio de Janeiro: Forense, 1979. p. 49-420; GOMES, Orlando. *Direitos reais*. Atualizado por Humberto Theodoro Júnior. 13. ed. Rio de Janeiro: Forense, 1998. p. 313-314.

estabelecidas, sob pena de responder por perdas e danos a que sua mora der causa[20].

Extingue-se pelas mesmas causas do usufruto (CC, art. 1.413): morte do usuário, advento do prazo final, perecimento do objeto, consolidação, renúncia etc. E cumpre, perfeitamente, a função social da propriedade e da posse.

8.8. LOCAÇÃO E *AIRBNB*

A locação de coisas é o contrato pelo qual uma das partes (locador, senhorio ou arrendador) se obriga a conceder à outra (locatário, inquilino ou arrendatário) o uso ou o gozo de uma coisa não fungível, temporariamente e mediante remuneração. Seu traço característico é o retorno da coisa locada ao seu proprietário, ao final do pacto. Trata-se de negócio que sempre desfruta, no direito privado, de grande prestígio, perdendo apenas para a compra e venda, no grau de utilização e importância[21].

---

20 DAIBERT, J. *Direito das coisas*. 2. ed. Rio de Janeiro: Forense, 1979. p. 421-422; GOMES, Orlando. *Direitos reais*. Atualizado por Humberto Theodoro Júnior. 13. ed. Rio de Janeiro: Forense, 1998. p. 314-315; DINIZ, Maria Helena. *Curso de direito civil brasileiro:* direito das coisas. 36. ed. São Paulo: Saraiva, 4º v., 2022. p. 521-527.

21 DINIZ, Maria Helena. *Curso de direito civil brasileiro*: teoria geral das obrigações contratuais e extracontratuais. 28. ed. São Paulo: Saraiva, v. 3, 2012. p. 279. GAGLIANO, Pablo Stolze e PAMPLONA FILHO, Rodolfo. *Novo curso de direito civil:* contratos: contratos em espécie. 6. ed. rev., atual. e ampl. São Paulo: Saraiva, v. 4, t. II, 2013. p. 192-193. FIÚZA, César. *Direito civil*: curso completo. 13. ed. rev. atual. e ampl. 2. tir. Belo Horizonte: Del Rey, 2009. p. 522.

A regulamentação da locação de coisas é bastante ampla e especializada. Quando tem por objeto coisa móvel, aplica-se o Código Civil; para prédios urbanos, a Lei do Inquilinato (Lei n. 8.245/91); no que se refere aos imóveis rurais, vale o Estatuto da Terra (Lei n. 4.504/64); e se a operação configurar relação de consumo, o Código de Defesa do Consumidor.

O Código Civil se aplica, ainda, subsidiariamente à Lei do Inquilinato e ao Estatuto da Terra, sendo que, a primeira exclui, expressamente, da sua incidência as locações de imóveis de propriedade da União, dos Estados, dos Municípios (Lei n. 8.666/94 e Decreto-Lei n. 9.760/46, arts. 86-98); as locações de vagas autônomas de garagem ou de espaços para estacionamento de veículos; de espaços destinados à publicidade (*outdoor*, *banners*, faixas, pinturas em muro com intenção publicitária); de apart-hotéis, hotéis-residência ou equiparados; e ao arrendamento mercantil (Lei n. 8.245/91, art. 1º, parágrafo único).

Sobre as características jurídicas da locação, pode-se afirmar que se trata de contrato *bilateral*, no qual ambas as partes possuem obrigações a cumprir; *oneroso*, pois cada parte obtém uma vantagem em face do pacto; *comutativo*, visto que cada um dos contratantes, desde a celebração, tem conhecimento acerca das obrigações e vantagens a que estão vinculados, não havendo risco; típico, haja vista a disciplina legal; de *execução continuada*, porque se prolonga no tempo, comportando prestações periódicas, tendo o pagamento apenas o efeito de solver o débito relativo a cada período; podendo ser formal ou solene, quanto à forma, no caso de locação de imóvel urbano, se se pretender convencionar uma garantia ou registrar o pacto para fins de proteção do locatário no caso de venda do bem a terceiro[22].

Para a validade desse tipo de contrato, além de todos os elementos essenciais exigíveis para todas as espécies de negócios jurídicos, é preciso que se observem algumas características especiais quanto ao objeto e remuneração.

O objeto da locação pode ser móvel ou imóvel, corpóreos ou incorpóreos. Todavia, é preciso que o bem seja infungível e não consumível, pois o traço característico da locação é o retorno da coisa locada ao seu dono. Por essa mesma razão, não constitui óbice à locação a inalienabilidade da coisa, ainda que estes, tecnicamente sejam considerados bens fora do comércio[23].

O preço, denominado aluguel ou remuneração, também é essencial para a configuração da locação de coisas, sob pena do contrato ser descaracterizado para comodato, um tipo de empréstimo gratuito, que também envolve o uso da coisa. Geralmente é fixado pelas partes, mas também pode ocorrer mediante arbitramento administrativo ou judicial, por impo-

---

22 GAGLIANO, Pablo Stolze e PAMPLONA FILHO, Rodolfo. *Novo curso de direito civil:* contratos: contratos em espécie. 6. ed. rev., atual. e ampl. São Paulo: Saraiva, v. 4, t. II, 2013. p. 200-202. FIÚZA, César. *Direito civil:* curso completo. 13. ed. rev., atual. e ampl. 2. tir. Belo Horizonte: Del Rey, 2009. p. 523-524.

23 DINIZ, Maria Helena. *Curso de direito civil brasileiro:* teoria geral das obrigações contratuais e extracontratuais. 28. ed. São Paulo: Saraiva, v. 3, 2012. p. 284-287. GAGLIANO, Pablo Stolze e PAMPLONA FILHO, Rodolfo. *Novo curso de direito civil:* contratos: contratos em espécie. 6. ed. rev., atual. e ampl. São Paulo: Saraiva, v. 4, t. II, 2013. p. 197-199. FIÚZA, César. *Direito civil:* curso completo. 13. ed. rev., atual. e ampl. 2. tir. Belo Horizonte: Del Rey, 2009. p. 522-523.

sição de ato governamental ou em concorrência pública, nas locações de bens da União, não cabendo, todavia, a sua estipulação potestativa, ou seja, ao arbítrio exclusivo de um dos contratantes[24].

Como também ocorre na compra e venda, o preço deve ser sério, real. A fixação em valor ínfimo ou irrisório descaracterizará o contrato. Deve ser, ainda, determinado ou menos determinável, sendo possível sua determinação de acordo com índices estabelecidos pela lei[25].

Em regra, o pagamento deve ser realizado, periodicamente, em dinheiro, mas nada obsta que se convencione que parte seja em dinheiro e outra parte em frutos, produtos, obras ou benfeitorias feitas pelo locatário. A exclusão total do dinheiro como forma de pagamento faz com que a locação se converta em contrato atípico[26].

---

24 DINIZ, Maria Helena. *Curso de direito civil brasileiro:* teoria geral das obrigações contratuais e extracontratuais. 28. ed. São Paulo: Saraiva, v. 3, 2012. p. 287. GAGLIANO, Pablo Stolze e PAMPLONA FILHO, Rodolfo. *Novo curso de direito civil*: contratos: contratos em espécie. 6. ed. rev., atual. e ampl. São Paulo: Saraiva, v. 4, t. II, 2013. p. 199-200. FIÚZA, César. *Direito civil*: curso completo. 13. ed. rev. atual. e ampl. 2. tir. Belo Horizonte: Del Rey, 2009. p. 522-523.

25 DINIZ, Maria Helena. *Curso de direito civil brasileiro:* teoria geral das obrigações contratuais e extracontratuais. 28. ed. São Paulo: Saraiva, v. 3, 2012. p. 287. GAGLIANO, Pablo Stolze e PAMPLONA FILHO, Rodolfo. *Novo curso de direito civil*: contratos: contratos em espécie. 6. ed. rev., atual. e ampl. São Paulo: Saraiva, v. 4, t. II, 2013. p. 199-200. FIÚZA, César. *Direito civil*: curso completo. 13. ed. rev. atual. e ampl. 2. tir. Belo Horizonte: Del Rey, 2009. p. 522-523.

26 DINIZ, Maria Helena. *Curso de direito civil brasileiro:* teoria geral das obrigações contratuais e extracontratuais. 28. ed. São Paulo:

Excepcionalmente, o aluguel pode ser pago de uma só vez por todo o período da locação, como sucede com os aluguéis de temporada, que podem ser exigidos antecipadamente e de uma só vez (art. 20 da atual lei do Inquilinato).

Já o consentimento manifestado pelas partes, que gera o contrato de locação de coisas, pode ser expresso ou tácito, observando algumas peculiaridades quanto à questão da legitimidade, a saber.

A coisa não precisa ser, necessariamente, propriedade do locador, haja vista que a locação não acarreta transferência do domínio, acarretando o retorno da coisa ao proprietário ao final do prazo avençado. Sendo assim, aquele que possui poderes de administração sobre a coisa pode locá-la, a exemplo do inventariante em relação aos bens do espólio, do usufrutuário, dos pais e outros representantes legais no tocante aos bens dos representados[27].

No mais, o condômino de coisa indivisa não pode, sozinho, dar em locação o bem comum, porque é proprietário somen-

---

Saraiva, v. 3, 2012. p. 287. GAGLIANO, Pablo Stolze e PAMPLONA FILHO, Rodolfo. *Novo curso de direito civil*: contratos: contratos em espécie. 6. ed. rev., atual. e ampl. São Paulo: Saraiva, v. 4, t. II, 2013. p. 199-200. FIÚZA, César. *Direito civil*: curso completo. 13. ed. rev., atual. e ampl. 2. tir. Belo Horizonte: Del Rey, 2009. p. 522-523

27 DINIZ, Maria Helena. *Curso de direito civil brasileiro:* teoria geral das obrigações contratuais e extracontratuais. 28. ed. São Paulo: Saraiva, v. 3, 2012. p. 282-283. GAGLIANO, Pablo Stolze e PAMPLONA FILHO, Rodolfo. *Novo curso de direito civil*: contratos: contratos em espécie. 6. ed. rev., atual. e ampl. São Paulo: Saraiva, v. 4, t. II, 2013. p. 198. FIÚZA, César. *Direito civil:* curso completo. 13. ed. rev., atual. e ampl. 2. tir. Belo Horizonte: Del Rey, 2009. p. 522-523.

te de parte ideal. Nesses casos, deve haver deliberação por mútuo acordo entre os condôminos, ou pela maioria em caso de divergência, tendo o condômino preferência ao estranho na locação[28].

As obrigações do locador (possuidor indireto) consistem em: (a) entregar ao locatário a coisa alugada, com suas pertenças, que, não sendo partes integrantes (como o são os frutos, produtos e benfeitorias), estão afetados por forma duradoura ao serviço ou ornamentação de outro bem; (b) manter a coisa no mesmo estado, pelo tempo do contrato, realizando os reparos necessários para que a coisa seja mantida em condições de uso, salvo convenção em contrário, sob pena de permitir ao locatário a redução proporcional do preço ou até mesmo a resolução do contrato, caso o bem deixe de servir para o fim a que se destinava; (c) garantir o uso pacífico da coisa, abstendo-se, pessoalmente da prática de qualquer ato que possa perturbar o uso e gozo da coisa, bem como resguardando o locatário contra embaraços e turbações de terceiros; (d) responder pelos vícios e defeitos ocultos da coisa locada, anteriores à locação, segundo a teoria dos vícios redibitórios, se o negócio for civil, ou teoria da qualidade, nos casos de contrato de consumo[29].

---

28 DINIZ, Maria Helena. *Curso de direito civil brasileiro:* teoria geral das obrigações contratuais e extracontratuais. 28. ed. São Paulo: Saraiva, v. 3, 2012. p. 282-283. FIÚZA, César. *Direito civil*: curso completo. 13. ed. rev., atual. e ampl. 2. tir. Belo Horizonte: Del Rey, 2009. p. 522-523.

29 DINIZ, Maria Helena. *Curso de direito civil brasileiro*: teoria geral das obrigações contratuais e extracontratuais. 28. ed. São Paulo: Saraiva, v. 3, 2012. p. 290-295. GAGLIANO, Pablo Stolze e PAMPLONA FILHO, Rodolfo. *Novo curso de direito civil*: contra-

Sobre as obrigações do locatário (possuidor direto), pode--se dizer que (a) este é obrigado a servir-se da coisa alugada para os usos convencionados, sob pena de resolução do contrato, com perdas e danos; (b) tratar a coisa como se sua fosse; (c) a pagar pontualmente o aluguel (mais impostos e taxas, se assim for convencionado) nos prazos ajustados ou, na falta de ajuste, segundo o costume do lugar; (d) dar conhecimento do locador as turbações de terceiros, fundadas em direito; e (e) a restituir a coisa, finda a locação, no estado em que a recebeu, salvo as deteriorações naturais ao uso regular, sendo que o descumprimento de tal dever caracteriza a posse injusta e de má-fé, com todos os consectários legais[30].

Esclareça-se que, conforme mencionado anteriormente, cabe ao locador a obrigação de resguardar o locatário dos embaraços e turbações de terceiros que tenham ou pretendam ter direitos sobre a coisa alugada, razão pela qual se faz necessário que o inquilino lhe dê ciência do fato. Todavia, se se tratar de questão de fato, ou seja, perturbações de fato decorrentes de atos de vizinhos, colocatários ou terceiros, cabe ao próprio inquilino a defesa de seus direitos.

---

tos: contratos em espécie. 6. ed. rev., atual. e ampl. São Paulo: Saraiva, v. 4, t. II, 2013. p. 216-222. FIÚZA, César. *Direito civil*: curso completo. 13. ed. rev., atual. e ampl. 2. tir. Belo Horizonte: Del Rey, 2009. p. 524-527.

30 DINIZ, Maria Helena. *Curso de direito civil brasileiro:* teoria geral das obrigações contratuais e extracontratuais. 28. ed. São Paulo: Saraiva, v. 3, 2012. p. 295-302. GAGLIANO, Pablo Stolze e PAMPLONA FILHO, Rodolfo. *Novo curso de direito civil*: contratos: contratos em espécie. 6. ed. rev., atual. e ampl. São Paulo: Saraiva, v. 4, t. II, 2013. p. 222-226. FIÚZA, César. *Direito civil:* curso completo. 13. ed. rev. atual. e ampl. 2. tir. Belo Horizonte: Del Rey, 2009. p. 527.

Por outro lado, salvo convenção em contrário, o locatário pode reter a coisa alugada, na hipótese do locador se recusar a indenizá-lo pela realização de benfeitoria necessária na coisa locada, mesmo feita sem prévia licença do proprietário. Quanto às benfeitorias úteis, todavia, só devem ser indenizadas aquelas realizadas com expresso consentimento do locador.

Bastante útil é a locação para uma existência digna, pois possibilita alugar bens móveis e imóveis residenciais e comerciais, facilitando a obtenção de moradia ou o exercício de atividades mercantis, ressaltando a função social da posse.

Contratos atípicos que merecem menção neste ponto, por mesclarem características de locação por temporada, hospedagem, corretagem e prestação de serviços, gerando uma nova fonte de negócios, são aqueles intermediados pela plataforma virtual *Airbnb*, uma rede social, baseada na confiança, no qual uma pessoa, anfitrião(ã), pode anunciar seus imóveis para hospedagem de terceiros (hóspedes)[31]. Tais contratos atípicos, que não se subordinam à uma disciplina jurídica específica, ressalte-se, são uma decorrência da liberdade aplicada à seara dos contratos. A autonomia privada abrange a liberdade de contratar e a liberdade contratual. A liberdade de contratar (a *Abschlussfreiheit* dos autores alemães) importa em liberdade de decidir celebrar ou não o contrato e liberdade de escolher o outro contratante; já a liberdade contratual (*Gestaltungsfreiheit*), na liberdade de determinar o conteúdo do contrato,

31 DANELUZZI, Maria Helena Marques Braceiro e MATHIAS, Maria Ligia Coelho. Breves considerações sobre a responsabilidade civil da plataforma "Airbnb" e afins, do anfitrião e do locatário/hóspede. *Direito em debate*. DINIZ, Maria Helena (coord.). São Paulo: Almedina, v. 1, 2020, p. 215-230. p. 216.

valendo-se, inclusive, da autorização legal para criação de contratos atípicos, contida no art. 425, do Código Civil.

O *Airbnb* teve início em 2007, quando dois *designers*, por terem um espaço livre em sua casa em São Francisco, hospedaram viajantes, que buscavam um local para permanecerem. Hodiernamente, com base nisso, milhares de anfitriões (auxiliados pelos *superhosts* – anfitriões experientes) e viajantes preferem criar uma conta gratuita no *Airbnb* para anunciar seu espaço e reservar acomodação, por ser uma plataforma considerada segura para se hospedar uma estadia ou hospedar uma experiência (eventos culturais, passeios turísticos etc.), transferindo pagamentos mediante cartão de crédito. O anfitrião paga uma taxa de serviço no valor de 3% da reserva e o hóspede uma taxa de 14% da referida reserva, a ser paga 24 horas após o *check-in* programado, que, com isso auxiliam o *Airbnb* a apoiar os anfitriões por meio de *marketing*. Dessa forma, o anfitrião procura dar uma função social à sua propriedade apesar de o hóspede não ser possuidor.

A "*Airbnb*" presta serviço como uma rede social, por meio da qual uma pessoa coloca anúncio de um espaço para hospedagem (quartos simples, duplo ou triplo, casa, iate, apartamento), incluindo áreas de lazer, cozinha, lavanderia, estacionamento etc., e outra pessoa reserva a acomodação ofertada após avaliação prévia.

O cadastro prévio de anfitriões e hóspedes na plataforma *Airbnb*, possibilitando a avaliação pelos usuários de sua confiabilidade, fortalece a segurança e credibilidade do negócio[32].

---

32 DANELUZZI, Maria Helena Marques Braceiro e MATHIAS, Maria Ligia Coelho. Breves considerações sobre a responsabilida-

Os anfitriões (proprietários, locatários (se puderem sublocar), usufrutuários) poderão aprovar ou não a reserva e haverá triagens sobre hóspedes e anfitriões, que, se forem aceitos, deverão efetuar o pagamento, que abrange taxa de serviço e comissão, se não o forem ou não houver resposta em 24 horas, nenhuma cobrança será feita. Por sua vez, o recurso à plataforma *Airbnb* ocorre por diversas razões, ressaltando-se se tratar de negócio mais acessível do ponto de vista financeiro, se comparado à hospedagem tradicional, e de maior comodidade, tendo em vista a estrutura completa que o imóvel possui. As taxas são menores que as dos hotéis e ainda possibilita reunião de amigos e familiares num mesmo espaço, facilitando reuniões e decisões sobre turismo. Mas, por outro lado, não oferece a segurança que se encontra na rede hoteleira.

Em relação à posse, o ponto central é que o hóspede não adquire a posse do imóvel selecionado via *Airbnb*, embora possa usá-lo na qualidade de detentor e não de possuidor, não lhe cabendo, contudo, utilizar das consequências jurídicas decorrentes da posse, como as ações possessórias, por exemplo[33].

---

de civil da plataforma "Airbnb" e afins, do anfitrião e do locatário/hóspede. *Direito em debate*. DINIZ, Maria Helena (coord.). São Paulo: Almedina, v. 1, 2020, p. 215-230. p. 216.

33 DANELUZZI, Maria Helena Marques Braceiro e MATHIAS, Maria Ligia Coelho. Breves considerações sobre a responsabilidade civil da plataforma "Airbnb" e afins, do anfitrião e do locatário/hóspede. *Direito em debate*. DINIZ, Maria Helena (coord.). São Paulo: Almedina, v. 1, 2020, p. 215-230. p. 217. O hóspede, pela sua situação de dependência em relação ao anfitrião (proprietário, possuidor direto ou indireto) é mero detentor, pois só deve

Em se tratando de imóvel localizado em condomínio, ressalte-se que há decisão do Superior Tribunal de Justiça[34]

cumprir instruções por ele estabelecidas. AIRBNB. *O que é o Airbnb e como ele funciona?* Disponível em: https://www.airbnb.com.br/help/article/2503/o-que-%C3%A9-o-airbnb-e-como-ele-funciona. Acesso em: 27 fev. 2022.

34 "DIREITO CIVIL. RECURSO ESPECIAL. CONDOMÍNIO EDILÍCIO RESIDENCIAL.

AÇÃO DE OBRIGAÇÃO DE NÃO FAZER. LOCAÇÃO FRACIONADA DE IMÓVEL PARA PESSOAS SEM VÍNCULO ENTRE SI, POR CURTOS PERÍODOS. CONTRATAÇÕES CONCOMITANTES, INDEPENDENTES E INFORMAIS, POR PRAZOS VARIADOS.

OFERTA POR MEIO DE PLATAFORMAS DIGITAIS ESPECIALIZADAS DIVERSAS.

HOSPEDAGEM ATÍPICA. USO NÃO RESIDENCIAL DA UNIDADE CONDOMINIAL. ALTA ROTATIVIDADE, COM POTENCIAL AMEAÇA À SEGURANÇA, AO SOSSEGO E À SAÚDE DOS CONDÔMINOS. CONTRARIEDADE À CONVENÇÃO DE CONDOMÍNIO QUE PREVÊ DESTINAÇÃO RESIDENCIAL. RECURSO IMPROVIDO. 1. Os conceitos de domicílio e residência (CC/2002, arts. 70 a 78), centrados na ideia de permanência e habitualidade, não se coadunam com as características de transitoriedade, eventualidade e temporariedade efêmera, presentes na hospedagem, particularmente naqueles moldes anunciados por meio de plataformas digitais de hospedagem. 2. Na hipótese, tem-se um contrato atípico de hospedagem, que se equipara à nova modalidade surgida nos dias atuais, marcados pelos influxos da avançada tecnologia e pelas facilidades de comunicação e acesso proporcionadas pela rede mundial da internet, e que se vem tornando bastante popular, de um lado, como forma de incremento ou complementação de renda de senhorios, e, de outro, de obtenção, por viajantes e outros interessados, de acolhida e abrigo de reduzido custo. 3. Trata-se de modalidade singela e inovadora de hospedagem de pessoas, sem vínculo entre si, em ambientes físicos de estrutura típica residen-

entendendo que pode haver restrição ou proibição de vincu-

---

cial familiar, exercida sem inerente profissionalismo por aquele que atua na produção desse serviço para os interessados, sendo a atividade comumente anunciada por meio de plataformas digitais variadas. As ofertas são feitas por proprietários ou possuidores de imóveis de padrão residencial, dotados de espaços ociosos, aptos ou adaptados para acomodar, com certa privacidade e limitado conforto, o interessado, atendendo, geralmente, à demanda de pessoas menos exigentes, como jovens estudantes ou viajantes, estes por motivação turística ou laboral, atraídos pelos baixos preços cobrados. 4. Embora aparentemente lícita, essa peculiar recente forma de hospedagem não encontra, ainda, clara definição doutrinária, nem tem legislação reguladora no Brasil, e, registre-se, não se confunde com aquelas espécies tradicionais de locação, regidas pela Lei n. 8.245/91, nem mesmo com aquela menos antiga, genericamente denominada de aluguel por temporada (art. 48 da Lei de Locações). 5. Diferentemente do caso sob exame, a locação por temporada não prevê aluguel informal e fracionado de quartos existentes num imóvel para hospedagem de distintas pessoas estranhas entre si, mas sim a locação plena e formalizada de imóvel adequado a servir de residência temporária para determinado locatário e, por óbvio, seus familiares ou amigos, por prazo não superior a noventa dias. 6. Tampouco a nova modalidade de hospedagem se enquadra dentre os usuais tipos de hospedagem ofertados, de modo formal e profissionalizado, por hotéis, pousadas, hospedarias, motéis e outros estabelecimentos da rede tradicional provisora de alojamento, conforto e variados serviços à clientela, regida pela Lei 11.771/2008. 7. O direito de o proprietário condômino usar, gozar e dispor livremente do seu bem imóvel, nos termos dos arts. 1.228 e 1.335 do Código Civil de 2002 e 19 da Lei n. 4.591/64, deve harmonizar-se com os direitos relativos à segurança, ao sossego e à saúde das demais múltiplas propriedades abrangidas no Condomínio, de acordo com as razoáveis limitações aprovadas pela maioria de condôminos, pois são limitações concernentes à natureza da propriedade privada em regime de condomínio edilício. 8. O Código Civil, em seus arts. 1.333 e 1.334, concede autonomia e força normativa à convenção

lação de imóvel de condômino à plataforma virtual *Airbnb*, sob o fundamento de que sua propriedade e sua posse devem harmonizar-se com os direitos relativos à segurança, ao sossego e à saúde dos demais condôminos.

No âmbito do Supremo Tribunal Federal[35], também houve decisão mantendo a suspensão temporária dos serviços da plataforma virtual *Airbnb*, em virtude da pandemia da Covid-19, nos casos determinados formalmente pelas autorida-

---

de condomínio regularmente aprovada e registrada no Cartório de Registro de Imóveis competente. Portanto, existindo na Convenção de Condomínio regra impondo destinação residencial, mostra-se indevido o uso de unidades particulares que, por sua natureza, implique o desvirtuamento daquela finalidade (CC/2002, arts. 1.332, III, e 1.336, IV). 9. Não obstante, ressalva-se a possibilidade de os próprios condôminos de um condomínio edilício de fim residencial deliberarem em assembleia, por maioria qualificada (de dois terços das frações ideais), permitir a utilização das unidades condominiais para fins de hospedagem atípica, por intermédio de plataformas digitais ou outra modalidade de oferta, ampliando o uso para além do estritamente residencial e, posteriormente, querendo, incorporarem essa modificação à Convenção do Condomínio. 10. Recurso especial desprovido" (STJ, REsp 1819075/RS, Rel. Ministro Luis Felipe Salomão, Rel. p/ Acórdão Ministro Raul Araújo, 4ª T., julgado em 20-4-2021, *DJe* 27-5-2021).

35 "MEDIDA CAUTELAR NA SUSPENSÃO DE LIMINAR. AGRAVO DE INSTRUMENTO EM AÇÃO CIVIL PÚBLICA. SERVIÇO DE RESERVA E LOCAÇÃO DE ACOMODAÇÕES NO ÂMBITO DO MUNICÍPIO REQUERENTE. PREDOMINÂNCIA DO INTERESSE LOCAL. JURISPRUDÊNCIA DO PLENÁRIO DO SUPREMO TRIBUNAL FEDERAL. MEDIDA CAUTELAR DEFERIDA" (STF, SL 1334, decisão proferida pelo Min. Luiz Fux (Vice-Presidente), j. 26-5-2020, publ. 28-5-2020).

des administrativas locais, o que implicou na restrição da propriedade e da posse dos Anfitriões, por razões de ordem pública.

A intermediação do negócio via plataforma *on line* permite caracterizar a relação entre *Airbnb* (fornecedor) e anfitriões (consumidor em relação ao *Airbnb*) como relação de consumo. Da mesma forma, a relação entre *Airbnb* (fornecedor) e hóspedes (consumidores) pode ser considerada relação de consumo. Isso é assim porque anfitriões e hóspedes são destinatários finais do serviço prestado pela *Airbnb*, além de partes vulneráveis, aplicando-se nesses casos os preceitos do Código de Defesa do Consumidor (CDC, arts. 2º, 3º, 14, 20, § 2º), inclusive no que diz respeito à responsabilidade objetiva, conforme já assentado na jurisprudência do Tribunal de Justiça do Estado de São Paulo[36]. No termo de serviços dispo-

36 "INDENIZAÇÃO POR DANOS MATERIAIS E MORAIS. Prestação de serviços. Hospedagem. Plataforma digital Airbnb. Improcedência. – Justiça gratuita. Ausência de prova inequívoca suficiente para revogar o benefício concedido, ônus que competia à requerida. Inteligência dos arts. 100, c.c. 373, II, do CPC/2015. – Mérito. Reserva confirmada e paga. Cancelamento unilateral pela anfitriã. Ausência de suporte ao cliente. Necessidade de contratação de outra hospedagem, fora da plataforma. Evidenciada má-prestação de serviços. Responsabilidade de caráter objetivo. Arts. 3º, § 2º e 14 do CDC. Danos morais configurados. Indenização deve ser proporcional à gravidade da conduta lesiva e suas consequências. Aplicação da teoria do desestímulo. Valor da indenização arbitrado em R$ 10.000,00. Sentença reformada. RECURSO PARCIALMENTE PROVIDO" (TJSP; Apelação Cível 1018155-30.2020.8.26.0003; Relator (a): Paulo Alcides; Órgão Julgador: 21ª Câmara de Direito Privado; Foro Regional XI – Pinheiros - 1ª Vara Cível; Data do Julgamento: 4-2-2022; Data de Registro: 4-2-2022).

nibilizado pela plataforma, firmado por adesão, está expresso inclusive cláusulas de renúncia de garantias e limitações de responsabilidade em relação a anfitriões e hóspedes, o que contraria as normas de direito do consumidor no Brasil[37].

Nessa linha, cabe ressaltar que o Código de Defesa do Consumidor se dedica a especificar os direitos básicos do consumidor, elencados no seu art. 6º, quais sejam, a proteção da vida, saúde e segurança; a educação e divulgação sobre o consumo adequado; a informação adequada e clara sobre os diferentes produtos e serviços, com especificação correta de quantidade, características, composição, qualidade, tributos

---

"APELAÇÃO E RECURSO ADESIVO – AÇÃO DECLARATÓRIA DE INEXISTÊNCIA DE DÉBITO C.C. REPETIÇÃO DE INDÉBITO E DANOS MORAIS – RESERVA DE HOSPEDAGEM NA PLATAFORMA AIRBNB POSTERIORMENTE CANCELADA E NÃO REALIZADO O ESTORNO – SENTENÇA DE PARCIAL PROCEDÊNCIA – LEGITIMIDADE PASSIVA DA RÉ RECONHECIDA – REEMBOLSO EFETUADO PELA RÉ APÓS A CITAÇÃO – PENALIDADE PREVISTA NO ART. 42, PARÁGRAFO ÚNICO DO CDC AFASTADA ANTE A AUSÊNCIA DE DEMONSTRAÇÃO DE MÁ-FÉ – DEVIDO O PAGAMENTO DE CORREÇÃO MONETÁRIA SOBRE O VALOR REEMBOLSADO POR SE TRATAR DE MERA RECOMPOSIÇÃO DA MOEDA – LESÃO ANÍMICA PASSÍVEL DE REPARAÇÃO PECUNIÁRIA – RECURSO DE APELAÇÃO PARCIALMENTE PROVIDO E RECURSO ADESIVO PROVIDO" (TJSP; Apelação Cível 1106518-90.2020.8.26.0100; Relator (a): Cesar Luiz de Almeida; Órgão Julgador: 28ª Câmara de Direito Privado; Foro Central Cível - 4ª Vara Cível; Data do Julgamento: 28-9-2021; Data de Registro: 28-9-2021).

37 AIRBNB. *Termos de serviço para usuários não europeus*. Disponível em: https://www.airbnb.com.br/help/article/2908/termos-de--servi%C3%A7o#2. Acesso em: 27 fev. 2022.

incidentes e preço, bem como sobre os riscos que apresentem; a proteção contra a publicidade enganosa e abusiva; a modificação das cláusulas contratuais que estabeleçam prestações desproporcionais; a efetiva prevenção e reparação de danos patrimoniais e morais; o acesso aos órgãos judiciários e administrativos; a facilitação da defesa de seus direitos, inclusive com a inversão do ônus da prova; e a adequada e eficaz prestação dos serviços públicos em geral.

Trata-se de enumeração fundamentada nos Direitos e Garantias Fundamentais da Constituição Federal, o que implica, portanto, em direitos inalienáveis, intransferíveis e irrenunciáveis[38]. Ao mesmo tempo, esse método de imposição de deveres legais impede que o consumidor, através de contrato, libere o fornecedor dos seus deveres, que são legais, impostos por norma jurídica de ordem pública, indisponíveis por vontade das partes[39]. Por essas razões, tornam-se questionáveis as cláusulas de limitação de responsabilidade e renúncia de garantias encontradas no termo geral de serviços da plataforma *Airbnb*.

Por outro lado, a enumeração materializada no art. 6º do Código de Defesa do Consumidor não é taxativa, de acordo com o que se depreende do art. 7º da referida lei, mas aberta, ou seja, inclui outros direitos decorrentes da legislação

---

38 MELLO, Sônia Maria Vieira de. *O direito do consumidor na era da globalização*: a descoberta da cidadania. Rio de Janeiro: Renovar, 1998. p. 33.

39 MARQUES, Cláudia Lima. *Contratos no Código de Defesa do Consumidor:* o novo regime das relações contratuais. 4. ed. rev., atual. e ampl. São Paulo: Revista dos Tribunais, 2002. p. 508.

interna ordinária, endereçadas à proteção do consumidor, de caráter civil, administrativo, penal etc.[40].

Dentre as peculiaridades da proteção do consumidor que marcam o Código de Defesa do Consumidor brasileiro, podemos citar, ainda, a responsabilidade civil objetiva do fornecedor (arts. 12 e 14), com exceção para os profissionais liberais, os quais deverão responder apenas no caso de culpa; a solidariedade na reparação dos danos causados ao consumidor (arts. 18, 19 e 25, § 2º); a possibilidade de desconsideração da personalidade jurídica do fornecedor (art. 28); a nulidade de cláusulas abusivas (arts. 39, V, e 51, IV e § 1º, III); e a impossibilidade de renúncia de garantias pelo consumidor (art. 51, I). Todas essas peculiaridades poderão ser invocadas nos casos de contratos com a plataforma *Airbnb*.

O desrespeito, pelo fornecedor, dos deveres estabelecidos no Código de Defesa do Consumidor, gera a possibilidade para o consumidor (e aos órgãos auxiliares, públicos e privados), de compeli-lo a cumpri-los, através de ações coletivas e individuais[41]. Ao tratar da defesa do consumidor em juízo, a Lei n. 8.078/90, em seu art. 81, estabelece que esta poderá ser exercida individualmente ou a título coletivo, sendo que a defesa coletiva está direcionada para interesses ou direitos difusos, coletivos ou individuais homogêneos[42]. Dessa forma,

40 MARQUES, Cláudia Lima. *Contratos no Código de Defesa do Consumidor:* o novo regime das relações contratuais. 4. ed. rev., atual. e ampl. São Paulo: Revista dos Tribunais, 2002. p. 510.

41 MARQUES, Cláudia Lima. *Contratos no Código de Defesa do Consumidor*: o novo regime das relações contratuais. 4. ed. rev., atual. e ampl. São Paulo: Revista dos Tribunais, 2002. p.508.

42 Segundo o próprio Código, direitos difusos são aqueles transindividuais, de natureza indivisível, com titulares indeterminados e

o CDC permite a proteção dos consumidores em larga escala, mediante ações coletivas e ações civis públicas, de iniciativa do Ministério Público ou associações de defesa do consumidor, cuja importância vem sendo cada vez mais reconhecida, por permitirem o controle como um todo das ações dos fornecedores[43]. Um exemplo de ação coletiva envolvendo a plataforma *Airbnb* é a ACP n. 5000595-42.2020.8.21.0101/RS, com o objetivo de suspender as atividades da plataforma, de forma temporária, durante a pandemia da Covid-19.

Por sua vez, a relação entre anfitrião e hóspede é, em regra, relação contratual civil[44], uma vez que o anfitrião não presta

---

ligados por circunstâncias de fato; direitos coletivos, também de caráter transindividual e indivisível, estão atrelados a um grupo, categoria ou classe de pessoas ligadas por uma relação jurídica base; e direitos individuais homogêneos, são aqueles divisíveis, decorrentes de origem comum.

43 NUNES, Luis Antonio Rizzatto. *Curso de direito do consumidor*. 8. ed. rev. e atual. São Paulo: Saraiva, 2013. p. 794.

44 Em sentido contrário, decidindo pela solidariedade entre *Airbnb* e anfitriã, segue jurisprudência do TJSP:

"Ação de indenização por danos materiais e morais. Sentença de parcial procedência. Autora que contratou hospedagem de uma residência particular por meio de plataforma digital da empresa AIRBNB, com o fim de ali se preparar, juntamente com pessoas próximas, para cerimônia de seu casamento. Chegada ao local na data agendada, não conseguindo se hospedar, devido às condições deploráveis de acomodação, precisando buscar às pressas novo local para se preparar para a cerimônia. Alegações de ilegitimidade passiva da empresa ré e ilegitimidade ativa da coautora. Não acolhimento. Aplicação das regras do Código de Defesa do Consumidor. Responsabilidade objetiva e solidária das corrés pelos fatos narrados. Danos materiais comprovados, com determinação

serviço, mas apenas cede temporariamente, de forma remu-

---

de reembolso do valor da diária paga. Dano moral caracterizado. Abalo e transtornos evidentes que superam o mero aborrecimento e foram gerados em razão da atuação das rés. Quantum indenizatório fixado em R$ 5.000,00 para cada autora. Redução para R$ 2.000,00 para cada uma. Observância dos critérios da razoabilidade e proporcionalidade. Recursos parcialmente providos. Foi corretamente afastada alegação de ilegitimidade passiva suscitada pela ré AIRBNB. A legitimidade "ad causam" está caracterizada pela relação de correta adequação entre o sujeito e a causa, devendo ser examinada a situação de direito material posta em juízo. A empresa ré pertence ao mesmo grupo econômico da "Airbnb Irlanda", restando evidenciada a solidariedade entre tais empresas. Não se vislumbra ilegitimidade ativa da autora Joabia Arlindo da Costa, pois, embora não tenha firmado o contrato com a plataforma digital da ré, sustentou ter sofrido abalo moral em razão do estado que se encontrava o imóvel anunciado pelas rés e que seria utilizado para a preparação do seu casamento, de modo que sua legitimidade ativa é aferida em estado de asserção, conforme a causa de pedir e pedido deduzidos na exordial. A falha na prestação dos serviços referentes à hospedagem ficou demonstrada, sendo a responsabilidade objetiva nos termos do artigo 14 do CDC, de modo que há o dever de indenizar. Restou evidenciada a impossibilidade de acomodação das autoras no imóvel reservado por meio da plataforma digital, o qual seria utilizado para se prepararem para a cerimônia de seu casamento, verificando-se que o estado geral do imóvel estava comprometido para a hospedagem e utilização imediata, não subsistindo alegação das corrés buscando se eximir de responsabilidade, porquanto no caso a responsabilidade é solidária, devendo ambas ressarcir os danos causados às consumidoras. O episódio vivenciado não pode ser enquadrado como mero dissabor, superando em muito esse estágio, razão pela qual merecem as autoras ser indenizadas pelo prejuízo sofrido em seu patrimônio moral. A quantificação dos danos morais observa o princípio da lógica do razoável, ou seja, deve a indenização ser proporcional ao dano e compatível com a reprovabilidade da conduta ilícita, a intensidade e a duração dos transtornos experi-

nerada, o uso de bens imóveis e móveis de sua propriedade, que não podem ser caracterizados como produtos, além do que não atua de forma habitual ou profissional no mercado de hospedagem. A gestão profissional do contrato ocorre por parte da *Airbnb*, que detém a expertise para tanto. Consequentemente, no caso de dano, aplicar-se-ão as regras de responsabilidade civil subjetiva, nos termos do Código Civil.

Conforme as informações disponibilizadas no *site* da *Airbnb*, quando o anfitrião aceita um pedido de reserva ou recebe uma confirmação de reserva através da plataforma *Airbnb*, ele está celebrando um contrato diretamente com o hóspede e é responsável pela prestação do serviço de anfitrião de acordo com os termos e preços especificados no seu anúncio veiculado através da plataforma[45]. Todavia, tal cláusula, firmada por adesão, estabelece-se claramente numa tentativa de se furtar ou mitigar a sua responsabilidade perante os hóspedes, incluindo o anfitrião numa suposta cadeia de produção, forçando o reconhecimento de uma solidariedade que não se sustenta na lei.

---

mentados pela vítima, a capacidade econômica do causador dos danos e as condições sociais do ofendido. A fixação em R$ 5.000,00 para cada autora revela-se excessiva, devendo ser reduzida para R$ 2.000,00 para cada demandante, por ser razoável e proporcional às circunstâncias do caso" (TJSP; Apelação Cível 1086843-78.2019.8.26.0100; Relator (a): Kioitsi Chicuta; Órgão Julgador: 32ª Câmara de Direito Privado; Foro Central Cível - 29ª Vara Cível; Data do Julgamento: 18-10-2021; Data de Registro: 18-10-2021).

45 AIRBNB. *Termos de serviço para usuários não europeus*. Disponível em: https://www.airbnb.com.br/help/article/2908/termos-de--servi%C3%A7o#2. Acesso em: 27 fev. 2022.

Em todos os casos envolvendo a plataforma *Airbnb*, tendo em vista que o vínculo entre as partes se forma a partir de uma plataforma virtual, sem espaço para discussões entre as partes, resta configurado o contrato de adesão, em que uma das partes, o aderente, tem a sua autonomia privada fortemente cerceada pela parte mais forte do contrato, num desvio do processo natural de formação dos contratos.

Em regra, na formação dos contratos há três fases: negociações preliminares, proposta e aceitação. As negociações preliminares consistem nas conversações prévias, sondagens e estudos sobre os interesses dos contraentes, tendo em vista o contrato futuro, sem que haja, a princípio, qualquer vinculação jurídica entre os participantes; a proposta é uma declaração receptícia de vontade dirigida de uma parte à outra, manifestando a intenção de se vincular num referido negócio; e a aceitação é a manifestação expressa ou tácita do destinatário da proposta, aderindo a esta em todos os seus termos, tornando o contrato definitivamente concluído[46]. O contrato por adesão, ou contrato *standard*, é aquele que elimina a fase das negociações preliminares, sendo todas as cláusulas predispostas por uma das partes, e a outra parte, aderente, tem apenas a alternativa de aceitar ou não, as cláusulas contratuais, em bloco. O aderente, geralmente a parte economicamente mais frágil da relação negocial, não discute as cláusulas contratuais nem apresenta contraproposta. Assim, pode-se notar que a liberdade contratual, no caso do contrato por adesão, expande-se para uma das partes, às custas da restrição da liberdade contratual da outra parte.

46 DINIZ, Maria Helena. *Tratado teórico e prático dos contratos*. 3. ed. São Paulo: Saraiva, v. 1, 1999. p. 82-83

São características do contrato por adesão a uniformidade, a predeterminação e a rigidez. Uniformidade, na lição do referido autor, implica que o predisponente obtenha número indeterminado de aderentes a aceitação passiva das mesmas condições, sendo invariável o conteúdo de todas as relações contratuais, o que só se caracteriza na hipótese de predeterminação unilateral das cláusulas contratuais; a predeterminação significa que uma das partes preestabeleceu as cláusulas contratuais sem interferência do outro contratante; a rigidez é uma consequência da uniformidade, que seria desfigurada se houvesse flexibilidade em relação à estipulação das cláusulas de um negócio para outro[47].

Por essas razões, o Código Civil determina, sobre os contratos de adesão, que, no caso de cláusulas ambíguas ou contraditórias, a interpretação deve favorecer o aderente, sendo nulas as cláusulas que estipulem a renúncia antecipada do aderente a direito resultante da natureza do negócio (CC, arts. 423 e 424). O Código de Defesa do Consumidor, ao se pronunciar sobre a matéria, estabelece, no seu art. 54, que "contrato de adesão é aquele cujas cláusulas tenham sido aprovadas pela autoridade competente ou estabelecidas unilateralmente pelo fornecedor de produtos ou serviços, sem que o consumidor possa discutir ou modificar substancialmente seu conteúdo".

Resta evidente, todavia, que, embora o negócio gerido pela *Airbnb* se trate de contrato atípico e celebrado por adesão, está inserido no segmento da economia de compartilhamen-

---

47 GOMES, Orlando. *Contratos* (atualizado por Humberto Theodoro Júnior). 25. ed. Rio de Janeiro: Forense, 2002. p. 118-119.

to, que prega uma nova cultura contrária ao desperdício e uma mudança de estilo de vida, o que será tratado adiante, havendo uma grande adesão popular ao novo formato[48], pela possibilidade de novas experiências e pelo baixo custo.

48 No terceiro trimestre de 2021, o *Airbnb* registrou faturamento de 2,23 bilhões de dólares, superior ao obtido no mesmo período do ano de 2019, o que demonstra um crescimento da atividade, mesmo diante da Pandemia da Covid-19 (ISTO É – DINHEIRO. *Airbnb tem o melhor trimestre de sua história*. Disponível em: https://www.istoedinheiro.com.br/airbnb-tem-o-melhor-trimestre-de-sua-historia/. Acesso em: 28 fev. 2022).

CAPÍTULO 9

Função solidária da posse nas relações consumeristas

9.1. SOCIEDADE DE CONSUMO

Já na Antiguidade Clássica, o consumo era objeto de análises, sob o enfoque da satisfação das necessidades da vida. De acordo com Aristóteles, o homem não pode olvidar que os recursos naturais no mundo são finitos, ensejando uma preocupação acerca de um modo de vida no qual a dependência de artefatos e a acumulação financeira estivessem acompanhados da efetiva contrapartida produtiva[1].

---

1 SOARES-BAPTISTA, Rozália Del Gáudio. Sociedade do consumo e gestão de desejos: marcas e publicidade face à sustentabilidade. In: PIMENTA, Solange Maria *et al.* (coord.). *Sociedade e consumo*: múltiplas dimensões na contemporaneidade. Curitiba: Juruá, 2010. p. 365.

Para a religião Cristã, até a Reforma Protestante, no Século XVI, o consumo excessivo também era concebido como algo maléfico para o Estado, por implicar supostamente na corrupção dos homens e enfraquecimento do caráter, condenando-se a usura, dentro de uma perspectiva moral[2].

O *homo consumericus*, na expressão de Gilles Lipovetsky[3], enfrenta, do ponto de vista individual e psicológico, problemas crescentes, desde o seu surgimento, especialmente a partir do paradigma taylorista-fordista instaurado nas primeiras décadas do século XX[4], a exemplo da exploração do mais forte pelo mais fraco, patologia característica nas contratações de massa, onde se prima pela despersonalização do contratante e padronização das cláusulas contratuais, limitando-se ao extremo a autonomia privada do hipossuficiente técnico-econômico.

Contra a omissão total de proteção aos fracos insurgiram-se pensadores socialistas como Comte, Saint-Simon e Karl

2 SOARES-BAPTISTA, Rozália Del Gáudio. Sociedade do consumo e gestão de desejos: marcas e publicidade face à sustentabilidade. In: PIMENTA, Solange Maria *et al.* (coord.). *Sociedade e consumo:* múltiplas dimensões na contemporaneidade. Curitiba: Juruá, 2010. p. 365.

3 LIPOVETSKY, Gilles. *A felicidade paradoxal:* ensaio sobre a sociedade de hiperconsumo. Tradução Maria Lucia Machado. São Paulo: Companhia das Letras, 2007. p. 128.

4 SOARES-BAPTISTA, Rozália Del Gáudio. Sociedade do consumo e gestão de desejos: marcas e publicidade face à sustentabilidade. In: PIMENTA, Solange Maria *et al.* (coord.). *Sociedade e consumo:* múltiplas dimensões na contemporaneidade. Curitiba: Juruá, 2010. p. 366.

Marx, que denunciaram os abusos da liberdade contratual[5]. O socialismo de Marx e Engels, em sua formulação essencial, insistia na tese de que a revolução burguesa apenas transferiu o poder político dos proprietários da terra para os donos da propriedade industrial[6].

No Brasil, o consumidor está, em tese, juridicamente protegido pela incidência do Código de Defesa do Consumidor, o que implica no reconhecimento da desigualdade entre as partes contratantes (CDC, art. 4º) e consequente proteção ao hipossuficiente, através das seguintes ferramentas, entre outras: nulidade de cláusulas abusivas (CDC, arts. 6º, IV, 39, V, e 51, IV e § 1º, III); impossibilidade de renúncia de garantias pelo consumidor (CDC, art. 51, I); inversão do ônus da prova em favor do consumidor (CDC, art. 6º, VIII); possibilidade de revisão contratual (CDC, art. 6º, V); responsabilidade civil objetiva do fornecedor (CDC, arts. 12 e 14), com exceção para os profissionais liberais, os quais deverão responder apenas no caso de culpa; solidariedade na reparação dos danos causados ao consumidor (CDC, arts. 18, 19, 25, § 2º); desconsideração da personalidade jurídica (CDC, art. 28).

A par da proteção jurídica, a sensação que se tem sobre o consumidor é a de que não necessariamente as pessoas que compram e mantêm mais bens materiais estão mais satisfeitas com as suas vidas, ou mais felizes. Pelo contrário. Problemas como depressão, ansiedade, insônia, obesidade e doenças

5 GILISSEN, John. *Introdução histórica ao direito (Introduction historique au droit)*. 4. ed. Trad. A M. Hespanha e L. M. Macaísta Malheiros. Lisboa: Fundação Calouste Gulbenkian, 2003. p. 739.

6 LASKI, Harold J. *O liberalismo europeu (The rise of european liberalism)*. Tradução Álvaro Cabral. São Paulo: Mestre Jou, 1973. p. 172.

cardíacas se mostram em crescimento alarmante, desde a década de 80[7].

Trata-se de uma situação extremamente contraditória, se pensarmos que trabalhamos tão duro para comprar coisas e, já num momento seguinte, não conseguimos mais viver com elas e, ao mesmo tempo, não podemos nos separar delas, sem ao menos nos perguntarmos qual a verdade sobre o motivo pelo qual temos tantas coisas[8].

Todavia, como ressalta Bauman[9], mostra-se profundamente ineficiente e equivocado examinar-se a lógica do consumo como uma atividade individual e solitária no intuito de se compreender o panorama do consumo atual, fazendo-se necessário focar na verdadeira novidade, qual seja, a sua natureza basicamente social, no ambiente da sociedade de consumidores, e apenas secundariamente na seara psicológica ou comportamental.

Nas palavras de Jean Baudrillard[10],

> "O consumo constitui um mito. Isto é, revela-se como palavra da sociedade contemporânea sobre si mesma; é a maneira como a nossa sociedade se fala. De certa maneira,

---

7 BOTSMAN, Rachel e ROGERS, Roo. *O que é meu é seu:* como o consumo colaborativo vai mudar o nosso mundo. Tradução Rodrigo Sardenberg. Porto Alegre: Bookman, 2011. p. 14.

8 BOTSMAN, Rachel e ROGERS, Roo. *O que é meu é seu*: como o consumo colaborativo vai mudar o nosso mundo. Tradução Rodrigo Sardenberg. Porto Alegre: Bookman, 2011. p. 13.

9 BAUMAN, Zygmunt. *Vida líquida*. Tradução Carlos Alberto Medeiros. Rio de Janeiro: Jorge Zahar, 2007. p. 109.

10 BAUDRILLARD, Jean. *A sociedade de consumo*. S/L: Edições 70, 2010. p. 264.

a única realidade objetiva do consumo é a ideia do consumo, a configuração reflexiva e discursiva, indefinidamente retomada pelo discurso quotidiano e pelo discurso intelectual".

A sociedade de consumo está calcada na ideia de satisfação dos desejos humanos. Tal promessa, contudo, mostra-se sedutora apenas enquanto o desejo permanece irrealizado e o que se torna permanente é, de fato, a insatisfação[11].

A insatisfação se instala a partir do momento em que os produtos, logo após adquiridos, são depreciados e desvalorizados pelo próprio mercado ou, ainda, despertam novos desejos, por novos produtos. A "necessidade" torna-se, assim, compulsão ou vício[12].

Na lição de Bauman[13],

> "Para que a busca de realização possa continuar e novas promessas possam mostrar-se atraentes e cativantes, as promessas já feitas precisam ser quebradas, e as esperanças de realizá-las, frustradas. Um mar de hipocrisia se estendendo das crenças populares às realidades da vida dos consumidores é condição *sine qua non* para que uma sociedade de consumidores funcione apropriadamente. Toda promessa deve ser enganosa, ou pelo menos exagerada, para que a busca continue".

11 BAUMAN, Zygmunt. *Vida líquida*. Tradução Carlos Alberto Medeiros. Rio de Janeiro: Jorge Zahar, 2007. p. 106.

12 BAUMAN, Zygmunt. *Vida líquida*. Tradução Carlos Alberto Medeiros. Rio de Janeiro: Jorge Zahar, 2007. p. 106-107.

13 BAUMAN, Zygmunt. *Vida líquida*. Tradução Carlos Alberto Medeiros. Rio de Janeiro: Jorge Zahar, 2007. p. 108.

A partir do momento em que não os bens, mas a imagem desses bens se torna acessível a toda a sociedade, restam caracterizados os indícios da cultura de consumo. Todo um contexto de imagens e símbolos passam a ser criados e recriados acerca dos bens, o que reflete em novas formas de comportamento, no modo de sentir e pensar de grande parcela da sociedade ocidental[14].

A expressão "cultura de consumo" enfatiza a importância do mundo das mercadorias e seus princípios de estruturação para a compreensão da sociedade contemporânea, dentro de um foco duplo, que verifica a dimensão cultural da economia, pela utilização de bens materiais como símbolos comunicadores, e a economia dos bens culturais, de acordo com os princípios de mercado (oferta, demanda, acumulação de capital, competição e monopolização), operando na esfera dos estilos de vida[15].

Nesse contexto, a cultura de consumo estimula o jogo das diferenças, pregando que estas precisam ser reconhecidas e legitimadas socialmente. Como consequência, a alteridade total e a individualidade total tendem a ser irreconhecíveis[16].

Pode-se afirmar, nessa linha, que a era do consumo, calcada na produtividade acelerada sob o signo do capital, re-

14 TASCHNER, Gisela. *Cultura, consumo e cidadania*. Bauru, SP: EDUSC, 2009. p. 52.

15 FEATHERSTONE, Mike. *Cultura de consumo e pós-modernismo*. Tradução Julio Assis Simões. São Paulo: Studio Nobel, 1995. p. 121.

16 FEATHERSTONE, Mike. *Cultura de consumo e pós-modernismo*. Tradução Julio Assis Simões. São Paulo: Studio Nobel, 1995. p. 124.

presenta igualmente a era da alienação radical. A lógica da mercadoria predomina, ao regular a cultura inteira, desde os processos de trabalho à questão da sexualidade. Passa-se a crer que tudo pode ser espetacularizado, orquestrado em imagens, consumível[17].

Em resumo, o processo generalizado de consumo, transmutado em espetáculo, atinge a imagem e a própria alma do homem. O ser individual e suas reflexões restam abolidos em face da emissão e da recepção de signos. Ao homem do consumo não interessam as suas próprias necessidades e a sua própria imagem, perfazendo-se em imagem dos signos que ordena. A sociedade pensa e fala como sociedade de consumo, e, na medida em que consome, consome-se em ideia, da qual a publicidade é o hino fundamental[18].

A sociedade de consumidores transforma-se, assim, em algo maior do que a soma total dos indivíduos consumidores. É uma sociedade que, perigosamente, julga e avalia seus membros principalmente por suas capacidades consumeristas, sua conduta de consumo[19].

Nesse sentido, a expressão "sociedade de consumidores" verbaliza mais do que a postura dos seus membros de gastar tempo e esforços visando ampliar seus prazeres, refletindo a percepção de que a política de vida dos indivíduos tende a

---

17 BAUDRILLARD, Jean. *A sociedade de consumo*. S/L: Edições 70, 2010. p. 261.

18 BAUDRILLARD, Jean. *A sociedade de consumo*. S/L: Edições 70, 2010. p. 261-262, 264.

19 BAUMAN, Zygmunt. *Vida líquida*. Tradução Carlos Alberto Medeiros. Rio de Janeiro: Jorge Zahar, 2007. p. 109.

ser remodelada com base nos meios e objetos de consumo, segundo as linhas da síndrome consumista[20].

"Necessitando" consumir para definir o seu papel na sociedade, para alcançar o padrão pregado pela cultura de consumo, os indivíduos se lançam em aquisições impensadas, consequência de uma avaliação deturpada das suas possibilidades e má administração das suas finanças, o que já produz efeitos na economia do país e na questão da sustentabilidade.

Não se pode deixar de pontuar que quatro grandes forças atuam em papel fundamental na manipulação do consumidor e no estímulo ao hiperconsumismo: (1) o poder de persuasão, (2) a cultura de comprar agora e pagar depois, (3) a lei dos ciclos de vida e (4) o fator "apenas mais um". Trata-se de um conjunto de fenômenos relacionados aos motivos do consumo, na sua forma atual[21].

O que chamamos de poder de persuasão é o uso da psicologia na projeção de campanhas públicas de marketing eficazes, no sentido de compreender o mecanismo e as razões da mente voltada para o grupo, organizando e controlando as massas sem que elas percebam, abordando os seus desejos de se sentirem bem, possibilitando a venda de praticamente qualquer coisa. Dessa forma, torna-se possível manipular o comportamento dos consumidores, num nível subconsciente profundo, especialmente através dos seus impulsos de agressividade e sexualidade[22].

---

20 BAUMAN, Zygmunt. *Vida líquida*. Tradução Carlos Alberto Medeiros. Rio de Janeiro: Jorge Zahar, 2007. p. 109.

21 BOTSMAN, Rachel e ROGERS, Roo. *O que é meu é seu:* como o consumo colaborativo vai mudar o nosso mundo. Tradução Rodrigo Sardenberg. Porto Alegre: Bookman, 2011. p. 18.

22 BERNAYS, Edward. *Propaganda*. Ig Publishing, 2005. p. 71. BOTSMAN, Rachel e ROGERS, Roo. *O que é meu é seu:* como

A cultura de comprar agora e comprar depois está lastreada no fenômeno da desconexão. Ao se desconectar o ato da compra do ato do pagamento, através de instrumentos como os cartões de crédito, a transação se torna menos "real", alterando a percepção do consumidor sobre o valor do produto e o induzindo a compras menos conscientes do que aquelas realizadas em dinheiro. É como se os cartões de crédito funcionassem como "tranquilizadores" do ato de comprar, ou melhor, da "dor" do pagamento[23].

De acordo com a natureza do emissor, existem duas modalidades de cartão de crédito: cartão de credenciamento ou de bom pagador (*retail-card*) e cartão de crédito *stricto sensu*. A primeira espécie tem uso bastante limitado, sendo emitidos por entidades para uso de seus próprios clientes, para que estes possam adquirir bens ou serviços mediante pagamento posterior; a segunda, permite ao titular adquirir bens ou serviços em todos os estabelecimentos comerciais filiados, não apenas em um estabelecimento exclusivo. Nesta hipótese, existem três partes envolvidas no negócio, o emissor, o titular do cartão e o fornecedor, e, diferentemente do que ocorre com a primeira modalidade, o pagamento do forne-

---

o consumo colaborativo vai mudar o nosso mundo. Tradução Rodrigo Sardenberg. Porto Alegre: Bookman, 2011. p. 19-20.

23 LRHRER, Jonah. *The decisive moment*: how the brain makes up its mind. Canongate Books, 2009. p. 89; BUTTS, Mickey. *Why we change:* what behavioral economics can tell us. Disponível em: http://www.mickeybutts.com/wj_business.html. Acesso em: 2 mar. 2022. BOTSMAN, Rachel e ROGERS, Roo. *O que é meu é seu:* como o consumo colaborativo vai mudar o nosso mundo. Tradução Rodrigo Sardenberg. Porto Alegre: Bookman, 2011. p. 25.

cedor não é realizado pelo titular do cartão, que é quem adquire, de fato, o produto ou o serviço[24].

O cartão de crédito *stricto sensu*, não obstante, pode se classificar em bancário ou não-bancário. Os cartões não-bancários, como é o caso dos cartões emitidos pelo *Diners Club*, caracterizam-se pela emissão efetivada por instituições não bancárias, que, com recursos próprios, intermedeiam a aquisição de bens ou serviços por parte do comprador junto ao fornecedor. Já os bancários são a espécie mais comum e envolvem a participação direta ou indireta de estabelecimento bancário, que pode se encarregar da emissão do cartão ou da criação de sociedade para administrar a emissão dos cartões. Nos casos em que o banco emite o cartão, observa-se a abertura de crédito bancário em favor do titular, embora as instituições financeiras prefiram criar uma subsidiária para administrar os cartões[25].

Obviamente, o surgimento do cartão de crédito é um benefício para a economia e para a sociedade. O problema se verifica quando, aliado a outros fatores, ele impulsiona o gasto acelerado, o gasto insensato, o gasto maior, tornando-se uma armadilha para o consumidor. A partir daí, por exemplo,

---

24 DINIZ, Maria Helena. *Tratado teórico e prático dos contratos*. 6. ed. rev., ampl. e atual. São Paulo: Saraiva, 5º v., 2006. p. 109. GOMES, Orlando. *Contratos*. Atualizado por Humberto Theodoro Júnior. 25. ed. Rio de Janeiro: Forense, 2002. p. 475.

25 MANAUT, Carlos Barutel. *Las tarjetas de crédito y pago*. Barcelona: Bosch, 1997. p. 104. DINIZ, Maria Helena. *Tratado teórico e prático dos contratos*. 6. ed. rev., ampl. e atual. São Paulo: Saraiva, 5º V., 2006. p. 110. GOMES, Orlando. *Contratos*. Atualizado por Humberto Theodoro Júnior. 25. ed. Rio de Janeiro: Forense, 2002. p. 475.

por razões não plausíveis, mais recursos serão consumidos e mais lixo será criado.

Quanto à lei dos ciclos de vida, pode-se afirmar que esta ilustra o conceito da obsolescência programada. Durante o Século XX, a expectativa de vida de um norte-americano, por exemplo, aumentou em 30 (trinta) anos, ao passo que, nos últimos 50 (cinquenta) anos, o tempo de vida dos bens duráveis, como geladeiras, torradeiras e máquinas de lavar louças, diminuiu entre 3 (três) e 7 (sete) anos. O alto desenvolvimento da tecnologia em todo esse período torna contraditória a "involução" de tais produtos, a menos que se perceba que se trata de uma medida proposital e pensada no intuito de incrementar o aumento das suas vendas, como se, em verdade, já nascessem projetados para o lixo[26].

A obsolescência programada tornou a sociedade moderna viciada em produtos novos, o que a sociologia denomina de "neofilia", ao contrário das sociedades pré-modernas, que desconfiavam do novo. A "moda" no período medieval, por exemplo, pouco mudou ao longo de mil anos, sendo o vestuário considerado apenas uma questão de necessidade. Em conclusão, pode-se afirmar que a obsolescência foi desenvolvida não apenas para o produto, mas também para as nossas mentes, no intuito de intencionalmente nos manter constantemente insatisfeitos. Por derradeiro, o fator "apenas mais um", que nos leva a refletir sobre a razão de possuímos, desnecessariamente, vários exemplares do mesmo produto. Para várias famílias modernas, por exemplo, a ideia de possuir

26 BOTSMAN, Rachel e ROGERS, Roo. *O que é meu é seu:* como o consumo colaborativo vai mudar o nosso mundo. Tradução Rodrigo Sardenberg. Porto Alegre: Bookman, 2011. p. 31.

apenas uma televisão é tão estranha quanto a de possuir apenas um sapato. Como somos convencidos de que precisamos de mais de uma televisão em nossas casas[27]?

Nessa perspectiva, as práticas da obsolescência programada e psicológica podem ser enquadradas como formas contemporâneas de biopoder, que, na modernidade líquida, não é exercido pelo Estado ou por instituições de sequestro, através de vigilância e medo, conforme analisado por Foucault, mas por fabricantes e fornecedores de produtos e serviços, por meio do estímulo dos desejos dos consumidores, limitando a capacidade cognitiva de grande parte da sociedade por via da publicidade, com o escopo exclusivo de aumentar o consumo e a obtenção de lucro[28].

Se pensarmos, hipoteticamente, que a maioria das pessoas já tem uma unidade de tudo, é preciso uma desculpa plausível para que se compre "apenas mais um" do mesmo produto, nascendo, assim, a doutrina do excedente da escolha. Muitas vezes acreditamos que a multiplicação das possibilidades de escolhas é positiva para o consumidor, todavia, a escolha confunde não apenas em relação ao modo de satisfação da vontade, mas também em relação a quais são essas vontades, e esse efeito "desorientador" nos leva a consumir

---

27 BOTSMAN, Rachel e ROGERS, Roo. *O que é meu é seu:* como o consumo colaborativo vai mudar o nosso mundo. Tradução Rodrigo Sardenberg. Porto Alegre: Bookman, 2011. p. 28-32.

28 SANTIAGO, Mariana Ribeiro e ANDRADE, Sinara Lacerda. A obsolescência programada e psicológica como forma de biopoder: perspectivas jurídicas do consumismo. *Quaestio Iuris*, v. 9, n. 4, Rio de Janeiro, 2016. p. 1771-1786, DOI: 10.12957/rqi.2016.21252. p. 1783-1784.

mais, pois a satisfação pode estar a apenas mais uma compra de distância[29].

9.2. SOLIDARIEDADE E CONSUMO SUSTENTÁVEL

Conforme analisado anteriormente nesta obra, a solidariedade ingressa no sistema jurídico materializada no art. 3º, I, da Constituição Federal, estimulando em cada indivíduo uma consciência perceptiva do ambiente social, pelo que pode ser considerada como um novo paradigma para o direito, no qual Estado e indivíduo assumem uma aliança, de caráter absolutamente democrático, visando incrementar direitos básicos destes, promoção de políticas de erradicação da pobreza e de redução das desigualdades[30].

A solidariedade social realiza-se, então, como um ato complexo, no qual concorrem o Poder Público e a própria sociedade, apontando a Constituição Federal as diretrizes ideológicas, políticas e jurídicas para sua otimização e implementação, ao acolher os princípios da dignidade humana e do pluralismo social e político[31].

O discurso da solidariedade, dentro de um quadro democrático, implica admitir direitos e deveres nas relações inte-

29 BOTSMAN, Rachel e ROGERS, Roo. *O que é meu é seu:* como o consumo colaborativo vai mudar o nosso mundo. Tradução Rodrigo Sardenberg. Porto Alegre: Bookman, 2011. p. 32-33.

30 CARDOSO, Alenilton da Silva. *Princípio da solidariedade:* o paradigma ético do direito contemporâneo. São Paulo: Juarez de Oliveira, 2010. p. 109, 116, 122 e 151.

31 DINIZ, Marcio Augusto de Vasconcelos. Estado social e o princípio da solidariedade. *Nomos:* Revista do Curso de Mestrado em direito da UFC. Fortaleza, v. 26, p. 171-185, jan.-jun. de 2007. p. 173.

rindividuais, como cooperação e respeito, exigindo uma postura não só do Estado, mas também de cada cidadão em relação a todos os demais.

A solidariedade, assim, ingressa no sistema jurídico como uma forma de atribuir significado ao próximo, despertando no indivíduo o reconhecimento da existência do outro, porque estimula em cada um a consciência perceptiva do ambiente social. Torna-se, assim, um novo paradigma para o direito, que, visando melhorar o Estado, a sociedade e a qualidade de vida dos cidadãos, implica um sistema jurídico que valoriza a dignidade plena do ser humano e a responsabilidade social de todos, no qual não se encaixam a indiferença social e o egoísmo individual exacerbado[32].

Como consequência, o aludido princípio jurídico expande-se por todas as áreas do direito, oxigenando-as, orientando os rumos a serem seguidos e impedindo a manutenção de atos a ele contrários, inclusive no que se refere ao direito ambiental e ao direito do consumidor.

A percepção do impacto ambiental dos atuais padrões de consumo, desde a década de 90, tem ocasionado um novo discurso dentro do ambientalismo internacional, redefinindo a problemática ambiental com base nas relações de consumo, visando à sustentabilidade, o que se coaduna perfeitamente com o princípio da solidariedade[33].

---

32 CARDOSO, Alenilton da Silva. *Princípio da solidariedade*: o paradigma ético do direito contemporâneo. São Paulo: Juarez de Oliveira, 2010. p. 109, 116 e 122.

33 PORTILHO, Fátima. *Sustentabilidade ambiental, consumo e cidadania*. 2. ed. São Paulo: Cortez, 2010. p. 39.

A abundância dos bens de consumo, símbolo do capitalismo moderno, já é objeto de críticas que alçam o consumismo como um dos principais problemas da sociedade moderna, repercutindo fortemente na crise ambiental. Tratar do consumismo passou a significar também uma contribuição para a construção de uma sociedade mais sustentável[34].

A incorporação das questões relacionadas ao consumo aos crescentes movimentos sociais, como o ecológico, acendeu o debate sobre o consumo ambientalmente consciente que, posteriormente, evoluiu para a ideia de consumo social e politicamente responsável. O objetivo é colaborar para que a soberania do consumidor, propagada pelo neoliberalismo, converta-se em cidadania do consumidor, instrumento de ativa prática social, política e ecológica[35].

Toda essa discussão demonstra que a organização individualista do consumo desconecta os membros da sociedade enquanto cidadãos, repercutindo na questão da solidariedade. Tornam-se cada vez mais necessária a criação de redes de intercâmbio de informação e aprendizagem com foco nas práticas de consumo enquanto ferramenta para o exercício da cidadania[36].

De fato, a busca de alternativas para o consumismo tem repercussão na questão ambiental. Todavia, não se pode olvidar que as matérias da sustentabilidade e da solidariedade

---

34 PORTILHO, Fátima. *Sustentabilidade ambiental, consumo e cidadania.* 2. ed. São Paulo: Cortez, 2010. p. 67.

35 PORTILHO, Fátima. *Sustentabilidade ambiental, consumo e cidadania.* 2. ed. São Paulo: Cortez, 2010. p. 218.

36 PORTILHO, Fátima. *Sustentabilidade ambiental, consumo e cidadania.* 2. ed. São Paulo: Cortez, 2010. p. 218.

extrapolam tal viés, com claro impacto em questões como desenvolvimento social e economia.

Nesse prisma, ao tratar do tema da sustentabilidade, Juarez Freitas[37] ensina que

> "trata-se do princípio constitucional que determina, com eficácia direta e imediata, a responsabilidade do Estado e da sociedade pela concretização solidária do desenvolvimento material e imaterial, socialmente inclusivo, durável e equânime, ambientalmente limpo, inovador, ético e eficiente, no intuito de assegurar, preferencialmente de modo preventivo e precavido, no presente e no futuro, o direito ao bem-estar".

E continua o referido autor[38]:

> "a sustentabilidade não pode ser considerada um tema efêmero ou de ocasião, mas prova viva da emergência de uma racionalidade dialógica, interdisciplinar, criativa, antecipatória, medidora de consequências e aberta. (...) As grandes questões ambientais do nosso tempo (a saber, o aquecimento global, a poluição letal do ar e das águas, a insegurança alimentar, o exaurimento nítido dos recursos naturais, o desmatamento criminoso e a degradação disseminada do solo, só para citar algumas) devem ser entendidas como questões naturais, sociais e econômicas, simultaneamente, motivo pelo qual só podem ser equacionadas mediante uma abordagem integrada, objetiva, fortemente empírica e, numa palavra, sistemática".

37 FREITAS, Juarez. *Sustentabilidade*: direito ao futuro. 2. ed. Belo Horizonte, Fórum, 2012. p. 41.

38 FREITAS, Juarez. *Sustentabilidade*: direito ao futuro. 2. ed. Belo Horizonte, Fórum, 2012. p. 29 e 31.

Se analisarmos retrospectivamente para as invenções simples e úteis da modernidade, surge a questão: qual foi o prejuízo? Esses produtos foram aceitos na sociedade como símbolo de progresso e, de fato, apresentam benefícios. A questão se torna mais complexa, todavia, quando nos perguntamos quando e como a aceitação cultural da descartabilidade se ampliou para limites fora da razoabilidade, sendo visualizada, inclusive, como uma ferramenta de proteção da saúde. Os copos descartáveis, por exemplo, tornaram-se onipresentes em diversos ambientes em que as pessoas têm fácil acesso à pias, onde seria possível se lavar canecas ou copos. Quando o descartável se torna símbolo de saúde, o que não necessariamente é uma afirmação verdadeira, sua utilização exagerada cria impacto na questão ambiental e nos faz refletir o que podemos considerar como progresso no momento e prejuízo no futuro. Os "hábitos de descarte" se tornaram tão comuns que não nos perguntamos mais porquê temos tantas coisas que precisamos jogar fora, parecendo anestesiados em relação às consequências de tais atos. Fora isso, todas essas coisas que jogamos fora representam apenas uma quantidade pequena, se considerarmos todo o lixo necessário para que elas possam ser produzidas[39].

Segundo pesquisas realizadas pelo Instituto Akatu, a Terra precisaria ter 50% (cinquenta por cento) mais recursos para sustentar o padrão de consumo atual[40]. Já a Organização das Nações Unidas para Alimentação e Agricultura (FAO) cons-

39 BOTSMAN, Rachel e ROGERS, Roo. *O que é meu é seu:* como o consumo colaborativo vai mudar o nosso mundo. Tradução Rodrigo Sardenberg. Porto Alegre: Bookman, 2011. p. 8-10.

40 Disponível em: https://akatu.org.br/o-akatu/.

tatou e alertou que, ao final de 2009, o número de vítimas da fome ultrapassaria a marca de um bilhão de pessoas. Tais dados confrontados, demonstram um padrão de consumo acima das necessidades, a par de uma ausência assustadora de itens básicos de sobrevivência, como alimento, situação a gerar, fora de dúvida, um contexto de desenvolvimento social preocupante[41].

Por outro lado, o superendividamento se mostra, cada vez mais, uma realidade na sociedade brasileira. Segundo Cláudia Lima Marques[42], trata-se uma "impossibilidade global do devedor-pessoa física, consumidor, leigo e de boa-fé, de pagar todas suas dívidas atuais e futuras de consumo".

O Instituto Brasileiro de Geografia e Estatística – IBGE, pelo PNAD Contínua, divulgou, que, em 31.03.2022, 27,8% das famílias brasileiras estão superendividadas[43]. Já o Instituto de Pesquisa Econômica Aplicada – IPEA informou que o

41 SOARES-BAPTISTA, Rozália Del Gáudio. Sociedade do consumo e gestão de desejos: marcas e publicidade face à sustentabilidade. In: PIMENTA, Solange Maria *et al.* (coord.). *Sociedade e consumo*: múltiplas dimensões na contemporaneidade. Curitiba: Juruá, 2010, p. 363.

42 MARQUES, Cláudia Lima. Sugestões para uma lei sobre o tratamento do superendividamento de pessoas físicas em contratos de crédito ao consumo: proposições com base em pesquisa empírica de 100 casos no Rio Grande do Sul. In: MARQUES, Cláudia Lima; CAVALLAZZI; Rosângela Lunardelli (Coord). *Direitos do consumidor endividado:* superendividamento e crédito. São Paulo: Revista dos Tribunais, 2006. p. 256.

43 Informação obtida em 14 de dezembro de 2022, no site: https://www.ibge.gov.br/estatisticas/sociais/rendimento-despesa-e-consumo/9171-pesquisa-nacional-por-amostra-de-domicilios-continua-mensal.html?=&t=destaques.

endividamento das famílias continua aumentando, desde o início de 2018, passando de 41,4% da renda anual, em dezembro de 2017, para 44,9%, em novembro de 2019[44].

Nesse contexto, é legitimo pensar se a economia, no seu sentido amplo, como o conjunto das atividades que contribuem para a produção e a distribuição de riquezas, pode resumir-se ao circuito clássico da circulação de riquezas constituído pelas esferas do Estado e do mercado nas sociedades contemporâneas, não seria possível uma forma alternativa de economia?[45]

Já é realidade, em diferentes partes do mundo, uma outra espécie de economia, gestada a partir de iniciativas, sobretudo de natureza cooperativista e associativista, oriundas da sociedade civil e dos meios populares. Mostra-se sob diferentes configurações: criação coletiva do próprio circuito de produção e consumo, alimentando cadeias socioprodutivas autônomas e, em alguns casos, não-monetarizadas, ou diferentes tipos de parcerias com os poderes públicos. É o que se chama de economia colaborativa-solidária. Como exemplos, projetam-se os bancos populares, clubes de trocas e as cooperativas sociais[46].

---

44 Informação obtida em 14 de dezembro de 2022, no *site*: https://repositorio.ipea.gov.br/bitstream/11058/9852/6/cc_46_secao_credito%20e%20juros.pdf.

45 FRANÇA FILHO, Genauto Carvalho de e LAVILLE, Jean-Louis. *A economia solidária:* uma abordagem internacional. Porto Alegre: Editora da UFRGS, 2004. p. 15.

46 FRANÇA FILHO, Genauto Carvalho de e LAVILLE, Jean-Louis. *A economia solidária:* uma abordagem internacional. Porto Alegre: Editora da UFRGS, 2004. p. 15.

De fato, mostra-se necessária uma mudança na mentalidade sobre o uso de produtos e já se difundem mundialmente sistemas lastreados na ideia de que se pode obter benefícios dos bens sem possuí-los definitivamente, o que repercute no modelo de propriedade privada individual. O que se percebe é que, se um produto de uma empresa é compartilhado entre pares, isso maximiza a sua utilidade, sem que os usuários devam arcar com o ônus da propriedade, como pagar completamente pelo valor do produto, manutenção ou seguro[47].

As motivações daqueles que participam desse tipo de economia são diversas. Alguns, mais altruístas, na defesa do "consumo verde", mostram-se preocupados com as gerações futuras, os aspectos sociais ou simplesmente buscam um relacionamento mais estreitos com pessoas e não marcas. Outros estão focados numa urgência prática de economizar dinheiro ou tempo, ou seja, mantendo a crença no interesse próprio[48].

---

47 BOTSMAN, Rachel e ROGERS, Roo. *O que é meu é seu:* como o consumo colaborativo vai mudar o nosso mundo. Tradução Rodrigo Sardenberg. Porto Alegre: Bookman, 2011. p. 61. *Vide*: LIMA, Gabriela Eulalio de. *O consumo colaborativo no contexto da sociedade líquida*: uma análise sociológica, econômica e jurídica. Rio de Janeiro: Lumen Juris, 2017; FRAGA, Fellipe Vilas Boas. OLIVEIRA, Bruno Bastos de. *O consumo colaborativo como mecanismo de desenvolvimento sustentável na sociedade líquido-moderna.* Uberlândia: LAECC, 2020.

48 BOTSMAN, Rachel e ROGERS, Roo. *O que é meu é seu:* como o consumo colaborativo vai mudar o nosso mundo. Tradução Rodrigo Sardenberg. Porto Alegre: Bookman, 2011. p. 60. *Vide*: LIMA, Gabriela Eulalio de. *O consumo colaborativo no contexto da sociedade líquida*: uma análise sociológica, econômica e jurídica. Rio de Janeiro: Lumen Juris, 2017; FRAGA, Fellipe Vilas Boas. OLIVEIRA, Bruno Bastos de. *O consumo colaborativo como meca-*

As iniciativas de economia solidária e consumo colaborativo em diferentes partes do mundo, em verdade, apresentam semelhanças com algumas tendências históricas e culturais de organização de grupos sociais do passado, que ressurgem ou se revigoram na modernidade, combinando a dimensão comunitária tradicional e a moderna dimensão pública na sua ação[49].

O estudo de diversos exemplos do consumo colaborativo demonstra que, na essência, eles devem compartilhar quatro orientações fundamentais: (1) a influência da massa crítica, (2) o aproveitamento da capacidade ociosa de coisas e habilidades, (3) a crença no bem comum e (4) a confiança entre desconhecidos, sendo que nenhum destes pontos é considerado mais importante do que o outro, embora, em alguns casos, um deles possa ser mais desenvolvido, fundamentando o funcionamento do sistema, do que em outros[50].

---

nismo de desenvolvimento sustentável na sociedade líquido-moderna. Uberlândia: LAECC, 2020.

49 FRANÇA FILHO, Genauto Carvalho de e LAVILLE, Jean-Louis. *A economia solidária:* uma abordagem internacional. Porto Alegre: Editora da UFRGS, 2004. p. 17-18.

50 BOTSMAN, Rachel e ROGERS, Roo. *O que é meu é seu:* como o consumo colaborativo vai mudar o nosso mundo. Tradução Rodrigo Sardenberg. Porto Alegre: Bookman, 2011. p. 64. *Vide*: LIMA, Gabriela Eulalio de. *O consumo colaborativo no contexto da sociedade líquida*: uma análise sociológica, econômica e jurídica. Rio de Janeiro: Lumen Juris, 2017; FRAGA, Fellipe Vilas Boas. OLIVEIRA, Bruno Bastos de. *O consumo colaborativo como mecanismo de desenvolvimento sustentável na sociedade líquido-moderna.* Uberlândia: LAECC, 2020; BALDUÍNO JÚNIOR, Gean Carlos. *O destino do homo consumericus*: perspectivas acerca do superendividamento a partir da dignidade e da solidariedade. Rio de Janeiro: Processo, 2022.

A massa crítica popular descreve a existência de um impulso suficiente em um sistema para fazê-lo funcionar de forma autossustentável, explicando, em diversos campos, desde reações de consumo nucleares em cadeia à adoção em larga escala de novas tecnologias. Ela é vital para o consumo colaborativo por dois motivos: a satisfação nas escolhas e a "prova social". Quando consumimos, fazemos escolhas, buscando satisfação e conveniência. Para que o consumo colaborativo possa competir com as compras convencionais, deve haver escolhas suficientes sobre produtos para que o consumidor sinta-se satisfeito com o que está disponível. Embora não exista uma fórmula universal a determinar o ponto certo da massa crítica para diferentes tipos, tendo em vista que isso é variável em razão do contexto de cada negócio, das necessidades em jogo e das expectativas dos usuários, o princípio é o mesmo: cada sistema específico de consumo colaborativo será bem-sucedido e se firmará no mercado se os usuários estiverem satisfeitos com as opções de escolha e com a conveniência à sua disposição[51].

---

51 BOTSMAN, Rachel e ROGERS, Roo. *O que é meu é seu:* como o consumo colaborativo vai mudar o nosso mundo. Tradução Rodrigo Sardenberg. Porto Alegre: Bookman, 2011. p. 64-68. *Vide*: LIMA, Gabriela Eulalio de. *O consumo colaborativo no contexto da sociedade líquida*: uma análise sociológica, econômica e jurídica. Rio de Janeiro: Lumen Juris, 2017; FRAGA, Fellipe Vilas Boas. OLIVEIRA, Bruno Bastos de. *O consumo colaborativo como mecanismo de desenvolvimento sustentável na sociedade líquido-moderna.* Uberlândia: LAECC, 2020; BALDUÍNO JÚNIOR, Gean Carlos. *O destino do homo consumericus*: perspectivas acerca do superendividamento a partir da dignidade e da solidariedade. Rio de Janeiro: Processo, 2022.

A segunda razão da importância vital da massa crítica para o consumo colaborativo é que um grupo central de primeiros usuários, fiéis e frequentes, uma vez atraído, proporciona uma "prova social" de que estas formas de negócio são algo que os outros deveriam experimentar, influenciando as pessoas em geral a cruzarem a barreira psicológica que muitas vezes existe em torno de novos comportamentos, que fogem a um modelo tradicional de consumo[52].

De acordo com Rachel Botsman e Roo Rogers[53],

52 BOTSMAN, Rachel e ROGERS, Roo. *O que é meu é seu:* como o consumo colaborativo vai mudar o nosso mundo. Tradução Rodrigo Sardenberg. Porto Alegre: Bookman, 2011. p. 68-69. *Vide*: LIMA, Gabriela Eulalio de. *O consumo colaborativo no contexto da sociedade líquida*: uma análise sociológica, econômica e jurídica. Rio de Janeiro: Lumen Juris, 2017; FRAGA, Fellipe Vilas Boas. OLIVEIRA, Bruno Bastos de. *O consumo colaborativo como mecanismo de desenvolvimento sustentável na sociedade líquido-moderna.* Uberlândia: LAECC, 2020; BALDUÍNO JÚNIOR, Gean Carlos. *O destino do homo consumericus*: perspectivas acerca do superendividamento a partir da dignidade e da solidariedade. Rio de Janeiro: Processo, 2022.

53 BOTSMAN, Rachel e ROGERS, Roo. *O que é meu é seu:* como o consumo colaborativo vai mudar o nosso mundo. Tradução Rodrigo Sardenberg. Porto Alegre: Bookman, 2011. p. 70. *Vide*: LIMA, Gabriela Eulalio de. *O consumo colaborativo no contexto da sociedade líquida*: uma análise sociológica, econômica e jurídica. Rio de Janeiro: Lumen Juris, 2017; FRAGA, Fellipe Vilas Boas. OLIVEIRA, Bruno Bastos de. *O consumo colaborativo como mecanismo de desenvolvimento sustentável na sociedade líquido-moderna.* Uberlândia: LAECC, 2020; BALDUÍNO JÚNIOR, Gean Carlos. *O destino do homo consumericus*: perspectivas acerca do superendividamento a partir da dignidade e da solidariedade. Rio de Janeiro: Processo, 2022.

> "a prova social é fundamental para o consumo colaborativo porque a maioria das formas geralmente exige que as pessoas façam alguma coisa um pouco diferente e que elas mudem velhos hábitos. Para que elas se convençam a fazer a mudança, a maioria das pessoas precisa ver ou experimentar uma massa crítica de consumidores que também fazem a troca. Muitas vezes decidiremos o que fazer ou o que não fazer de acordo com o que as pessoas à nossa volta estão fazendo".

Outro ponto a se considerar é o potencial ocioso de um produto quando ele não está sendo usado, chamado de capacidade ociosa. O desperdício não está ligado apenas ao lixo, mas à quantidade de coisas que possuímos e não utilizamos. Por exemplo: o carro fica ocioso em média 22 (vinte e duas) horas por dia, o quarto de hóspedes raramente é utilizado, o vestido de noite depende de uma ocasião especial para ser usado etc. O consumo colaborativo implica em calcular como podemos aproveitar esta capacidade ociosa, não apenas dos bens, mas de habilidades em geral, e redistribuí-la em outro lugar[54].

54 BOTSMAN, Rachel e ROGERS, Roo. *O que é meu é seu:* como o consumo colaborativo vai mudar o nosso mundo. Tradução Rodrigo Sardenberg. Porto Alegre: Bookman, 2011. p. 70-71 e 73. *Vide*: LIMA, Gabriela Eulalio de. *O consumo colaborativo no contexto da sociedade líquida*: uma análise sociológica, econômica e jurídica. Rio de Janeiro: Lumen Juris, 2017; FRAGA, Fellipe Vilas Boas. OLIVEIRA, Bruno Bastos de. *O consumo colaborativo como mecanismo de desenvolvimento sustentável na sociedade líquido--moderna*. Uberlândia: LAECC, 2020; BALDUÍNO JÚNIOR, Gean Carlos. *O destino do homo consumericus*: perspectivas acerca do superendividamento a partir da dignidade e da solidariedade. Rio de Janeiro: Processo, 2022.

Já a crença nos bens comuns é uma reação à deturpação dos conceitos de propriedade privada e cercamentos, que se espalharam rapidamente pela Europa e pelos Estados Unidos durante os séculos XVIII e XIX, justificando-se pela lógica errônea de que os recursos, se compartilhados, estariam sujeitos ao uso excessivo e indevido pelos indivíduos, supostamente sempre influenciados de acordo com os seus interesses próprios de curto prazo. A história tem demonstrado, todavia, que tal visão limitada da propriedade privada e dos indivíduos, que faz apologia a uma tragédia inevitável, não é sempre a melhor ou a única resposta. A *internet*, apenas a título exemplificativo, é o bem comum mais robusto que já existiu, e o seu espaço está cada vez mais firmado na sociedade moderna[55].

Outro exemplo, bastante salutar, foi criado pelo professor de direito de Stanford, Lawrence Lessig, o qual dedicou boa parte de sua carreira a estudar, pesquisar e promover o valor de um bem comum de ideias culturais, educacionais e científicas. O referido professor, reconhecendo a necessidade de facilitar o compartilhamento, a recombinação e a reutilização de conteúdos criativos – músicas, fotos, conhecimento e filmes, lançou, em 2002, o *Creative Commons*[56], que oferece

55 BOTSMAN, Rachel e ROGERS, Roo. *O que é meu é seu:* como o consumo colaborativo vai mudar o nosso mundo. Tradução Rodrigo Sardenberg. Porto Alegre: Bookman, 2011. p. 74-76.

56 *Creative Commons* (Criatividade Compartilhada, em tradução livre) é uma organização não governamental sem fins lucrativos voltada a expandir a quantidade de obras criativas disponíveis, através de suas licenças que permitem a cópia e compartilhamento com menos restrições que o tradicional. A mesma denominação é utilizada também para designar as licenças criada pela organização. Trata-se de um recurso muito usado por criadores de conteúdo,

licenças gratuitas de direitos autorais para incentivar o compartilhamento de materiais e a colaboração[57].

Tal iniciativa, lastrada na ideia de bem comum, representa uma solução para a falha no compartilhamento, criando uma cultura significativa de socialização *online* que nos estimula a compartilhar, contando, atualmente, com mais de 100 (cem) milhões de licenças, possuindo usuários ilustres, como a Casa Branca, nos Estados Unidos[58].

Mas, para que o ciclo do consumo colaborativo seja eficiente, é preciso, ainda, que os usuários das suas redes, pessoas desconhecidas, em diferentes graus, confiem umas nas outras. É preciso que se acredite que as pessoas envolvidas são inofensivas, honestas, e que o produto apresenta mesmo as características informadas[59].

No mundo do hiperconsumo, intermediários, como assistentes de vendas, gerentes, corretores, negociadores, mediadores, agentes e distribuidores, acabam por preencher a lacuna de confiança entre produtores e consumidores. Mas o consumo colaborativo elimina a necessidade destes tipos de

---

pois permite controle sobre a maneira como sua propriedade intelectual será compartilhada. Disponível em: https://creativecommons.org/. Acesso em: 2 mar. 2022.

57 BOTSMAN, Rachel e ROGERS, Roo. *O que é meu é seu:* como o consumo colaborativo vai mudar o nosso mundo. Tradução Rodrigo Sardenberg. Porto Alegre: Bookman, 2011. p. 75-76.

58 BOTSMAN, Rachel e ROGERS, Roo. *O que é meu é seu:* como o consumo colaborativo vai mudar o nosso mundo. Tradução Rodrigo Sardenberg. Porto Alegre: Bookman, 2011. p. 75-76.

59 BOTSMAN, Rachel e ROGERS, Roo. *O que é meu é seu:* como o consumo colaborativo vai mudar o nosso mundo. Tradução Rodrigo Sardenberg. Porto Alegre: Bookman, 2011. p. 77.

intermediários, ou, pelo menos, redefine o seu papel, que deixa de ser o de simplesmente fiscalizar o comércio, para que passem a funcionar como curadores e embaixadores, criando plataformas que facilitem as trocas e as contribuições autogeridas[60].

Resgatada, na prática, a confiança, através de sistemas próprios desenvolvidos para aferição de reputação dos negociantes, a serem melhor elucidados adiante, a tendência é de que voltemos a uma época em que os erros e constrangimentos causados por um agente do sistema se tornarão, facilmente, de conhecimento de toda a comunidade. Os caronas, os vândalos e os abusadores serão facilmente eliminados, da mesma maneira que a abertura, a confiança e a reciprocidade serão estimuladas e recompensadas[61].

60 BOTSMAN, Rachel e ROGERS, Roo. *O que é meu é seu:* como o consumo colaborativo vai mudar o nosso mundo. Tradução Rodrigo Sardenberg. Porto Alegre: Bookman, 2011. p. 77. *Vide*: LIMA, Gabriela Eulalio de. *O consumo colaborativo no contexto da sociedade líquida*: uma análise sociológica, econômica e jurídica. Rio de Janeiro: Lumen Juris, 2017; FRAGA, Fellipe Vilas Boas. OLIVEIRA, Bruno Bastos de. *O consumo colaborativo como mecanismo de desenvolvimento sustentável na sociedade líquido-moderna*. Uberlândia: LAECC, 2020; BALDUÍNO JÚNIOR, Gean Carlos. *O destino do homo consumericus*: perspectivas acerca do superendividamento a partir da dignidade e da solidariedade. Rio de Janeiro: Processo, 2022.

61 BOTSMAN, Rachel e ROGERS, Roo. *O que é meu é seu:* como o consumo colaborativo vai mudar o nosso mundo. Tradução Rodrigo Sardenberg. Porto Alegre: Bookman, 2011. p. 80. *Vide*: LIMA, Gabriela Eulalio de. *O consumo colaborativo no contexto da sociedade líquida*: uma análise sociológica, econômica e jurídica. Rio de Janeiro: Lumen Juris, 2017; FRAGA, Fellipe Vilas Boas.

Como respaldo jurídico para a confiança, não se pode deixar de citar um dos pilares da regulamentação dos contratos, que é o princípio da boa-fé objetiva, expresso no Código Civil, em seu art. 422[62], e no art. 4º, III, do Código de Defesa do Consumidor[63].

Segundo o princípio da boa-fé objetiva, as partes devem se auxiliar mutuamente tanto na celebração quanto na execução do contrato, comportando-se com lealdade, honestidade e confiança. Tal princípio visa impedir a ocorrência de comportamentos desleais (obrigação de lealdade); bem como promover a cooperação entre as partes (obrigação de cooperação).

OLIVEIRA, Bruno Bastos de. *O consumo colaborativo como mecanismo de desenvolvimento sustentável na sociedade líquido-moderna*. Uberlândia: LAECC, 2020; BALDUÍNO JÚNIOR, Gean Carlos. *O destino do homo consumericus*: perspectivas acerca do superendividamento a partir da dignidade e da solidariedade. Rio de Janeiro: Processo, 2022.

62 Art. 422. "Os contratantes são obrigados a guardar, assim na conclusão do contrato, como em sua execução, os princípios de probidade e boa-fé".

63 Art. 4º. "A Política Nacional das Relações de Consumo tem por objetivo o atendimento das necessidades dos consumidores, o respeito à sua dignidade, saúde e segurança, a proteção de seus interesses econômicos, a melhoria da sua qualidade de vida, bem como a transparência e harmonia das relações de consumo, atendidos os seguintes princípios: (...) III – harmonização dos interesses dos participantes das relações de consumo e compatibilização da proteção do consumidor com a necessidade de desenvolvimento econômico e tecnológico, de modo a viabilizar os princípios nos quais se funda a ordem econômica (art. 170, da Constituição Federal), sempre com base na boa-fé e equilíbrio nas relações entre consumidores e fornecedores".

Ao comentar a boa-fé objetiva, Luiz Antonio Rizzatto Nunes[64] afirma que esta

> "pode ser definida, grosso modo, como sendo uma regra de conduta, isto é, o dever das partes de agir conforme certos parâmetros de honestidade e lealdade, a fim de se estabelecer o equilíbrio nas relações de consumo. Não o equilíbrio econômico, como pretendem alguns, mas o equilíbrio das posições contratuais, uma vez que, dentro do complexo de direitos e deveres das partes, em matéria de consumo, como regra, há um desequilíbrio de forças".

No mesmo sentido, Cláudia Lima Marques[65] ensina que

> "ao interpretar o contrato de consumo de acordo com a boa-fé e sempre a favor do consumidor (controle formal e da boa-fé objetiva), além de iniciar a verificação se houve ou não abuso (controle de conteúdo), o aplicador da lei deverá ter em mente quais eram os deveres do fornecedor e como suas práticas e cláusulas tentaram afastar o cumprimento destes deveres imperativos, afinal o CDC é norma de ordem pública (art. 1º do CDC) e os direitos assegurados aos consumidores são indisponíveis por contrato".

Dentro dessas quatro orientações fundamentais do consumo colaborativo acima elucidadas, pode-se afirmar que, sem focar numa estratégia única, de criação de emprego, de direto à renda ou de repartição do trabalho, a economia solidária apresenta-se como uma estratégia de multiplicação das

64 NUNES, Luiz Antonio Rizzatto. *Comentários ao Código de Defesa do Consumidor*: direito material. São Paulo: Saraiva, 2000. p. 108.

65 MARQUES, Cláudia Lima. *Contratos no Código de Defesa do Consumidor*. 4. ed. rev., atual. e ampl. São Paulo: RT, 2002. p. 758.

formas de trabalho, sem a pretensão de oferecer uma solução mágica de saída da crise, mas contribuindo à custa de esforços de modelização, de avaliação, de trocas, considerando uma maior visibilidade das relações entre a economia e a sociedade, como um desafio democrático[66].

A vocação de tais iniciativas é exatamente combinar a dimensão pública da economia com a força dos laços comunitários da sociedade, resultando em dinâmicas comunitárias abertas à alteridade e espaços públicos de proximidade[67].

Nesse passo, algumas espécies de contrato em particular se mostram em exata sintonia com os preceitos da economia solidária e do consumo colaborativo, como a troca, a doação, o empréstimo e a locação de coisas. A posse, por sua vez, ocupa uma importância singular, em detrimento da propriedade, sendo possível concluir pela existência de uma função solidária de tais institutos, uma terceira dimensão, que vai além da função privada e da função social, tendo em vista o impacto para gerações futuras.

A comunidade de escambo na *internet* vem crescendo rapidamente. São cerca de 500 (quinhentos) escambos *online* na América do Norte e na América Latina, entre intercâmbios menores, voltados para uma comunidade específica, e grandes intercâmbios abertos. Apenas em 2008, o equivalente a mais de US$ 10.000.000.000,00 (dez bilhões de dólares

---

66 FRANÇA FILHO, Genauto Carvalho de e LAVILLE, Jean-Louis. *A economia solidária:* uma abordagem internacional. Porto Alegre: Editora da UFRGS, 2004. p. 93.

67 FRANÇA FILHO, Genauto Carvalho de e LAVILLE, Jean-Louis. *A economia solidária:* uma abordagem internacional. Porto Alegre: Editora da UFRGS, 2004. p. 20.

americanos) em mercadorias foram trocados por mais de 400 (quatrocentas) mil empresas globalmente. Não há, contudo, como se prever os rumos que seguirá o consumo colaborativo. Não é possível dizer quanto, quão longe e quão rápido ele vai crescer, mesmo em face das fortes tendências de evolução deste fenômeno socioeconômico até 2015. Não se trata, certamente, de uma iniciativa que vai contra as empresas, pois estas continuarão vendendo e as pessoas continuarão comprando. As expectativas são de uma melhora no perfil dos consumidores e na maneira de consumir, bem como um afastamento da cultura hiperindividualista[68].

De mais a mais, é preciso reconhecer que o desenvolvimento não precisa ser contraditório com a sustentabilidade. Essa conciliação é possível desde que o desenvolvimento se converta num afastamento de tudo aquilo que aprisiona e bloqueia o florescimento integral dos seres vivos. Por este caminho de reestruturação, o desenvolvimento torna-se sustentável, contínuo e duradouro[69].

De acordo com Ignacy Sachs[70], um dos mais importantes teóricos sobre a matéria,

> "O desenvolvimento sustentável é um desafio planetário. Ele requer estratégias complementares entre o Norte e o

68 BOTSMAN, Rachel e ROGERS, Roo. *O que é meu é seu:* como o consumo colaborativo vai mudar o nosso mundo. Tradução Rodrigo Sardenberg. Porto Alegre: Bookman, 2011. p. 132, 150-151.

69 FREITAS, Juarez. *Sustentabilidade*: direito ao futuro. 2. ed. Belo Horizonte: Fórum, 2012. p. 42.

70 SACHS, Ignacy. *Caminhos para o desenvolvimento sustentável.* Paula Yone Stroh (org.). Rio de Janeiro: Garamond, 2009. p. 58.

> Sul. Evidentemente, os padrões de consumo do Norte abastado são insustentáveis. O enverdecimento do Norte implica uma mudança no estilo de vida, lado a lado com a revitalização dos sistemas tecnológicos. No Sul, a reprodução dos padrões de consumo do Norte em benefício de uma pequena minoria resultou em uma apartação social. Na perspectiva de democratização do desenvolvimento, o paradigma necessita ser complemente mudado".

Felizmente, existe hoje uma nova consciência de que é possível se utilizar, para a mensuração do desenvolvimento de um país, indicadores alternativos mais confiáveis que o PIB, o qual, ao seu tempo, representou um considerável progresso, apesar de simples e limitado em sua métrica sintética, mas que demanda reformulações, a considerar, inclusive, a sustentabilidade, como um dos fatores na avaliação da performance econômica[71].

Ter um dos maiores PIB do mundo, por exemplo, não significa necessariamente desenvolvimento, do ponto de vista que tal índice não mede a qualidade de vida dos cidadãos, a renda per capita, a probidade nas relações públicas e privadas, a qualidade educacional, o respeito à biodiversidade, a confiabilidade do ambiente negocial etc.[72].

Importante frisar a indispensabilidade de se construir um critério de avaliação líquida e qualitativa da atividade econômica, tarefa de fôlego, se consideradas as fortes resistências culturais e preconceitos a sobrepujar, que impedem que aflo-

---

71 FREITAS, Juarez. *Sustentabilidade*: direito ao futuro. 2. ed. Belo Horizonte: Fórum, 2012. p. 42-43.

72 FREITAS, Juarez. *Sustentabilidade*: direito ao futuro. 2. ed. Belo Horizonte: Fórum, 2012. p. 43.

rem as verdadeiras prioridades constitucionais, prendendo-nos numa visão pessimista e sem soluções sobre o futuro, pouco criativas, como a da chamada tragédia dos bens comuns[73].

9.3. RESSIGNIFICAÇÃO DA PROPRIEDADE E ASCENSÃO DA POSSE COMO INSTRUMENTO DA SUSTENTABILIDADE

É cediço que a criação da Organização das Nações Unidas (ONU), em 1945, resulta de um esforço histórico e um consenso internacional, posteriores aos horrores da Segunda Grande Guerra, sobre a necessidade de promover a estabilidade e o bem-estar indispensáveis às relações pacíficas e amistosas entre as Nações, inclusive pela via do desenvolvimento econômico.

A partir de então, o direito ao desenvolvimento foi objeto de inúmeros instrumentos internacionais dos quais o Brasil é signatário, com ênfase para a Declaração sobre Direito ao Desenvolvimento (Resolução n. 41/128, da Assembleia Geral das Nações Unidas, 1986), que, em seu art. 1º, reconhece o desenvolvimento como um direito humano inalienável, em virtude do qual toda pessoa e todos os povos estão habilitados a participar do desenvolvimento econômico, social, cultural e político, a ele contribuir e dele desfrutar, no qual todos os direitos humanos e liberdades fundamentais possam ser plenamente realizados[74].

---

73 FREITAS, Juarez. *Sustentabilidade*: direito ao futuro. 2. ed. Belo Horizonte: Fórum, 2012. p. 43.

74 UNITED NATIONS. *Declaration on the Right to Development* (Declaração sobre o Direito ao Desenvolvimento) (December, 4 1986). Disponível em: http://legal.un.org/avl/ha/drd/drd.html.

Posteriormente, em 1993, a Declaração de Viena, resultado da Conferência de Direitos Humanos, traz cinquenta e sete citações para a palavra desenvolvimento, incluindo a necessidade de promoção e o encorajamento do respeito pelos Direitos Humanos e pelas liberdades fundamentais para todos, bem como do respeito pelo princípio da igualdade de direitos e da autodeterminação dos povos, da paz, da democracia, da justiça, da igualdade, do Estado de Direito, do pluralismo, do desenvolvimento, de melhores padrões de vida e da solidariedade[75].

Paralelamente ao estudo e regulamentação do desenvolvimento como um direito humano, a questão ambiental foi objeto das atividades das Nações Unidas, já em 1972, resultando na Conferência das Nações Unidas sobre o Meio Ambiente Humano, em Estocolmo, que originou uma declaração reconhecendo a necessidade de um critério e de princípios comuns que ofereçam aos povos do mundo inspiração e guia para preservar e melhorar o meio ambiente humano. Dessa conferência também foi originado o Programa das Nações Unidas para o Meio Ambiente (ONU Meio Ambiente), passando a coordenar os trabalhos acerca do meio ambiente global[76].

Acesso em: 1º mar. 2022.

75 UNITED NATIONS. *Vienna Declaration and Programme of* Action (Declaração de Viena e Programa de Ação) (June, 25 1993). Disponível em: https://www.ohchr.org/EN/ProfessionalInterest/Pages/Vienna.aspx. Acesso em: 1º mar. 2022.

76 NAÇÕES UNIDAS BRASIL. *A ONU e o meio ambiente*. Disponível em https://nacoesunidas.org/acao/meio-ambiente/. Acesso em: 1º mar. 2022.

A Conferência das Nações Unidas sobre o Ambiente Humano, de 1972, de fato, colocou a questão do meio ambiente na agenda internacional, tendo sido precedida pelo encontro Founex, de 1791, e de uma série de encontros e relatórios internacionais sobre o tema. Durante a preparação da Conferência de Estocolmo, duas posições se opunham: a que previa abundância (*the cornucopians*), considerando descabidas as preocupações com o meio ambiente, e os catastrofistas (*doomsayers),* com suas previsões sobre o apocalipse iminente decorrente do contínuo crescimento demográfico e econômico. Na Conferência de Estocolmo, ambas as posições extremas foram descartadas[77].

Os temas do desenvolvimento e do meio ambiente ganham convergência em 1987, com o Relatório Brundtland[78], também conhecido como "Nosso futuro comum", onde há menção ao desenvolvimento sustentável, como aquele que atende às necessidades do presente sem comprometer a possibilidade de as gerações futuras atenderem às suas necessidades.

A partir desse marco, foi realizada a Conferência das Nações Unidas sobre o Meio Ambiente e o Desenvolvimento, também lembrada como a "Cúpula da Terra", em 1992, no

77 SACHS, Ignacy. *Caminhos para o desenvolvimento sustentável.* Paula Yone Stroh (org.). Rio de Janeiro: Garamond, 2009. p. 48-52.

78 UNITED NATIONS. *Report of the World Commission on Environment and Development: Our Common Future* (Relatório da Comissão Mundial sobre Meio Ambiente e Desenvolvimento: Nosso Futuro Comum) (1987). Disponível em: https://sustainabledevelopment.un.org/content/documents/5987our-common-future.pdf. Acesso em: 1º mar. 2022.

Rio de Janeiro, com a adoção da Agenda 21[79], um documento assinado por 179 (cento e setenta e nove) países, determinando, como áreas de ação: "proteger a atmosfera; combater o desmatamento, a perda de solo e a desertificação; prevenir a poluição da água e do ar; deter a destruição das populações de peixes e promover uma gestão segura dos resíduos tóxicos", além de abordar questões como pobreza e a dívida externa dos países em desenvolvimento; padrões insustentáveis de produção e consumo; pressões demográficas e a estrutura da economia internacional.

O ideal do desenvolvimento sustentável repercutiu, ainda, de forma implícita na Convenção Quadro das Nações Unidas sobre Mudanças Climáticas (1992), no Protocolo de Kyoto (1997), na Segunda Conferência da ONU sobre Assentamentos Humanos (Istambul, 1999), na Sessão Especial da Assembleia Geral sobre Pequenos Estados Insulares em Desenvolvimento (Nova York, 1999); na Cúpula do Milênio (Nova York, 2000) e na Reunião Mundial de 2005[80].

Contudo, é na Declaração de Joanesburgo sobre Desenvolvimento Sustentável[81] (2002) que se apresenta o tripé da

---

79 UNITED NATIONS. *Agenda 21* (1992). Disponível em https://sustainabledevelopment.un.org/content/documents/Agenda21.pdf. Acesso em: 1º mar. 2022.

80 NAÇÕES UNIDAS BRASIL. *A ONU e o meio ambiente*. Disponível em: https://nacoesunidas.org/acao/meio-ambiente/. Acesso em: 1º mar. 2022.

81 UNITED NATIONS. *Johannesburg Declaration on Sustainable Development* (Declaração de Joanesburgo sobre Desenvolvimento Sustentável) (2002). Disponível em: https://www.un.org/esa/sustdev/documents/WSSD_POI_PD/English/POI_PD.htm. Acesso em: 1º mar. 2022.

sustentabilidade, quando os Estados-Membros concordaram em assumir "a responsabilidade coletiva de fazer avançar e fortalecer os pilares interdependentes e mutuamente apoiados do desenvolvimento sustentável – desenvolvimento econômico, desenvolvimento social e proteção ambiental – nos âmbitos local, nacional, regional e global".

Em 2012, novamente no Rio de Janeiro, ocorreu a Conferência das Nações Unidas sobre Desenvolvimento Sustentável, a Rio+20, na qual destacamos o uso da expressão "Mãe-Terra", de especial interesse ao presente estudo. Também merece destaque a Cúpula de Desenvolvimento Sustentável (New York, 2015), pela adoção da Agenda 2030 e dos novos objetivos do Desenvolvimento Sustentável (ODS): 1) erradicação da pobreza, 2) fome zero e agricultura sustentável, 3) saúde e bem-estar, 4) educação de qualidade, 5) igualdade de gênero, 6) água potável e saneamento, 7) energia limpa e acessível, 8) trabalho decente e crescimento econômico, 9) indústria, inovação e infraestrutura, 10) redução das desigualdades, 11) cidades e comunidades sustentáveis, 12) consumo e produção responsáveis, 13) ação contra a mudança global do clima, 14) vida na água, 15) vida terrestre, 16) paz, justiça e instituições eficazes, e 17) parcerias e meios de implementação[82].

No âmbito nacional, a Constituição brasileira faz referência ao desenvolvimento no seu preâmbulo e no seu art. 3º, II, neste caso enquanto objetivo fundamental da República

---

82 NAÇÕES UNIDAS BRASIL. *Conheça os novos 17 Objetivos de Desenvolvimento Sustentável da ONU*. Disponível em: https://nacoesunidas.org/conheca-os-novos-17-objetivos-de-desenvolvimento-sustentavel-da-onu/. Acesso em: 1º mar. 2022.

Federativa do Brasil. Nota-se, ainda, uma singela referência ao desenvolvimento tecnológico e econômico do País, especificamente ligada a inventos industriais, no art. 5º, XXIX.

Entende-se, contudo, que, apesar da inexistência de menção expressa no texto constitucional, o direito ao desenvolvimento pode ser compreendido como direito fundamental, tanto pelo fundamento de que o conceito material de direito fundamental extrapola a previsão constitucional expressa, como pelo fato de que o direito ao desenvolvimento está previsto como direito humano em tratado internacional do qual o Brasil é parte, na esteira do art. 5º, § 2º, da Constituição Federal.

Os princípios da dignidade humana e da solidariedade social, previstos na Constituição Federal, respectivamente, em seus arts. 1º, III, e 3º, I, dentro de uma interpretação sistemática da Carta Magna, permitem concluir que o viés do desenvolvimento no ordenamento brasileiro é o da sustentabilidade.

Na mesma linha, o art. 170, da Constituição Federal brasileira, ao disciplinar os princípios gerais da atividade econômica, traz em si o embrião da sustentabilidade, como baliza do desenvolvimento, ao determinar: a) na vertente da sustentabilidade ambiental, a "defesa do meio ambiente, inclusive mediante tratamento diferenciado conforme o impacto ambiental dos produtos e serviços e de seus processos de elaboração e prestação" (inciso VI); b) no viés social, "redução das desigualdades regionais e sociais" (inciso VII); e c) na perspectiva de sustentabilidade econômica, "busca do pleno emprego" (inciso VIII) e "tratamento favorecido para as empresas de pequeno porte constituídas sob as leis brasileiras e que tenham sua sede e administração no País" (inciso IX).

Especificamente ao meio ambiente, a Constituição Federal dedicou o art. 225, pelo qual, em seu *caput*, "todos têm direito ao meio ambiente ecologicamente equilibrado, bem de uso comum do povo e essencial à sadia qualidade de vida, impondo-se ao Poder Público e à coletividade o dever de defendê-lo e preservá-lo para as presentes e futuras gerações".

No intuito de assegurar a efetividade desse direito, a Constituição Federal (art. 225, § 1º) determina que incumbe ao Poder Público:

> I – preservar e restaurar os processos ecológicos essenciais e prover o manejo ecológico das espécies e ecossistemas;
>
> II – preservar a diversidade e a integridade do patrimônio genético do País e fiscalizar as entidades dedicadas à pesquisa e manipulação de material genético;
>
> III – definir, em todas as unidades da Federação, espaços territoriais e seus componentes a serem especialmente protegidos, sendo a alteração e a supressão permitidas somente através de lei, vedada qualquer utilização que comprometa a integridade dos atributos que justifiquem sua proteção;
>
> IV – exigir, na forma da lei, para instalação de obra ou atividade potencialmente causadora de significativa degradação do meio ambiente, estudo prévio de impacto ambiental, a que se dará publicidade;
>
> V – controlar a produção, a comercialização e o emprego de técnicas, métodos e substâncias que comportem risco para a vida, a qualidade de vida e o meio ambiente; VI – promover a educação ambiental em todos os níveis de ensino e a conscientização pública para a preservação do meio ambiente; e
>
> VII – proteger a fauna e a flora, vedadas, na forma da lei, as práticas que coloquem em risco sua função ecológica,

provoquem a extinção de espécies ou submetam os animais a crueldade.

Sobre este último ponto, a Constituição Federal (art. 225, § 7º) faz a ressalva, por força da Emenda Constitucional n. 96/2017, de que não se consideram cruéis as práticas desportivas que utilizem animais, desde que sejam manifestações culturais, registradas como bem de natureza imaterial integrante do patrimônio cultural brasileiro, devendo ser regulamentadas por lei específica que assegure o bem-estar dos animais envolvidos.

Em termos de responsabilidade civil pelos danos causados ao meio ambiente, a Constituição Federal (art. 225, §§ 2º e 3º) dispõe que: a) aquele que explorar recursos minerais fica obrigado a recuperar o meio ambiente degradado, de acordo com solução técnica exigida pelo órgão público competente, na forma da lei; e b) as condutas e atividades consideradas lesivas ao meio ambiente sujeitarão os infratores, pessoas físicas ou jurídicas, a sanções penais e administrativas, independentemente da obrigação de reparar os danos causados.

Por fim, fica declarado na Constituição Federal, art. 225, § 4º, que a Floresta Amazônica brasileira, a Mata Atlântica, a Serra do Mar, o Pantanal Mato-Grossense e a Zona Costeira são patrimônio nacional, e sua utilização far-se-á, na forma da lei, dentro de condições que assegurem a preservação do meio ambiente, inclusive quanto ao uso dos recursos naturais.

No Código Florestal brasileiro (Lei n. 12.651/2012), novamente apresenta-se a perspectiva de que a preservação das florestas e demais formas de vegetação nativa, bem como da biodiversidade, do solo, dos recursos hídricos e da integridade do sistema climático, objetiva o bem-estar das gerações presentes e futuras (art. 1º-A, parágrafo único, I), embora a menção à sustentabilidade permeie todo o texto.

As ações da ONU e o ideal do desenvolvimento sustentável apresentaram resultados positivos no cenário internacional. Globalmente, o número de pessoas vivendo em extrema pobreza diminuiu mais da metade, visto que em 1990 eram 1,9 bilhão; a proporção de pessoas subnutridas em regiões em desenvolvimento caiu quase pela metade desde 1990, de 23,3% em 1990-1992 para 12,9% em 2014-2016; a cada dia, morrem 17 mil crianças a menos do que em 1990; a mortalidade materna caiu quase 50%, desde 1990; a matrícula na educação primária em países em desenvolvimento chegou a 91%; em 2015, 91% da população global já usava uma fonte de água potável aprimorada, comparado a 76% em 1990 etc.[83].

Por outro lado, as questões ambientais seguem gerando grande preocupação. A população global deve chegar a 9,6 bilhões de pessoas até 2050. Seria necessário o equivalente a três planetas para prover os recursos naturais necessários para sustentar os estilos de vida atuais. Mais de 1 bilhão de pessoas ainda não têm acesso à água potável. As emissões de gases de efeito estufa oriundos da atividade humana estão levando a mudanças climáticas, que alcançaram atualmente seu maior nível da história, aumentando quase 50% desde 1990. A energia é o principal contribuinte para as mudanças climáticas, sendo responsável por cerca de 60% das emissões globais

83 NAÇÕES UNIDAS BRASIL. *Conheça os novos 17 Objetivos de Desenvolvimento Sustentável da ONU*. Disponível em: https://nacoesunidas.org/conheca-os-novos-17-objetivos-de-desenvolvimento-sustentavel-da-onu/. Acesso em: 1º mar. 2022.

totais de gases do efeito estufa. As fontes renováveis de energia, como vento, água, sol, biomas e energia geotermal são inexauríveis e limpas, mas, atualmente, constituem apenas 15% do conjunto global de energia[84].

Treze milhões de hectares de florestas estão sendo perdidos a cada ano. Cerca de 1,6 bilhão de pessoas dependem das florestas para sua subsistência. Isso inclui 70 milhões de indígenas. Florestas são o lar de mais de 80% de todas as espécies de animais, plantas e insetos terrestres. 2,6 bilhões de pessoas dependem diretamente da agricultura, mas 52% da terra usada para agricultura é afetada moderada ou severamente pela degradação do solo. Das 8.300 raças animais conhecidas, 8% estão extintas e 22% estão sob risco de extinção. 80% das pessoas vivendo em área rural em países em desenvolvimento dependem da medicina tradicional das plantas para ter cuidados com a saúde básica[85].

No Brasil, especificamente, o plano ambiental foi marcado por episódios gravíssimos, como, por exemplo, o vazamento de óleo na Baía de Guanabara, no Rio de Janeiro (2000), o vazamento de óleo nos Rios Barigui e Iguaçu, no Paraná (2000), o vazamento de barragem em Cataguases (2003), o rompimento de barragem em Miraí (2007), o vazamento de óleo na Bacia de Campos (2011), o incêndio na

84 NAÇÕES UNIDAS BRASIL. *Conheça os novos 17 Objetivos de Desenvolvimento Sustentável da ONU*. Disponível em: https://nacoesunidas.org/conheca-os-novos-17-objetivos-de-desenvolvimento-sustentavel-da-onu/. Acesso em: 1º mar. 2022.

85 NAÇÕES UNIDAS BRASIL. *Conheça os novos 17 Objetivos de Desenvolvimento Sustentável da ONU*. Disponível em: https://nacoesunidas.org/conheca-os-novos-17-objetivos-de-desenvolvimento-sustentavel-da-onu/. Acesso em: 1º mar. 2022.

Ultracargo, no Porto de Santos (2015), o rompimento da barragem de Mariana, em Minas Gerais (2015), o rompimento da barragem de Brumadinho, em Minas Gerais (2019), o desmatamento e degradação ambiental na Amazônia (2019) e o óleo que atingiu recentemente a costa brasileira (2019)[86]. (UNICAMP, 2019. BBC, 2019. UOL, 2019)

A falta de efetividade da legislação ambiental específica, assim, exige um reforço no ideal de solidariedade, no sentido que mercado e sociedade civil atuem em paralelo ao Estado, no sentido da sustentabilidade, em prol da preservação do planeta, permitindo uma vida digna também às gerações futuras. Essa é a raiz do princípio da função solidária da propriedade, da posse e da empresa, pelo qual a posse ascende à condição de instrumento primordial.

Com o progresso do capitalismo, abriu-se um processo de mobilização e desmaterialização da riqueza[87], em que esta não se identifica mais exclusivamente com coisas materiais. Passam a surgir riquezas imateriais, como certas relações ou direitos

---

86 UNICAMP. *Jornal da UNICAMP*. Disponível em: https://www.unicamp.br/unicamp/ju/noticias/2017/12/01/principais-desastres-ambientais-no-brasil-e-no-mundo. Acesso em: 1º mar. 2022. UOL. *Desmatada e aquecida, Amazônia perde até 50% da capacidade de reciclar água*. Disponível em: https://noticias.uol.com.br/meio-ambiente/ultimas-noticias/redacao/2019/09/05/desmatada-e-aquecida-amazonia-perde-ate-50-da-capacidade-de-reciclar-agua.htm. Acesso em: 1º mar. 2022. BBC. *Essenciais para o planeta, manguezais no Nordeste são "sufocados" por petróleo*. Disponível em: https://www.bbc.com/portuguese/brasil-50132770. Acesso em: 1º mar. 2022.

87 ROPPO, Enzo. *O contrato*. Trad. Ana Coimbra e M. Januário C. Gomes. Coimbra: Almedina, 1988. p. 64-66.

a exigir determinadas prestações, a exemplo do que ocorre nos títulos de crédito.

Por outro lado, o relacionamento entre produtos físicos, propriedade individual e identidade própria está passando por uma evolução profunda. Uma grande parte da liberdade do indivíduo foi criada em torno da ideia do "direito de possuir", mas as novas gerações nascidas no mundo digital já começam a apresentar uma quebra neste relacionamento poderoso com a propriedade. Os benefícios de tal "desmaterialização" estão presentes, por exemplo, quando baixamos uma música do *i-Tunes* ou ouvimos uma faixa no *Spotify*, ferramentas que acabam por transformar produtos em serviços, mesmo que não tenhamos consciência disso. De fato, existe um debate acirrado sobre se o meio digital é melhor ou pior do que aquilo que ele está substituindo, sendo apontadas perigosas consequências nas áreas da privacidade, pirataria e propriedade. Culturalmente, também se deve reconhecer que sempre haverá, por exemplo, os bibliófilos, desejosos por manter e colecionar prateleiras de livros, e amantes da música, prazerosos em manusear LPs antigos. Porém, é notável que, em várias áreas das nossas vidas, a importância de possuir coisas físicas está diminuindo, o que nos permite concluir que o produto está se tornando apenas um meio para se alcançar um fim. Cada vez mais, as pessoas percebem uma riqueza que está muito mais no uso do que na propriedade[88].

Nesse movimento de ressignificação da propriedade, existe um instituto que tem demonstrado papel fundamental, qual

88 BOTSMAN, Rachel e ROGERS, Roo. *O que é meu é seu*: como o consumo colaborativo vai mudar o nosso mundo. Tradução Rodrigo Sardenberg. Porto Alegre: Bookman, 2011. p. 81-83.

seja, a posse, instrumento salutar do consumo solidário e sustentável, simbolizando os benefícios do uso em detrimento da propriedade, na linha do ODS 12 (consumo responsável) e do combate ao consumismo. Isso tem implicação na seara dos contratos, uma vez que contratos como locação e empréstimo, que não geram direito à transferência de propriedade, são importantes ferramentas do consumo colaborativo, juntamente com a troca, a doação e contratos atípicos celebrados com o intuito de compartilhamento solidário.

Uma ressalva é importante neste ponto: a compra e venda e a propriedade não deixarão de existir, tendo em vista que são importantes motores da economia, mas apenas perdem o protagonismo exacerbado, em nome da preservação do planeta e da proteção às gerações futuras.

As novas tecnologias, por outro lado, criam nova relevância e grandes oportunidades para se projetar uma variedade de sistemas de utilização compartilhada bem diferentes dos aluguéis tradicionais. Trata-se dos sistemas de serviços de produtos de uso SSPs de uso, onde um produto é possuído por uma empresa ou por um indivíduo, e diversos usuários compartilham seus benefícios por meio de um serviço. Essa modalidade se verifica especialmente: quando o produto tem uma elevada capacidade ociosa (automóveis e ferramentas domésticas); quando um produto tem um uso limitado devido à moda (bolsas); quando atendem uma necessidade temporária (equipamentos para bebês e roupas para gestantes); quando o produto perde grande parte de sua atração e valor após o uso (filmes); ou quando os custos iniciais ou de compra elevados são uma barreira de entrada (painéis solares)[89].

89 BOTSMAN, Rachel e ROGERS, Roo. *O que é meu é seu*: como o consumo colaborativo vai mudar o nosso mundo. Tradução

O exemplo mais conhecido de SSP de uso é o *Netflix*, ao revolucionar a maneira como alugamos filmes e programas de TV, chegando a afetar seriamente a gigante do setor, a *Blockbuster*. De forma análoga ao que se observa em outros sistemas de serviços de produtos de uso individual, o *Netflix* atrai uma variedade de clientes com diversas motivações: a conveniência, o acervo, a economia de custos etc., sem perceberem, contudo, que se trata de um instrumento de grande impacto em matéria de sustentabilidade. Apenas para exemplificar, para se alugar um vídeo de uma loja tradicional, são necessárias duas viagens (ida e volta), geralmente de carro e muitas vezes sozinho, emitindo-se mais poluição do que a realização desse procedimento de forma remota. Estima-se que se os membros do *Netflix* dirigissem até uma loja de aluguel e voltassem, eles consumiriam 3 litros de gasolina e lançariam mais de 2,2 milhões de toneladas de emissões de dióxido de carbono por ano, tudo isso sem mencionar as caixas de plástico banidas em todo esse ínterim[90].

Rodrigo Sardenberg. Porto Alegre: Bookman, 2011. p. 84. *Vide*: LIMA, Gabriela Eulalio de. *O consumo colaborativo no contexto da sociedade líquida*: uma análise sociológica, econômica e jurídica. Rio de Janeiro: Lumen Juris, 2017; FRAGA, Fellipe Vilas Boas. OLIVEIRA, Bruno Bastos de. *O consumo colaborativo como mecanismo de desenvolvimento sustentável na sociedade líquido-moderna*. Uberlândia: LAECC, 2020; BALDUÍNO JÚNIOR, Gean Carlos. *O destino do homo consumericus*: perspectivas acerca do superendividamento a partir da dignidade e da solidariedade. Rio de Janeiro: Processo, 2022.

90 BOTSMAN, Rachel e ROGERS, Roo. *O que é meu é seu*: como o consumo colaborativo vai mudar o nosso mundo. Tradução Rodrigo Sardenberg. Porto Alegre: Bookman, 2011. p. 85-86. *Vide*: LIMA, Gabriela Eulalio de. *O consumo colaborativo no contex-*

O setor de brinquedos infantis também tem sido atingido por esta nova sistemática. Quando se tem filhos, é possível que se acumule em casa alguns brinquedos que são usados poucas vezes e depois esquecidos no fundo de um armário, tornando-se um amontoado desnecessário de plástico caro e indesejado[91]. Para solucionar esse tipo de inconveniente, ampliando a vida útil dos brinquedos infantis, surgiram as brinquedotecas, nas quais se paga um valor fixo por mês para uso de um determinado número de brinquedos, sistema muito mais sustentável. A primeira brinquedoteca foi chamada de *Toy Loan*, surgindo em Los Angeles, em 1935. Hoje, existem milhares de brinquedotecas espalhadas pelo mundo inteiro, rompendo o estigma negativo sobre a reutilização de brinquedos infantis, a exemplo das empresas *Why Not?*, a *Rent a Toy*, a *Toy Rental Club* e a *Baby Plays*[92].

Em plataformas entre pares como essas, toda espécie de produto está sendo alugada, mas é possível observar que, para que os consumidores superem a veneração culturalmente

---

to da sociedade líquida: uma análise sociológica, econômica e jurídica. Rio de Janeiro: Lumen Juris, 2017.

91 BOTSMAN, Rachel e ROGERS, Roo. *O que é meu é seu*: como o consumo colaborativo vai mudar o nosso mundo. Tradução Rodrigo Sardenberg. Porto Alegre: Bookman, 2011. p. 87. *Vide*: LIMA, Gabriela Eulalio de. *O consumo colaborativo no contexto da sociedade líquida*: uma análise sociológica, econômica e jurídica. Rio de Janeiro: Lumen Juris, 2017.

92 BOTSMAN, Rachel e ROGERS, Roo. *O que é meu é seu*: como o consumo colaborativo vai mudar o nosso mundo. Tradução Rodrigo Sardenberg. Porto Alegre: Bookman, 2011. p. 88. *Vide*: LIMA, Gabriela Eulalio de. *O consumo colaborativo no contexto da sociedade líquida*: uma análise sociológica, econômica e jurídica. Rio de Janeiro: Lumen Juris, 2017.

arraigada da propriedade, é preciso que o ato de compartilhar seja conveniente, seguro e mais eficaz em termos de custos do que a propriedade[93].

Isso é possível se os *sites* de aluguel estiverem atrelados a plataformas digitais desenvolvidas para criarem um portal centralizado para o compartilhamento, alcançando uma massa crítica de bens com escolha do consumidor e acessibilidade fácil, de forma segura e confiável. Embora se trate de um mercado em seus estágios iniciais, a massa crítica já está se formando em torno dessa ideia. O *Zilok*, por exemplo, lançado em 2007, tinha mais de 100.000 (cem mil) itens para aluguel apenas nos Estados Unidos no final de 2009, já estando disponível em cinco países: Estados Unidos, França, Bélgica, Luxemburgo e Holanda. Em relação ao impacto sobre sustentabilidade, estima-se que a substituição de apenas um quinto das compras relacionadas ao âmbito doméstico para locação reduziria as emissões em aproximadamente 2% (dois por cento) de CO2, ou seja, ou 13 (treze) milhões de toneladas por ano. Importante ressaltar que os *sites* de aluguel entre pares possuem vários níveis de segurança, estando am-

93 BOTSMAN, Rachel e ROGERS, Roo. *O que é meu é seu*: como o consumo colaborativo vai mudar o nosso mundo. Tradução Rodrigo Sardenberg. Porto Alegre: Bookman, 2011. p. 89. *Vide*: LIMA, Gabriela Eulalio de. *O consumo colaborativo no contexto da sociedade líquida*: uma análise sociológica, econômica e jurídica. Rio de Janeiro: Lumen Juris, 2017; FRAGA, Fellipe Vilas Boas. OLIVEIRA, Bruno Bastos de. *O consumo colaborativo como mecanismo de desenvolvimento sustentável na sociedade líquido-moderna.* Uberlândia: LAECC, 2020; BALDUÍNO JÚNIOR, Gean Carlos. *O destino do homo consumericus*: perspectivas acerca do superendividamento a partir da dignidade e da solidariedade. Rio de Janeiro: Processo, 2022.

parados por contratos que disciplinam os termos legais, pelo qual, em regra, os locatários são obrigados a realizar um depósito prévio ou optar por um seguro, o que funciona bem no caso de prevenção de danos[94].

A posse, assim, para o objetivo de preservação do meio ambiente e proteção difusa, inclusive de gerações futuras, assume importância especial, na linha dos Objetivos do Desenvolvimento Sustentável, pela sua função social e solidária, em detrimento de figuras centrais do direito, tradicionalmente colocadas em primeiro plano, como a propriedade, estabelecendo um novo marco na seara jurídica.

9.4. PAPEL DA POSSE NO *COWORKING*

Diante de todo o exposto anteriormente, resta assentado que o usuário de produtos e serviços na esteira do consumo colaborativo e sustentável não segue os padrões típicos da sociedade de consumo, como comprar e guardar ou consumir e descartar. O consumo colaborativo é aquele que se mostra eficiente por dissociar consumo e propriedade, promovendo comportamentos baseados em repensar, reduzir, reutilizar, reaproveitar, reciclar, recusar e recuperar (os 7 "R" da sustentabilidade).

O processo de globalização atuou enquanto elemento colaborador na alteração da forma como o consumidor tem agido na modernidade. Como consequência de todo esse quadro, criaram-se, perigosamente, novas tradições de consumo, de efeitos deletérios.

---

94 BOTSMAN, Rachel e ROGERS, Roo. *O que é meu é seu*: como o consumo colaborativo vai mudar o nosso mundo. Tradução Rodrigo Sardenberg. Porto Alegre: Bookman, 2011. p. 89- 90.

Todavia, é um erro acreditar que uma tradição, enquanto conjunto de símbolos e práticas repetidas, é impermeável à mudança. Trata-se, de fato, de mais um mito. Uma tradição completamente pura é algo que não existe. As tradições podem evoluir ao longo do tempo e podem também, por vezes, ser alteradas ou transformadas, inventadas e reinventadas de forma bastante repentina, sem que precisem ter existido por séculos. Isto é assim inclusive devido ao impacto da própria globalização, fator que não pode ser olvidado em tempos de modernidade[95].

O reconhecimento desse novo paradigma permite afirmar que a tradição pode florescer em versões diferentes, de maneira não tradicional, com um novo papel. Segundo Anthony Giddens[96],

> "É inteiramente racional reconhecer que as tradições são necessárias numa sociedade. (...) As tradições são necessárias e persistirão sempre, porque dão continuidade e forma à vida. (...) A tradição pode muito bem ser defendida de uma maneira não tradicional – e este deveria ser o seu futuro. Ritual, cerimonial e repetição têm um importante papel social, algo compreendido e posto em prática pela maioria das organizações, inclusive os governos. As tradições vão continuar a ser apoiadas enquanto puderem ser efetivamente justificadas – não em termos de seus próprios rituais internos, mas mediante a comparação delas com outras tradições ou maneiras de fazer as coisas".

---

95 GIDDENS, Anthony. *Mundo em descontrole*. Trad. Maria Luiza X. de A. Borges. Rio de Janeiro: Record, 2007. p. 51-53.

96 GIDDENS, Anthony. *Mundo em descontrole*. Trad. Maria Luiza X. de A. Borges. Rio de Janeiro: Record, 2007. p. 54-55.

No que diz respeito às novas tradições do consumo, acreditamos que a corrida desenfreada pela riqueza material vem causando uma exclusão das necessidades sociais básicas, atreladas ao convívio familiar e comunitário, relações pessoais e responsabilidade social, além de produzir impactos negativos para o meio ambiente. Tais demandas, de fato, não podem ser supridas através de processos de compra e acúmulo de bens.

O sistema de consumismo não é um fato fixo da vida moderna, como aparentemente se mostra. Assim, mostra-se firmemente defensável que, da mesma forma que este sistema foi produzido, é possível remodelá-lo, visando a criação de um modelo mais saudável e sustentável. Existem experiências concretas atualmente que nos permitem concluir que este distúrbio pode ser consertado, a exemplo do *coworking*.

Os espaços de *coworking* são um dos exemplos mais populares de consumo colaborativo. Neste contexto de compartilhamento, mostram-se como uma boa alternativa para profissionais que buscam uma forma mais sustentável e econômica de estar no mercado, visto que permite a redução das despesas, pois estas são divididas entre os usuários que pagam uma taxa fixa por hora de utilização do espaço de *coworking*[97].

---

97 MARTINS, Solange e SANTIAGO, Mariana. *Coworking*: relações entre sustentabilidade e consumo colaborativo nos espaços de trabalho compartilhados. *Revista de Direito do Consumidor.* ISSN 1415-7705. São Paulo, ano 29, v. 132, p. 197-218, nov.-dez./2020. p. 208. MENDONÇA, Fabiana Mendes de; ASSUNÇÃO, Alexandre Vergínio. Ambientes de trabalho compartilhados: o desafio de projetar espaços de *coworking*. *Revista Poliedro.* ISSN: 2594-4398. Pelotas, RS – Brasil, v. 2, n. 2, p. 135 a 159, dez. 2018. Disponível em: http://periodicos.ifsul.edu.br/index.php/poliedro. Acesso em: 10 fev. 2022. p. 142

Coworking é um nome geralmente atribuído a escritórios compartilhados que surgiram para atender demandas atuais, no contexto dos novos modelos empresariais e de organização do trabalho, bem como contribuir para o desenvolvimento de novas configurações urbanas, na busca de soluções para os problemas gerados pelo modelo econômico em vigor[98].

O termo surgiu no Vale do Silício, quando empreendedores do ramo da tecnologia abriram um apartamento para oferecer um espaço de trabalho para pessoas que necessitavam desse espaço, porque não o tinham. Evidencia-se, portanto, o *coworking* como possível contribuição para solucionar desafios referentes à logística, à sustentabilidade e à qualidade de vida nos grandes centros urbanos[99].

---

98 MARTINS, Solange e SANTIAGO, Mariana. *Coworking*: relações entre sustentabilidade e consumo colaborativo nos espaços de trabalho compartilhados. *Revista de Direito do Consumidor.* ISSN 1415-7705. São Paulo, ano 29, v. 132, p. 197-218, nov.-dez./2020. p. 208. SANTOS, Claudia M. Neme. *Coworking*: contribuições de um modelo de consumo colaborativo e da arquitetura corporativa para o gerenciamento das cidades. *Revista Nacional de Gerenciamento de Cidades*, v. 02, n. 12, 2014, p. 84-95. Disponível em: https://www.amigosdanatureza.org.br/publicacoes/index.php/gerenciamento_de_cidades/article/view/762. Acesso em: 10 fev. 2022. p. 89.

99 SANTOS, Claudia M. Neme. *Coworking*: contribuições de um modelo de consumo colaborativo e da arquitetura corporativa para o gerenciamento das cidades. *Revista Nacional de Gerenciamento de Cidades*, v. 02, n. 12, 2014, p. 84-95. Disponível em: https://www.amigosdanatureza.org.br/publicacoes/index.php/gerenciamento_de_cidades/article/view/762. p. 89. MARTINS, Solange e SANTIAGO, Mariana. *Coworking*: relações entre sustentabilidade e consumo colaborativo nos espaços de trabalho compartilhados. *Revista de Direito do Consumidor.* ISSN 1415-7705. São Paulo, ano 29, v. 132, p. 197-218, nov.-dez./2020. p. 208.

Os espaços de trabalho colaborativos ou também chamados de *coworking* promovem o compartilhamento de espaço e recursos de escritório, reunindo trabalhadores autônomos ou pequenas equipes de trabalho em um único escritório de trabalho coletivo. Esses espaços funcionam como empresas que cobram um aluguem mensal ou pagamento por hora aos seus *coworkers100.*

Como manifestação dessa nova cultura e linguagem, cresce a procura por essas novas formas, espaços e ferramentas que têm, paralelamente, criado novas comunidades que, por sua vez, criam uma nova cultura e uma nova linguagem. Esses espaços favorecem a criatividade de cada pessoa e a elaboração de novas ideias e projetos, emoldurando uma nova cultura, substituindo práticas consumistas e depredadoras do meio ambiente. O *coworking* está em sintonia com o espírito do nosso tempo[101].

Os espaços de trabalho são uma preocupação frequente entre os indivíduos da chamada geração Y, os quais se mostram

---

100 MARTINS, Solange e SANTIAGO, Mariana. *Coworking*: relações entre sustentabilidade e consumo colaborativo nos espaços de trabalho compartilhados. *Revista de Direito do Consumidor.* ISSN 1415-7705. São Paulo, ano 29, v. 132, p. 197-218, nov.-dez./2020. p. 209.

101 MARTINS, Solange e SANTIAGO, Mariana. *Coworking*: relações entre sustentabilidade e consumo colaborativo nos espaços de trabalho compartilhados. *Revista de Direito do Consumidor.* ISSN 1415-7705. São Paulo, ano 29, v. 132, p. 197-218, nov.-dez./2020. p. 209. SANTOS, Claudia M. Neme. *Arquitetura corporativa:* escritórios compartilhados *coworking.* Bauru: Centro de Ciências Exatas e Sociais Aplicadas; Universidade do Sagrado Coração. Trabalho de Conclusão de (Graduação em Arquitetura e Urbanismo), 2013. 72 p.

mais conscientes em relação ao seu grande impacto na produtividade e no bem-estar dos profissionais. A geração Y, maioria nos espaços de *coworking*, prioriza qualidade de vida, liberdade, independência, interação e conectividade com o mundo[102].

Um outro aspecto é que o *coworking* se figura como uma nova forma de organização de trabalho, a qual busca oferecer uma maior flexibilidade em termos de custos de locação ao indivíduo, majoritariamente procurado por trabalhadores em situação de *freelance* ou em pequenas empresas e *startups*[103].

São exemplos de espaços de *coworking*: a *Wework*[104], de alcance internacional, oferecendo mais de 500 locais de tra-

---

102 MARTINS, Solange e SANTIAGO, Mariana. *Coworking*: relações entre sustentabilidade e consumo colaborativo nos espaços de trabalho compartilhados. *Revista de Direito do Consumidor.* ISSN 1415-7705. São Paulo, ano 29, v. 132, p. 197-218, nov.-dez./2020. p. 209. MENDONÇA, Fabiana Mendes de; ASSUNÇÃO, Alexandre Vergínio. Ambientes de trabalho compartilhados: o desafio de projetar espaços de *coworking*. *Revista Poliedro.* ISSN: 2594-4398. Pelotas, RS – Brasil, v. 2, n. 2, p. 135 a 159, dez. 2018. Disponível em: http://periodicos.ifsul.edu.br/index.php/poliedro. Acesso em: 10 fev. 2022. p. 140.

103 SOARES, Juliana Maria Moreira; SALTORATO, Patricia. *Coworking*, uma forma de organização de trabalho: conceitos e práticas na cidade de São Paulo. *Revista Eletrônica AtoZ: novas práticas em informação e conhecimento*, 4(2), 61-73, jul./dez. 2015. DOI: 10.5380/atoz.v4i2.42337. Disponível em: https://revistas.ufpr.br/atoz/article/view/42337. Acesso em: 16 nov. 2019. p. 71; MARTINS, Solange e SANTIAGO, Mariana. *Coworking*: relações entre sustentabilidade e consumo colaborativo nos espaços de trabalho compartilhados. *Revista de Direito do Consumidor.* ISSN 1415-7705. São Paulo, ano 29, v. 132, p. 197-218, nov.-dez./2020. p. 209.

104 Disponível em: https://www.wework.com/pt-BR.

balho ao redor do mundo, que podem ser utilizados conforme a demanda do *coworker*, que poderá desfrutar de espaços personalizados às suas necessidades; e a *Gowork*[105], que anuncia não ser um *coworking* convencional, por criar conexões entre empresas, gerando novos contatos e futuros parceiros. Pioneiro no estudo da economia solidária no Brasil, Paul Singer[106] ressalta que as pessoas, sob a égide do capitalismo tradicional, foram treinadas para acreditar que a competição é natural, mas na verdade ela é produto da forma como se organizam as atividades econômicas, o que tem gerado efeitos deletérios, como a crescente desigualdade social, uma polarização entre ganhadores e perdedores, que se transmite de pais para filhos e netos. A economia solidária seria outro modo de produção, baseado na propriedade coletiva ou associada do capital e o direito à liberdade individual. É nesse contexto que se enquadra o *coworking*. Nas palavras do autor:

> "A apologia da competição chama a atenção apenas para os vencedores, a sina dos perdedores fica na penumbra. O que acontece com os empresários e empregados das empresas que quebram? E com os pretendentes que não conseguem emprego? Ou com os vestibulandos que não entram na universidade? Em tese, devem continuar tentando competir, para ver se saem melhor da próxima vez. Mas, na economia capitalista, os ganhadores acumulam vantagens e os perdedores acumulam desvantagens nas competições futuras. Empresários falidos não têm mais capitais próprio, e os bancos lhes negam crédito exatamente porque já fracassaram uma vez. Pretendentes a emprego que ficaram muito

105 Disponível em: https://www.gowork.com.br/.

106 SINGER, Paul. *Introdução à economia solidária*. São Paulo: Fundação Perseu Abramo, 2002. p. 7-10.

tempo desempregados tem menos chance de serem aceitos, assim como os que são mais idosos. Os reprovados em vestibular precisariam se preparar melhor, mas como já gastaram seu dinheiro fazendo cursinho à probabilidade de que o consigam é cada vez menor. (...) Vantagens e desvantagens são legadas de pais para filhos e para netos. Os descendentes dos que acumularam capital ou prestígio profissional, artístico etc., entram na competição econômica com nítida vantagem em relação aos descendentes dos que se arruinaram, empobreceram e foram socialmente excluídos. O que acaba produzindo sociedades profundamente desiguais".

Diante do modelo do *coworking*, surge a necessidade de se discutir a sua natureza jurídica e qual o tratamento que o Direito deve dar a essa nova realidade, mormente em relação às implicações em termos de direito empresarial, direito do trabalho, direito civil e direito consumerista[107].

Parece claro que o fato de diversos profissionais ou empresas dividirem o mesmo espaço de trabalho por si só não gera entre eles *affectio societatis*, ou seja, não é possível que os *coworkers* sejam considerados como membros de uma mesma empresa, o que implica concluir que a responsabilidade em relação às questões trabalhistas e consumeristas está adstrita a cada *coworker*, seja pessoa física ou jurídica, descartada a configuração de obrigação solidária[108].

---

107 MARTINS, Solange e SANTIAGO, Mariana. *Coworking*: relações entre sustentabilidade e consumo colaborativo nos espaços de trabalho compartilhados. *Revista de Direito do Consumidor*. ISSN 1415-7705. São Paulo, ano 29, v. 132, p. 197-218, nov.-dez./2020. p. 211.

108 MARTINS, Solange e SANTIAGO, Mariana. *Coworking*: relações entre sustentabilidade e consumo colaborativo nos espaços de

Todavia, cada *coworker* que atue no mercado de consumo, na condição de fornecedor, nos termos do art. 3º, do Código de Defesa do Consumidor, ou seja, desenvolvendo atividade de produção, montagem, criação, construção, transformação, importação, exportação, distribuição ou comercialização de produtos ou prestação de serviços, tem responsabilidade em relação à qualidade de produtos e serviços, prevenção e reparação de danos (CDC, arts. 8º a 25). Aplica-se, assim, o Código de Defesa do Consumidor a tais relações[109].

A relação do *coworker* com o proprietário ou administrador do *coworking* é um pouco mais delicada. A princípio, o *coworking* engloba uma realidade de locação de imóvel comercial, o que, no contexto do direito civil, afastaria a aplicação do Código de Defesa do Consumidor, sendo aplicável à Lei n. 8.245/91 (Lei do Inquilinato). Ressalve-se que mesmo a simples locação do espaço pode ocorrer em moldes diversos dos disciplinados pela Lei n. 8.245/91, pois é possível que o *coworker* o faça apenas eventualmente, cabendo o pagamento apenas pelas horas de fato utilizadas[110].

---

trabalho compartilhados. *Revista de Direito do Consumidor.* ISSN 1415-7705. São Paulo, ano 29, v. 132, p. 197-218, nov.-dez./2020. p. 211.

109 MARTINS, Solange e SANTIAGO, Mariana. *Coworking*: relações entre sustentabilidade e consumo colaborativo nos espaços de trabalho compartilhados. *Revista de Direito do Consumidor.* ISSN 1415-7705. São Paulo, ano 29, v. 132, p. 197-218, nov.-dez./2020. p. 211.

110 MARTINS, Solange e SANTIAGO, Mariana. *Coworking*: relações entre sustentabilidade e consumo colaborativo nos espaços de trabalho compartilhados. *Revista de Direito do Consumidor.* ISSN 1415-7705. São Paulo, ano 29, v. 132, p. 197-218, nov.-dez./2020. p. 211.

Contudo, o *coworking* pode ir além de uma simples locação. Se a proposta é uma gestão do espaço aos *coworkers*, bem como, de forma conexa, a prestação de serviços e venda de produtos pelo *coworking* que possam facilitar o trabalho dos *coworkers*, trata-se de contrato atípico. Nesse contexto, é pertinente a aplicação do Código de Defesa do Consumidor[111], tendo em

111 Em sentido contrário, afastando a aplicação do CDC: "APELAÇÃO – AÇÃO DECLARATÓRIA DE INEXIGIBILIDADE DE COBRANÇA DE VALORES – LOCAÇÃO IMOBILIÁRIA EM REGIME DE 'COWORKING' – Sentença de improcedência, com reconhecimento de exigibilidade dos valores cobrados pela ré – Irresignação da autora – RELAÇÃO DE CONSUMO – Não caracterização – Contrato celebrado entre as partes que tem por objeto a utilização de espaço para desempenho das atividades empresariais da autora – Não incidência da legislação consumerista – Outrossim, adesividade contratual que não é suficiente a macular a manifestação de vontade dos contratantes, inclusive em razão de a autora se tratar de sociedade de advogados, dotada de expertise para análise das peculiaridades contratuais – MULTA POR RESCISÃO CONTRATUAL DECORRENTE DA CULPA DA AUTORA – Valor da multa equivalente ao valor remanescente do contrato que se mostra excessiva – Aplicável à espécie o disposto nos arts. 4º da Lei n. 8.245/91 e 413 do Código Civil – Necessidade de redução da multa compensatória a um valor que atenda melhor ao princípio da equidade e da razoabilidade e que seja proporcional ao período de cumprimento do contrato – DANOS MATERIAIS – Pretensão da autora quanto à recomposição de valores despendidos para instalação de letreiro no escritório objeto do contrato de 'coworking' – Impossibilidade – Cláusula contratual expressa no sentido de exigir do 'locatário' a devolução do espaço nas exatas condições verificadas no início do contrato – Sentença parcialmente reformada – RECURSO PROVIDO em parte, com redistribuição dos ônus sucumbenciais" (TJSP; Apelação Cível 1050416-48.2020.8.26.0100; Relator (a): Luis Fernando Nishi; Órgão Julgador: 32ª Câmara de

vista que o *coworker* é destinatário final, nos termos do art. 2º, do referido diploma legal[112].

Durante o isolamento social praticado no Brasil por força da pandemia da Covid-19, houve decisão do Superior Tribunal de Justiça[113] em relação ao valor de aluguel praticado pelo

---

Direito Privado; Foro Central Cível – 14ª Vara Cível; Data do Julgamento: 30-9-2021; Data de Registro: 30-9-2021).

112 MARTINS, Solange e SANTIAGO, Mariana. *Coworking*: relações entre sustentabilidade e consumo colaborativo nos espaços de trabalho compartilhados. *Revista de Direito do Consumidor*. ISSN 1415-7705. São Paulo, ano 29, v. 132, p. 197-218, nov.-dez./2020. p. 211.

113 "1. Cuida-se de agravo interposto por EGA – ADMINISTRACAO, PARTICIPACOES E SERVICOS LTDA contra decisão que negou seguimento ao recurso especial, por sua vez manejado em combate a acórdão proferido pelo TRIBUNAL DE JUSTIÇA DO DISTRITO FEDERAL E DOS TERRITÓRIOS, assim ementado: PROCESSO CIVIL. APELAÇÃO. CIVIL. REVISÃO. CONTRATO. ALUGUEL. COMERCIAL. REDUÇÃO. POSSIBILIDADE. PERÍODO DETERMINADO. COVID-19. LOCKDOWN. DECRETO DISTRITAL. EXCEPCIONALIDADE. SENTENÇA MANTIDA.

1 – Trata-se de ação de conhecimento ajuizada pelo locador de sala comercial em face da Administradora com o intuito de reduzir o valor cobrado de aluguel em período determinado em virtude da impossibilidade de realização de sua atividade econômica. 2 – Os arts. 317, 478 a 480 todos do Código Civil autoriza a intervenção judicial na busca do equilíbrio contratual entre a prestação a ser paga e o momento de realizá-la quando em virtude da imprevisibilidade da pandemia na saúde mundial gerou a quebra do equilíbrio contratual. 3 – Tratando-se a atividade do autor do ramo de *coworking* resta evidente o impacto econômico na atividade desempenhada, decorrente das medidas adotadas para preservação da saúde pública, mostrando-se possível a excepcional intervenção do Judiciário no contrato livremente firmado entre

coworking, adaptando-o à situação de ordem pública, restabelecendo o equilíbrio contratual. No mesmo sentido também se observa decisão do Tribunal de Justiça do Estado de São Paulo[114].

---

as partes. 4 – Dessa forma, a locadora não ficará totalmente privada dos rendimentos do imóvel, nem se exigirá o cumprimento de prestação momentaneamente excessiva ao locatário, o que se reputa justo e coerente e resguarda os interesses de ambas as partes, com a preservação da empresa e do contrato firmado entre eles. 5 – Apelo não provido. Opostos embargos de declaração, foram rejeitados. Nas razões do recurso especial, a parte recorrente alega violação dos arts. 489, § 1º, II, III e IV, 1.022, I e II, do CPC, 421 e 422 do CC. É o relatório. DECIDO.

2. Em face das circunstâncias que envolvem a controvérsia e para melhor exame do objeto do recurso, com fundamento no art. 34, inciso VII, do Regimento Interno do Superior Tribunal de Justiça, DOU PROVIMENTO ao presente agravo para determinar a sua conversão em recurso especial, sem prejuízo de novo exame acerca de seu cabimento, a ser realizado no momento processual oportuno" (STJ, Ag. em REsp n. 1997068 – DF (2021/0316878-4), Ministro Relator: Luis Felipe Salomão, 8-2-2022).

114 "Apelação cível – locação de imóvel comercial – empresa locatária voltada ao ramo de escritórios virtuais ou compartilhados ('*coworking*') – pandemia do coronavírus acomodada ao conceito de fato superveniente imprevisível desencadeador de onerosidade excessiva, autorizando, por isso, a revisão do contrato de locação – exegese dos arts. 317, *caput*, e 478, *caput*, ambos do Código Civil-aplicabilidade, ainda, da teoria da imprevisão – redução dos locativos no percentual de 30% (trinta por cento) – distribuição equitativa dos prejuízos oriundos da conjuntura – julgamento parcial do mérito – pretensão revisional – possibilidade – contrato de locação vigente por mais de três anos – sentença, no tópico, declarada sem efeito, com ordem de retorno à origem para regular seguimento – '*decisum*' reformado – recurso parcialmente provido" (TJSP; Apelação Cível 1079992-86.2020.8.26.0100;

No aspecto processual, o Tribunal de Justiça do Estado de São Paulo[115] também já decidiu que o endereço do *coworking*

Relator (a): Tercio Pires; Órgão Julgador: 34ª Câmara de Direito Privado; Foro Central Cível – 33ª Vara Cível; Data do Julgamento: 6-12-2021; Data de Registro: 6-12-2021).

115 "AGRAVO DE INSTRUMENTO – AÇÃO DE EXECUÇÃO – AGRAVANTE – ARGUIÇÃO – NULIDADE DA CITAÇÃO – AR – ENCAMINHAMENTO A ESCRITÓRIO DE *COWORKING* UTILIZADO PELO INVENTARIANTE DO AGRAVANTE – ALEGAÇÃO – AUSÊNCIA DE VÍNCULO COM O LOCAL – DESCABIMENTO – CARTA – RECEBIMENTO POR FUNCIONÁRIO SEM RESSALVA – AGRAVANTE – ASSERTIVA – DEVOLUÇÃO POSTERIOR DA CARTA DE CITAÇÃO – NÃO COMPROVAÇÃO – CITAÇÃO – VALIDADE – INTELIGÊNCIA DO ART. 248, §§ 2º E 4º, DO CPC – DECISÃO COMBATIDA – MANUTENÇÃO. AGRAVO DE INSTRUMENTO NÃO PROVIDO" (TJSP; Agravo de Instrumento 2291691-48.2021.8.26.0000; Relator (a): Tavares de Almeida; Órgão Julgador: 23ª Câmara de Direito Privado; Foro de Araçatuba – 5ª Vara Cível; Data do Julgamento: 21-2-2022; Data de Registro: 21-2-2022).

"Impugnação ao cumprimento de sentença – Arguição de nulidade da citação na fase de conhecimento, excesso de execução e irregularidade nas contrições efetuadas – Decisão agravada rejeitou a impugnação – Irresignação do executado – Inadmissibilidade – Carta citatória foi entregue em espaço concernente a trabalho compartilhado (*coworking*) que é destinado a recepção de correspondências encaminhadas àqueles que compartilham o local. Elementos de convicção constantes dos autos dão conta de que o agravante compartilha tal espaço. Endereço, ademais, indicado no sítio eletrônico do escritório de advocacia do agravante. Logo e comprovada a entrega da carta citatória naquele endereço, forçoso convir que a citação levada a efeito na ação de conhecimento, deve ser mesmo tida por válida. De fato, se o local é destinado a entrega de correspondência às pessoas que compartilham o espaço e se a pessoa que recebeu a carta citatória o fez sem qualquer ob-

em que se localiza a empresa é apto para o recebimento de citação por parte desta, uma vez que há vinculação ao local, independentemente do compartilhamento do espaço de trabalho.

O *coworking* através de compartilhamento do mesmo espaço de trabalho contribui para o crescimento das empresas e do indivíduo, entrelaçando o interesse na redução de custos e, ao mesmo tempo, promovendo a interação com outros profissionais, compondo um *network*. Há, dessa forma, um consenso entre a função solidária da posse, da propriedade e da empresa e o consumo colaborativo nos espaços laborais, bem como a possibilidade de aplicação do Código de Defesa do Consumidor em contextos específicos.

---

jeção a respeito, o reconhecimento da validade do ato, é medida que se impõe, em consonância com a teoria da aparência, aplicando-se aqui, analogicamente, o quanto deliberado pelo C. STJ, acerca da citação das pessoas jurídicas. – Precedente jurisprudencial – Excesso de execução – Inocorrência – Exige-se nos autos de origem, exclusivamente o valor constante do título executivo judicial – Eventual discussão acerca do percentual estipulado em contrato de honorários, não tem lugar em sede de cumprimento de sentença já passada em julgado – Irregularidade das penhoras fundada na suposta irregularidade da citação – Questão prejudicada em razão do reconhecimento da validade da citação – Recurso improvido" (TJSP; Agravo de Instrumento 2116909-96.2020.8.26.0000; Relator (a): Neto Barbosa Ferreira; Órgão Julgador: 29ª Câmara de Direito Privado; Foro Regional II – Santo Amaro – 14ª Vara Cível; Data do Julgamento: 26-1-2021; Data de Registro: 26-1-2021).

9.5. BREVE REFLEXÃO SOBRE A FUNÇÃO SOLIDÁRIA DA POSSE

A Constituição Federal atual, inegavelmente desempenhou papel fundamental na história da regulamentação das relações de consumo. O aludido diploma, calcado nos pilares da dignidade da pessoa humana e da solidariedade social, ao expressar as noções de iniciativa privada e de propriedade, dentro das limitações compatíveis com o ideal da socialidade, já contempla a defesa do consumidor.

No seu art. 5º, a Constituição Federal prescreve: "todos são iguais perante a lei, sem distinção de qualquer natureza, garantindo-se aos brasileiros e aos estrangeiros residentes no País a inviolabilidade do direito à vida, à liberdade, à igualdade, à segurança e à propriedade", sendo que "o Estado promoverá, na forma da lei, a defesa do consumidor" (XXXII).

Já conforme o art. 170, da norma constitucional, que dispõe sobre os princípios gerais da atividade econômica, "a ordem econômica, fundada na valorização do trabalho humano e na livre iniciativa, tem por fim assegurar a todos existência digna, conforme os ditames da justiça social, observados os seguintes princípios: (...) V – defesa do consumidor".

A livre iniciativa, citada no art. 170, da Constituição Federal, pode ser definida como a possibilidade de agir antes de qualquer outro, sem influência externa, como uma expressão da liberdade. O valor social, no caso, significa que essa atividade deve ser socialmente útil e que se procurará a realização da justiça social, do bem-estar social[116].

116 CRETELLA JR. *Comentários à Constituição de 1988*. 3. ed. rev. Rio de Janeiro: Forense, v. I, 1992. p. 140-141.

É dentro desse paradigma de justiça social que a Constituição propõe as bases da defesa do consumidor, incluindo-se, nesse desiderato, a regulamentação das relações de consumo através do Código de Defesa do Consumidor, Lei n. 8.078/90.

O Código de Defesa do Consumidor demonstra uma fundamental diferença em relação às legislações anteriores dirigidas ao consumidor. O referido *Codex* nasceu amparado por garantia constitucional, o que implica na segurança de que nenhuma lei ordinária poderá revogar os seus preceitos, sendo nula de pleno direito a norma ou ato normativo que assim o pretender[117].

Trata-se de uma lei de função social, ou seja, ocasiona modificações profundas nas relações juridicamente relevantes na sociedade, visando tutelar um grupo específico de indivíduos, considerados vulneráveis no livre mercado, intervindo de maneira imperativa[118].

O próprio Código de Defesa do Consumidor, em seu art. 1º, dispõe que suas normas se dirigem à proteção prioritária dos consumidores e se constituem em normas de ordem pública, inafastáveis pela vontade individual, interessando, assim, mais diretamente à sociedade que aos particulares, na árdua tarefa de transformar uma realidade social, como uma faceta do exercício da cidadania[119].

---

117 MELLO, Sônia Maria Vieira de. *O direito do consumidor na era da globalização*: a descoberta da cidadania. Rio de Janeiro: Renovar, 1998. p. 15.

118 MARQUES, Cláudia Lima. *Contratos no Código de Defesa do Consumidor*: o novo regime das relações contratuais. 4. ed. rev., atual. e ampl. São Paulo: Revista dos Tribunais, 2002. p. 505.

119 MARQUES, Cláudia Lima. *Contratos no Código de Defesa do Consumidor*: o novo regime das relações contratuais. 4. ed. rev., atual.

Importante lembrar que o Código de Defesa do Consumidor divide os indivíduos entre consumidores em sentido estrito (art. 2º) e coletividade de consumidores (art. 2º, parágrafo único), para fins contratuais; e, no campo extracontratual, pessoas equiparadas a consumidor (art. 17) e consumidor em sentido amplo (art. 29)[120].

Consumidor em sentido estrito é toda pessoa física ou jurídica que utiliza produto ou serviço como destinatário final, ou seja, o último sujeito da cadeia da relação de consumo, ainda que profissional, desde que o contrato não se relacione com sua atividade fim[121]. A coletividade de pessoas, ainda que indetermináveis, que haja intervindo nas relações de consumo é, por ficção, o consumidor coletivo. Todas as vítimas de relação de consumo, em caso de responsabilidade pelo fato do produto ou serviço, ainda que não participem de contrato, são considerados consumidores por equiparação.

---

e ampl. São Paulo: Revista dos Tribunais, 2002. p. 505-506. FILOMENO, José Geraldo Brito. *Manual de direitos do consumidor*. 3. ed. São Paulo: Atlas, 1999. p. 28.

120 MARTINS, Solange e SANTIAGO, Mariana. *Coworking*: relações entre sustentabilidade e consumo colaborativo nos espaços de trabalho compartilhados. *Revista de Direito do Consumidor*. ISSN 1415-7705. São Paulo, ano 29, v. 132, p. 197-218, nov.-dez./2020. p. 211. MARQUES, Cláudia Lima Marques. *Contratos no Código de Defesa do Consumidor:* o novo regime das relações contratuais. 4. ed. rev., atual. e ampl. São Paulo: Revista dos Tribunais, 2002. p. 266-267. NUNES, Luis Antonio Rizzatto. *Curso de direito do consumidor*. 8. ed. rev. e atual. São Paulo: Saraiva, 2013. p. 121-134. FILOMENO, José Geraldo Brito. *Manual de direitos do consumidor*. 3. ed. São Paulo: Atlas, 1999. p. 38-40.

121 MARQUES, Cláudia Lima Marques. *Contratos no Código de Defesa do Consumidor:* o novo regime das relações contratuais. 4. ed. rev., atual. e ampl. São Paulo: Revista dos Tribunais, 2002. p. 280.

Por fim, aquele que, sem vínculo contratual, é exposto a uma relação de consumo, no que se refere a práticas comerciais e proteção contratual, é o consumidor em sentido amplo[122].

Nota-se, assim, que o Código adota um conceito difuso de consumidor, uma vez que desde sempre todas as pessoas expostas a toda e qualquer prática comercial são consumidores em potencial. Por outro lado, mesmo diante de tal amplitude, é possível se excluir os intermediários da proteção da Lei n. 8.078/90[123].

O campo das relações de consumo, especificamente, possui um princípio básico característico, a merecer grande destaque, qual seja, o do reconhecimento da vulnerabilidade do consumidor.

Em relação ao princípio do reconhecimento da vulnerabilidade do consumidor, pode-se dizer que toda a interpre-

---

122 MARTINS, Solange e SANTIAGO, Mariana. *Coworking*: relações entre sustentabilidade e consumo colaborativo nos espaços de trabalho compartilhados. *Revista de Direito do Consumidor*. ISSN 1415-7705. São Paulo, ano 29, v. 132, p. 197-218, nov.-dez./2020. p. 212.

123 MARTINS, Solange e SANTIAGO, Mariana. *Coworking*: relações entre sustentabilidade e consumo colaborativo nos espaços de trabalho compartilhados. *Revista de Direito do Consumidor*. ISSN 1415-7705. São Paulo, ano 29, v. 132, p. 197-218, nov.-dez./2020. p. 212. MARQUES, Cláudia Lima Marques. *Contratos no Código de Defesa do Consumidor:* o novo regime das relações contratuais. 4. ed. rev., atual. e ampl. São Paulo: Revista dos Tribunais, 2002. p. 292-293. NUNES, Luis Antonio Rizzatto. *Curso de direito do consumidor*. 8. ed. rev. e atual. São Paulo: Saraiva, 2013. p. 134. MELLO, Sônia Maria Vieira de. *O direito do consumidor na era da globalização:* a descoberta da cidadania. Rio de Janeiro: Renovar, 1998. p. 25.

tação e aplicação do Código de Defesa do Consumidor deve considerar, como pressuposto, que as relações de consumo se desenvolvem entre partes desiguais, destacando-se a fragilidade do consumidor.

A aludida vulnerabilidade pode ser classificada em três espécies: a técnica, na qual o comprador não possui conhecimentos específicos sobre o objeto ou serviço que está adquirindo, seja ele profissional ou não profissional; a científica, enquanto falta de conhecimentos de ciências específicas como direito, contabilidade ou economia, sendo presumida para o consumidor não profissional e para o consumidor pessoa física; e a fática, onde o fornecedor, por sua posição de monopólio, fático ou jurídico, por seu grande poder econômico ou em razão da essencialidade do serviço, impõe sua superioridade a todos que com ele contratam[124].

A par disso, existem outros princípios aplicáveis às relações de consumo, numa interface, inclusive, com o que se observa nas próprias relações civis, dentro da teoria geral dos contratos, como o princípio do equilíbrio nas relações, a boa-fé objetiva e função social dos contratos.

Ocorre que, embora os avanços perpetrados pelo Código de Defesa do Consumidor na sociedade brasileira, inclusive de ordem principiológica, sejam notáveis, não se pode deixar de reconhecer que existem problemas típicos de uma sociedade de consumo, diretamente ligados às questões do consu-

124 MARQUES, Cláudia Lima Marques. *Contratos no Código de Defesa do Consumidor: o novo regime das relações contratuais*. 4. ed. rev., atual. e ampl. São Paulo: Revista dos Tribunais, 2002. p. 270-273. NUNES, Luis Antonio Rizzatto. *Curso de direito do consumidor*. 8. ed. rev. e atual. São Paulo: Saraiva, 2013. p. 178-179.

mismo e da sustentabilidade, que não são solucionados pela simples aplicação do referido *Codex* e seus princípios clássicos, razão pela qual se faz necessária uma releitura da área pelo viés do princípio da solidariedade social, na tentativa de balizar a função solidária.

Enquanto princípio jurídico materializado na Constituição Federal, a solidariedade expande-se por todas as áreas do direito, oxigenando-as, orientando os rumos a serem seguidos e impedindo a manutenção de atos a ela contrários. Essa presença também pode ser observada no campo do direito das relações de consumo.

A percepção do impacto ambiental dos atuais padrões de consumo, desde a década de 90, tem ocasionado um novo discurso dentro do ambientalismo internacional, redefinindo a problemática ambiental com base nas relações de consumo, visando à sustentabilidade, o que se coaduna perfeitamente com o princípio da solidariedade[125].

A abundância dos bens de consumo, símbolo do capitalismo moderno, já é objeto de críticas que alçam o consumismo como um dos principais problemas da sociedade moderna, repercutindo fortemente na crise ambiental. Tratar do consumismo passou a significar também uma contribuição para a construção de uma sociedade mais sustentável[126].

Toda essa discussão demonstra que a organização individualista do consumo desconecta os membros da sociedade enquanto cidadãos, repercutindo na questão da solidariedade.

---

125 PORTILHO, Fátima. *Sustentabilidade ambiental, consumo e cidadania.* 2. ed. São Paulo: Cortez, 2010. p. 39.

126 PORTILHO, Fátima. *Sustentabilidade ambiental, consumo e cidadania.* 2. ed. São Paulo: Cortez, 2010. p. 67.

Torna-se cada vez mais necessária a criação de redes de intercâmbio de informação e aprendizagem com foco nas práticas de consumo enquanto ferramenta para o exercício da cidadania[127].

Expressão da solidariedade, o consumo colaborativo através de compartilhamento contribui para o crescimento das empresas e do indivíduo, entrelaçando o interesse na redução de custos e, ao mesmo tempo, promovendo a interação com outros profissionais, compondo um *network*. Há, dessa forma, um consenso entre a *função solidária* da empresa e o consumo colaborativo[128].

Sintetizando as possibilidades do consumo colaborativo para o futuro, Rachel Botsman e Roo Rogers[129] afirmam que

> "determinados comportamentos e ideias predominarão na próxima década, de maneira significativa. As pessoas terão "contas bancárias de reputação", juntamente com suas contas bancárias normais, e uma classificação de reputação que literalmente medirá as contribuições feitas a diversos tipos de comunidades colaborativas. Mercados entre pares onde pessoas 'vendem' sua capacidade excedente (carros, energia, espaços, produtos, alimentos e habilidades) serão

---

127 PORTILHO, Fátima. *Sustentabilidade ambiental, consumo e cidadania.* 2. ed. São Paulo: Cortez, 2010. p. 218.

128 MARTINS, Solange e SANTIAGO, Mariana. *Coworking*: relações entre sustentabilidade e consumo colaborativo nos espaços de trabalho compartilhados. *Revista de Direito do Consumidor.* ISSN 1415-7705. São Paulo, ano 29, v. 132, p. 197-218, nov.-dez./2020. p. 212.

129 BOTSMAN, Rachel e ROGERS, Roo. *O que é meu é seu*: como o consumo colaborativo vai mudar o nosso mundo. Tradução Rodrigo Sardenberg. Porto Alegre: Bookman, 2011. p. 185-186.

> considerados como uma segunda fonte de renda. (...) As empresas de carros serão incluídas no setor da mobilidade, não no de veículos nem no de transporte. Uma explosão de serviços permitirá que você conserte, atualize e personalize os produtos possuídos ou os produtos de segunda mão. Em vez de pagar automaticamente com dinheiro por muitos produtos e serviços, nos ofereceremos para realizar um escambo de talentos, habilidades e ideias, e as moedas sociais virtuais terão se tornado uma forma normal de troca. A preferência dos consumidores por produtos artesanais ou fabricados localmente passará a ser a norma. (...) Haverá todo um ecossistema de aplicativos e softwares para os nossos telefones e computadores que nos permitirá compartilhar qualquer tipo de produto ou serviço. Uma cultura colaborativa e de compartilhamento será a cultura".

Dentro dessa abordagem direta e aberta, o consumo colaborativo permite a fragmentação dos estereótipos de coletivismo ou ambientalismo, impulsionando os consumidores pela demonstração de que se trata de uma via que funciona melhor para eles, e que suas necessidades materiais não precisam estar em conflito com as suas responsabilidades enquanto cidadãos[130]. É nesse contexto que o instituto da posse assume especial relevância para a sociedade, demonstrando ter uma função solidária, que vai além da sua função social.

O princípio da solidariedade aplicado aos institutos jurídicos de direito privado possui uma conotação diversa da

---

130 BOTSMAN, Rachel e ROGERS, Roo. *O que é meu é seu*: como o consumo colaborativo vai mudar o nosso mundo. Tradução Rodrigo Sardenberg. Porto Alegre: Bookman, 2011. p. 179. PORTILHO, Fátima. *Sustentabilidade ambiental, consumo e cidadania*. 2. ed. São Paulo: Cortez, 2010. p. 39.

função social, que tem foco em justiça social e dignidade. A função solidária se concretiza pelo aspecto da sustentabilidade ambiental, social e econômica, que tem impacto nas gerações futuras e no desenvolvimento.

A diferenciação entre *função social* e *função solidária* dos institutos de direito privado, como propriedade, posse, contratos e empresas, resta sobremaneira facilitada se utilizarmos o recurso da exemplificação.

Existe, atualmente, uma série de normas que as edificações públicas e privadas devem seguir, sob pena de intervenção do Poder Público, como aquelas estabelecidas nos Códigos de obras municipais. Respeitando essas normas, os contratantes que pactuaram a construção, proprietários, possuidores e empresas envolvidas estão cumprindo sua função social, deixando de gerar riscos e prejuízos para toda a sociedade.

Essas obras, todavia, podem ir além de simplesmente cumprir as imposições legais e não aviltar a comunidade. Elas podem colaborar, voluntariamente, com a preservação do meio ambiente e, assim, auxiliar o desenvolvimento sustentável, otimizando a qualidade de vida das pessoas, atuando, de forma solidária, além das exigências legais, como no caso das chamadas "obras verdes".

As construções verdes têm se mostrado uma tendência na arquitetura moderna, a despeito do acréscimo que representa em matéria de custos, seguindo os preceitos da sustentabilidade, através da adoção de técnicas como a reutilização de águas cinzas e pluviais, uso de energia solar, materiais ecoeficientes, aproveitamento de ventilação e iluminação naturais etc.

Não existe, assim, uma norma que imponha aos contratantes, nesses casos, a adoção das mais avançadas técnicas de sustentabilidade. Todavia, há um reconhecimento de tais iniciativas por meio da certificação de sustentabilidade conferida por alguns órgãos, em virtude das características da obra. A certificação mais conhecida no Brasil é a LEED (*Leadership in Energy and Environmental Design*[131]), concebida e concedida pela organização não governamental americana *U.S. Green Building Council.*[132]

Uma importante arma para o incentivo da função solidária inegavelmente são os incentivos fiscais concedidos pelo Poder Público em alguns negócios específicos, como se observa no caso de alíquota diferenciada de Imposto sobre Produtos Industrializados – IPI sobre veículos, conforme o combustível utilizado seja menos poluente (Decreto n. 755/93).

Diante de todas as crescentes demandas sociais típicas dos Estados em desenvolvimento, acreditamos ser preciso se assentar na doutrina jurídica o reconhecimento da função solidária da posse através de incentivos concretos, o que certamente funcionará como mola propulsora da sustentabilidade.

Sobre a omissão do Poder Público em medidas de incentivo ao consumo sustentável, Gabriel Stiglitz[133] ensina: "*no parece desmedido calificar esa omisión, como otra de las tantas – contrarias al interés general – emergentes de los modelos neo-liberales, fundadas em el desatino de una desregulación indiscriminada*[134]".

---

131 "Liderança em Energia e Design Ambiental" (Tradução livre).

132 "Conselho de Edifícios Verdes dos EUA" (Tradução livre).

133 STIGLITZ, Gabriel. Reglas para la defensa de los consumidores y usuarios. Rosario: Juris, 1997. p. 159.

134 "Não parece despropositado qualificar esta omissão como mais uma das muitas – contrárias ao interesse geral – decorrentes de

Do ponto de vista da solidariedade e do desenvolvimento social, pode-se visualizar uma nova consciência social pelo viés do consumo colaborativo, calcada na valorização da posse. Essa visão está marcada por indivíduos engajando-se voluntariamente em projetos coletivos concretos, emanados do seio da sociedade civil, e não meramente assistencialistas e passivos, o que também representa um avanço em relação à solidariedade tradicional, típica de grupos primários, à medida que a organização não se fecha num pequeno grupo de beneficiários[135]. É nesse contexto que vislumbramos a função solidária da posse.

modelos neoliberais, fundados na loucura da desregulamentação indiscriminada" (Tradução livre).

135 FRANÇA FILHO, Genauto Carvalho de e LAVILLE, Jean-Louis. *A economia solidária: uma abordagem internacional*. Porto Alegre: Editora da UFRGS, 2004. p. 20.

CAPÍTULO 10

Posse no metaverso: um desafio para o século XXI

A globalização traz transformações e gera efeitos em praticamente todos os aspectos da vida, positivas e negativas, muito além dos aspectos econômicos. Também pode ser caracterizada como um fenômeno político, tecnológico e cultural, tendo sido fortemente influenciada pelo incremento dos sistemas de comunicação observados no final da década de 1960[1].

Há uma relação entre a globalização de hoje com o processo de conquista das Américas e a expansão do Ocidente Europeu sobre o planeta. A primeira unificação mundial

1 GIDDENS, Anthony. *Mundo em descontrole*. Tradução Maria Luiza X. de A. Borges. 2. ed. Rio de Janeiro: Record, 2002. p. 17, 20-21.

danosa para todos é a globalização dos micróbios, como a tuberculose e outras enfermidades europeias que chegaram às Américas ao longo dos anos, e os micróbios americanos, como os da sífilis, que também chegaram à Europa. A pandemia da Covid-19 demonstra claramente que este processo continua avançando, a despeito das conquistas científicas e tecnológicas. O dano principal, contudo, inegavelmente coube aos conquistados, se considerarmos o processo de escravização de suas populações, dos negros que foram transportados para as Américas e dos povos colonizados[2].

Tal quadro de dominação começa a mudar entre o final do Século XIX e o Século XX, quando se inicia o processo de descolonização ou a emancipação relativa dos povos conquistados e escravizados. Após a derrubada do Muro de Berlim e o fim do Império Soviético, fica evidente a hegemonia Norte-Americana no mercado mundial, com a dominação tecnológica e econômica do Ocidente[3].

---

2 CAMPELLO, Lívia Gaigher; SANTIAGO, Mariana Ribeiro; ANDRADE, Sinara Lacerda. A valorização da identidade cultural como desafio à concretização do direito ao desenvolvimento. *Revista de Direito Brasileira*, [S.l.], v. 19, n. 8, p. 3-19, abr. 2018. ISSN 2358-1352. Disponível em: https://indexlaw.org/index.php/rdb/article/view/3220. Acesso em: 12 fev. 2022. doi:http://dx.doi.org/10.26668/IndexLawJournals/2358-1352/2018.v19i8.3220. p. 5. MORIN, Edgar. *As duas globalizações:* complexidade e comunicação, uma pedagogia do presente. Porto alegre: Sulina – Edipucrs, 2001. p. 39.

3 CAMPELLO, Lívia Gaigher; SANTIAGO, Mariana Ribeiro; ANDRADE, Sinara Lacerda. A valorização da identidade cultural como desafio à concretização do direito ao desenvolvimento. *Revista de Direito Brasileira*, [S.l.], v. 19, n. 8, p. 3-19, abr. 2018.

A globalização, nas suas vestes atuais, inicia-se em 1989, após a queda das economias ditas socialistas, tendo como causa a expansão do capitalismo por todos os continentes, somado ao surgimento das redes de telecomunicações instantâneas. Como resultado, verificou-se a unificação tecnoeconômica do planeta, bem como uma onda democratizante em diversas nações, acompanhada da valorização dos direitos do homem e dos direitos da mulher, cujos resultados ainda permanecem incertos[4]. Ferramenta de suma relevância para esse processo é *a internet.*

A *internet* surgiu no final dos anos 60, criada pelos norte-americanos, visando fins militares. Nos anos 80 começou a ser utilizada no meio educativo, impulsionando diversas áreas do conhecimento. Foi no início dos anos 90 que esta importante ferramenta se abriu ao mercado comercial, ocasionando uma expansão superior a todos os outros meios de comuni-

---

ISSN 2358-1352. Disponível em: https://indexlaw.org/index.php/rdb/article/view/3220. Acesso em: 12 fev. 2022. doi:http://dx.doi.org/10.26668/IndexLawJournals/2358-1352/2018.v19i8.3220. p. 5. MORIN, Edgar. *As duas globalizações:* complexidade e comunicação, uma pedagogia do presente. Porto alegre: Sulina – Edipucrs, 2001. p. 40.

4 CAMPELLO, Lívia Gaigher; SANTIAGO, Mariana Ribeiro; ANDRADE, Sinara Lacerda. A valorização da identidade cultural como desafio à concretização do direito ao desenvolvimento. *Revista de Direito Brasileira*, [S.l.], v. 19, n. 8, p. 3-19, abr. 2018. ISSN 2358-1352. Disponível em: https://indexlaw.org/index.php/rdb/article/view/3220. Acesso em: 12 fev. 2022. doi:http://dx.doi.org/10.26668/IndexLawJournals/2358-1352/2018.v19i8.3220. p. 5. MORIN, Edgar. *A via para o futuro da humanidade.* Tradução Edgard de Assis Carvalho e Mariza Perassi Bosco. Rio de Janeiro: Bertrand Brasil, 2013. p. 21.

cação conhecidos até hoje, que atinge até mesmo países que ainda vivem em regime totalitário[5].

Atualmente, a grande rede permite o acesso a qualquer produto que se tenha interesse, em qualquer parte do mundo, facilitando a atividade do comércio e a simplificando, à medida que diminui o papel dos intermediários no negócio, o que também repercute em matéria de preço[6].

Segundo a Pesquisa Nacional por Amostra de Domicílios 2019 – PNAD/2019, divulgada pelo Instituto Brasileiro de Geografia e Estatística – IBGE, 82,7% dos domicílios nacionais possuem acesso à internet[7].

Como consequência do veloz crescimento da economia capitalista e globalizada, bem como da expansão da Internet e da tecnologia em geral, surgiram novas técnicas de contratação, simplificando o processo de formação dos contratos, culminando na criação dos contratos de massa, que evidenciavam os fenômenos da padronização de cláusulas contratuais e da despersonalização dos contraentes[8].

---

5 GONÇALVES, Sérgio Ricardo Marques. O comércio eletrônico e suas implicações jurídicas: a defesa do consumidor. In: *Direito Eletrônico*: a Internet e os Tribunais. Renato M. S. Opice Blum (coord.). Bauru, SP: Edipro, 2001. p. 224-225.

6 GONÇALVES, Sérgio Ricardo Marques. O comércio eletrônico e suas implicações jurídicas: a defesa do consumidor. In: *Direito Eletrônico*: a Internet e os Tribunais. Renato M. S. Opice Blum (coord.). Bauru, SP: Edipro, 2001. p. 225.

7 BRASIL. *Pesquisa Nacional por Amostra de Domicílios 2019.* Disponível em: https://www.gov.br/mcom/pt-br/noticias/2021/abril/pesquisa-mostra-que-82-7-dos-domicilios-brasileiros-tem-acesso--a-internet. Acesso em: 12 fev. 2022.

8 GOMES, Orlando. *Contratos.* Atualizado por Humberto Theodoro Júnior. 25. ed. Rio de Janeiro: Forense, 2002. p. 7.

Dentro desse fenômeno da proliferação de novas manifestações contratuais[9], tem-se o exemplo do contrato eletrônico. A contratação por meios eletrônicos é mais um fenômeno moderno onde também se verifica o fenômeno da "desumanização" do contrato, uma impessoalidade no mais alto grau até hoje experimentado.

Sérgio Ricardo Marques Gonçalves[10] lembra que

> "a ideia da contratação eletrônica entre duas ou mais partes sem contato físico não é nova, mas já existe há algum tempo, em especial nas transações entre empresas (muitas vezes embasados em contratos genéricos anteriores que permitem subcontratos eletrônicos) e, ao invés de computadores, utilizava-se antes o *telex* ou o *fax* para fins semelhantes aos da *Internet* de hoje, com a diferença de que estes deixavam um suporte físico em poder das partes para embasar o pactuado e demonstrar como se transacionou".

Os conceitos de contrato eletrônico apresentados na doutrina, por sua vez, apresentam um ponto comum: adicionam a um conceito genérico de contrato o meio de celebração eletrônico. Conclui-se, assim, que o ponto característico do contrato eletrônico é a sua forma, não o seu conteúdo, que pode coincidir com o de outra espécie contratual, desde que não haja impedimento legal relativo à solenidade, a exemplo dos contratos bancários, escambo, operações de valores mo-

---

9 VENOSA, Sílvio. *Direito civil:* teoria geral das obrigações e teoria geral dos contratos. São Paulo: Atlas, v. 2, 2001. p. 343-347.

10 GONÇALVES, Sérgio Ricardo Marques. O comércio eletrônico e suas implicações jurídicas: a defesa do consumidor. In: *Direito eletrônico*: a Internet e os Tribunais. Renato M. S. Opice Blum (coord.). Bauru, SP: Edipro, 2001. p. 231.

biliários, compra e venda de bens móveis, leasing, empreitada, locação de coisa ou serviço etc.[11].

Uma vez que o ordenamento jurídico nacional prevê a liberdade de forma como regra para os negócios jurídicos, à exceção das hipóteses expressamente previstas em lei, não há óbice à estipulação dos contratos eletrônicos, embora se trate de contrato atípico, ou seja, sem regulamentação jurídica específica[12].

11 DINIZ, Maria Helena. *Tratado teórico e prático dos contratos*. 6. ed. rev., ampl. e atual. São Paulo: Saraiva, 5º v., 2006. p. 754; MARQUES, Cláudia Lima. *Contratos no Código de Defesa do Consumidor*. 4. ed. rev., atual. e ampl. São Paulo: Revista dos Tribunais, 2002. p. 99-100; LEAL, Sheila do Rocio Cercal Santos. *Contratos eletrônicos*: validade jurídica dos contratos via Internet. 1. ed., 2. reimpr. São Paulo: Atlas, 2009. p. 143; LAWAND, Jorge José. *Teoria Geral dos Contratos Eletrônicos*. São Paulo: Editora Juarez de Oliveira, 2003. p. 87; GROTTI, Franco Musetti. *Internet e Comércio Eletrônico*: *Aspectos Jurídicos*, Dissertação de mestrado, Pontifícia Universidade Católica de São Paulo, 2002. p. 90; BARBAGALO. Erica Brandini. *Contratos eletrônicos*. São Paulo: Saraiva, 2001. p. 37; TEIXEIRA, Tarcisio. *Direito eletrônico*. São Paulo: Juarez de Oliveira, 2007. p. 99; GHERSI, Carlos Alberto. *Contratos civiles y comerciales:* partes general y especial. 3. ed. Actual. y Ampl. Buenos Aires: Editorial Ástrea, t. 2, 1994. p. 347.

12 No âmbito da legislação projetada, com inspiração no modelo proposto pela Comissão das Nações Unidas para o Direito Comercial Internacional – UNCITRAL, o Senado Federal propôs o Projeto n. 672/99 para regulamentação da matéria, atualmente em trâmite na Câmara dos Deputados, sob o n· 4906/2001. A partir de então, os projetos em tramitação propostos na Câmara dos Deputados foram apensados àquele apresentado pelo Senado. Entre eles, Projeto de Lei n. 1589/99 (Ordem dos Advogados do Brasil), o Projeto n. 483/99 (deputado Hélio de Oliveira Santos) e o Projeto n. 7093/2002.

Nesse contexto, as redes sociais e empresas de tecnologia em geral têm um papel que não pode ser menosprezado, por permitirem que mercadorias usadas sejam facilmente redistribuídas, inclusive por iniciativas de negócios não habituais, bem como por desenharem novas formas de relações interpessoais.

O *Facebook* é um exemplo. Um dos seus fundadores, Chris Hughes, diferentemente dos seus sócios, Mark Zuckerberg e Dustin Moskovitz, declarou que nunca esteve interessado no *software* em si, mas em descobrir como as pessoas poderiam se conectar e compartilhar coisas umas com as outras e como uma comunidade *online* poderia enriquecer as vidas dos seus usuários[13].

Hughes saiu do *Facebook* em fevereiro de 2007, no início da sua grande expansão, com mais de 10 (dez) milhões de usuários ativos, para liderar a, na época, despretensiosa campanha *online* de Barack Obama à presidência dos Estados Unidos da América, por acreditar na crença de Obama na forma coletiva[14].

A *internet* e a tecnologia móvel, de fato, permitem que movimentos se tornem autoconscientes e identificáveis em tempo real. Da mesma forma como, individualmente, refletimos sobre nossas atividades diárias e seus pensamentos via *Twitter* ou *Facebook*, compartilhando isso com a comunidade,

13 BOTSMAN, Rachel e ROGERS, Roo. *O que é meu é seu: como o consumo colaborativo vai mudar o nosso mundo*. Trad. Rodrigo Sardenberg. Porto Alegre: Bookman, 2011. p. 43-44.

14 BOTSMAN, Rachel e ROGERS, Roo. *O que é meu é seu: como o consumo colaborativo vai mudar o nosso mundo*. Trad. Rodrigo Sardenberg. Porto Alegre: Bookman, 2011. p. 43-44.

a sociedade está passando por um processo constante de reflexividade e adaptação[15].

Por sua vez, o *Facebook*, tem expandido consideravelmente as suas atividades, adquirindo gigantes da tecnologia como *Instagram* e *WhatsApp*, além de, em outubro de 2021, mudar a sua denominação para "Meta", anunciando o foco no desenvolvimento de novos projetos, envolvendo espaços virtuais, onde alguém pode criar juntamente com outros que não estão no seu mesmo espaço físico.

O metaverso, com avatares de pessoas reais num mundo em 3D, une o mundo real e o mundo virtual. Há um *mixed reality*, que acrescenta elementos digitais no mundo físico, por meio de dispositivos eletrônicos, para fazer, comprar e vender produtos, efetuar jogos *online* em terrenos virtuais, realizar shows ou reuniões, fazer negociações em jogos por criptomoedas, pois os jogadores podem comprar ativos digitais infungíveis (NFTs ou *tokens*), que são certificados digitais, únicos e criptografados, que garantem ao proprietário sua posse digital e são invioláveis. Assim, p. ex., alguém pode adquirir cópia idêntica de uma obra de arte, mas o original permanece no museu em que se encontrar. O NFT é essa obra em formato digital[16].

Como a tecnologia constantemente se desenvolve, muito se tem noticiado os avanços da *internet*, como o 5G, *blockchain*,

---

15 BOTSMAN, Rachel e ROGERS, Roo. *O que é meu é seu: como o consumo colaborativo vai mudar o nosso mundo*. Trad. Rodrigo Sardenberg. Porto Alegre: Bookman, 2011. p. 176

16 HOHL, Luana. *Metaverso e ativos digitais*: saiba mais! Disponível em: https://seufuturocapital.com.br/tire-suas-duvidas/metaverso-e-ativos-digitais-saiba-mais/. Acesso em: 1º mar. 2022.

criptomoedas e *Internet das Coisas*, possibilitando a construção de cidades inteligentes e os próprios metaversos, por exemplo.

O 5G é o mais recente padrão tecnológico para serviços móveis, que incluem altas taxas de transmissão de dados e baixo tempo de resposta, permitindo, assim, uma variedade de novas possibilidades, inclusive massificando e diversificando a *Internet* das Coisas (IoT) em setores como segurança pública, telemedicina, educação à distância, cidades inteligentes, automação industrial e agrícola etc.[17].

O impulso da criptografia, tecnologia cada vez mais presente no mundo virtual, possibilita a realização de trocas financeiras e comerciais sem a presença de uma agência estatal regulamentadora, de forma mais rápida e livre dos tributos incidentes sobre essas operações, dando origem à criptomoeda, que pode ser definida como um bem móvel, de suporte digital, sem representação material, concebido como um meio de troca baseado na criptografia, a qual assegura a dinâmica transacional e regula a criação de novas unidades da moeda. O *Ethereum* e o *Bitcoin* são os exemplos de criptomoedas mais utilizadas mundialmente, dentre as centenas de outras já criadas[18].

---

17 AGÊNCIA NACIONAL DE TELECOMUNICAÇÕES. *Tecnologia 5G*. Disponível em: https://www.gov.br/anatel/pt-br/assuntos/5G/tecnologia-5g. Acesso em: 18 fev. 2022.

18 CARDOSO JÚNIOR, Olavo Figueiredo e SANTIAGO, Mariana Ribeiro. *Revista de Direito do Consumidor*, MARQUES, Cláudia Lima (coord.), ano 27, v. 120, p. 105-130, nov.-dez./2018. p. 109. MARINHO, Maria Edelvacy Pinto; RIBEIRO, Gustavo Ferreira. A Reconstrução da Jurisdição pelo Espaço Digital: Redes Sociais, Blockchain e Criptomoedas como Propulsores da Mudança. *Revista Brasileira de Políticas Públicas*, v. 7, n. 3, 2018.

Consequentemente, a liberdade dada às criptomoedas representa, por um lado, a vantagem de estar imune à ingerência estatal, e, por outro lado, encerra um risco significativo, dado não contarem com a proteção de nenhum Estado. A possibilidade de polarização da riqueza e de estímulo a atos ilícitos também são apontadas como pontos negativos[19].

A tecnologia subjacente à criptografia é constituída por transações chamadas de *blockchain*. Elas têm esse nome porque, em síntese, todas as operações são registradas pelos "mineradores", isto é, sobrepostas umas às outras em blocos criptografados. Mineradores são indivíduos que usam da eficiência de processamento de computadores para, por meio de algoritmos, decodificar completamente a cadeia de blocos que guarda as informações das transações já realizadas no universo das criptomoedas e salvá-las com as informações novas produzidas pelas novas operações[20].

---

19 CARDOSO JÚNIOR, Olavo Figueiredo e SANTIAGO, Mariana Ribeiro. *Revista de Direito do Consumidor*, MARQUES, Cláudia Lima (coord.), ano 27, v. 120, p. 105-130, nov.-dez./2018. p. 113-116. VELDE, F. *Bitcoin*: A Primer. Chicago. The Federal Reserve Bank of Chicago. Chicago Fed Letter n. 317, 2013. Disponível em: https://www.chicagofed.org/publications/chicago-fed-letter/2013/december-317. Acesso em: 14 dez. 2022. SOUZA, Ranidson Gleyck Amâncio. Território das criptomoedas: limites à regulamentação estatal quanto à circulação de moedas no ciberespaço e possíveis alternativas. *Revista Brasileira de Políticas Públicas*, v. 7, n. 3, 2018. GUIA MUNDO. *Bitcoin*: o dinheiro do futuro? 2. ed. São Paulo: On-Line, 2017.

20 CARDOSO JÚNIOR, Olavo Figueiredo e SANTIAGO, Mariana Ribeiro. *Revista de Direito do Consumidor*, MARQUES, Cláudia Lima (coord.), ano 27, v. 120, p. 105-130, nov.-dez./2018. p. 113. PRADO, Felipe Lima. *Bitcoin*: análise da criptomoeda no

Já a *Internet* das Coisas pode ser resumida como a capacidade de capturar, analisar e agir por meio de dados gerados por objetos e máquinas conectados à *internet*. Trata-se da terceira geração da *internet*. A primeira geração foi baseada na digitalização da informação; a segunda (Web 2.0), consistiu na entrada maciça das pessoas, como geradores de conteúdo, principalmente através das mídias sociais; e a terceira, proporciona a capacidade de objetos se conectarem à internet e se comunicarem entre si, com máquinas, sistemas de informações e usuários[21].

O Brasil, por sua vez, responderá por mais de um terço dos valores que esta tecnologia adicionará à economia latino-americana nos próximos anos. O Ministério da Ciência, Tecnologia, Inovações e Comunicações, em parceria com o BNDES, lançou no mês de outubro de 2017, o estudo que impulsionou a criação do Plano Nacional de *Internet* das Coisas (Decreto n. 9.854/2019), um guia para implementar a *Internet* das Coisas no Brasil, com a finalidade de preparar o mercado econômico com startups, profissionais da área e aspectos regulatórios[22].

---

mercado brasileiro. Jun. 2017. Monografia (Graduação em Economia) – Universidade Católica do Rio de Janeiro.

21 SANTIAGO, Mariana Ribeiro e PAYÃO, Jordana Viana. Internet das coisas e cidades inteligentes: tecnologia, inovação e o paradigma do desenvolvimento sustentável. *Revista de Direito da Cidade*, v. 10, n. 2, ISSN 2317-7721, p. 787-805. p. 794; GREENGARD, Samuel. *The internet of things*. Massachusetts Institute of Technology. 2015. p. 24

22 SANTIAGO, Mariana Ribeiro e PAYÃO, Jordana Viana. Internet das coisas e cidades inteligentes: tecnologia, inovação e o paradigma do desenvolvimento sustentável. *Revista de Direito da*

A *Internet* das Coisas consiste na primeira revolução de infraestrutura inteligente da história, que irá conectar cada equipamento, empresa, residência e veículo em uma rede inteligente composta pela *Internet* das Comunicações, a *Internet* da Energia e a *Internet* do Transporte, todas embutidas em um único sistema operacional[23].

Em uma escala ainda superior, a formação das *smart cities* ou cidades inteligentes, amplamente conectadas à *internet*, utilizam a tecnologia para transformar a vida e o trabalho da comunidade, monitorando em tempo real o trânsito, segurança e o clima, por exemplo[24].

Não há uma unidade terminológica nem conceitual sobre o uso do termo *smart cities* ou cidades inteligentes. Não obstante a complexidade terminológica, vem sendo utilizada cada vez mais como expressão contemporânea de um ideal urbanístico que, a princípio, agrega qualidade de vida, comuni-

---

Cidade, v. 10, n. 2, ISSN 2317-7721, p. 787-805. p. 794; BNDES. Estudo "Internet das Coisas: um plano de ação para o Brasil". Disponível em: https://www.bndes.gov.br/wps/wcm/connect/site/269bc780-8cdb-4b9b-a297-53955103d4c5/relatorio-final-plano-de-acao-produto-8-alterado.pdf?MOD=AJPERES&CVID=m0jDUok. Acesso em: 14 dez. 2022.

23 SANTIAGO, Mariana Ribeiro e PAYÃO, Jordana Viana. Internet das coisas e cidades inteligentes: tecnologia, inovação e o paradigma do desenvolvimento sustentável. *Revista de Direito da Cidade*, v. 10, n. 2, ISSN 2317-7721, p. 787-805. p. 795; RIFKIN, Jeremy. *Sociedade com custo marginal zero*. São Paulo: Makron Books, 2016. p. 93.

24 SANTIAGO, Mariana Ribeiro e PAYÃO, Jordana Viana. Internet das coisas e cidades inteligentes: tecnologia, inovação e o paradigma do desenvolvimento sustentável. *Revista de Direito da Cidade*, v. 10, n. 2, ISSN 2317-7721, p. 787-805. p. 795.

cação, gestão eficiente dos serviços e dos espaços públicos e sustentabilidade, tudo interconectado à rede mundial de computadores[25].

As cidades inteligentes introduzem novos parâmetros em termos de inteligência artificial, antes restrita ao usuário individualmente considerado, atingindo o âmbito mais complexo das relações humanas, quando expandida nas cidades e incorporada aos serviços e atividades dos indivíduos na condição de cidadãos[26].

Todas as cidades inteligentes são cidades digitais, mas nem todas as cidades digitais são inteligentes. A diferença está na capacidade de resolução de problemas das cidades inteligentes, enquanto que a capacidade das cidades digitais é restrita à prestação de serviços por meio da comunicação digital[27].

---

25 SANTIAGO, Mariana Ribeiro e PAYÃO, Jordana Viana. Internet das coisas e cidades inteligentes: tecnologia, inovação e o paradigma do desenvolvimento sustentável. *Revista de Direito da Cidade*, v. 10, n. 2, ISSN 2317-7721, p. 787-805. p. 795.

26 SANTIAGO, Mariana Ribeiro e PAYÃO, Jordana Viana. Internet das coisas e cidades inteligentes: tecnologia, inovação e o paradigma do desenvolvimento sustentável. *Revista de Direito da Cidade*, v. 10, n. 2, ISSN 2317-7721, p. 787-805. p. 796; PINTO, Bruno Schoralick. GASPAR, Wander Antunes. *A Internet das coisas aplicada às cidades inteligentes*. Disponível em: https://seer.uniacademia.edu.br/index.php/cesi/article/view/118. Acesso em: 14 dez. 2022.

27 SANTIAGO, Mariana Ribeiro e PAYÃO, Jordana Viana. Internet das coisas e cidades inteligentes: tecnologia, inovação e o paradigma do desenvolvimento sustentável. *Revista de Direito da Cidade*, v. 10, n. 2, ISSN 2317-7721, p. 787-805. p. 796; KOMNINOS, Nicos. *Cidades inteligentes*: inovação, sistemas de conhecimento e de espaços digitais. Londres: Routledge, 2009. p. 33.

Por outro lado, a origem dos mundos virtuais e metaversos, do ponto de vista tecnológico, ocorreu com os experimentos digitais dos *Multi Users Dungeons*[28] – MUDs, no final da década de 1970, inicialmente em formato de texto, contribuindo para o desenvolvimento dos games, especialmente os Jogos Massivos Multijogador Online. Isso foi possível com o desenvolvimento de novas tecnologias, inclusive a *internet*, que originaram o ambiente humano designado de ciberespaço[29].

Ao analisar o metaverso, Maigon Nacib Pontuschka[30] entende que se trata de um gênero, ao qual pertencem as espécies: a) mundo virtual, b) protometaverso, e c) metaverso pleno, às quais possuem características cumulativas e progressivas. Quando nos referimos à metaverso no presente trabalho, estamos nos referindo ao gênero ao qual pertencem essas três espécies.

Mundo virtual é um ambiente imersivo e navegável, em formato 2D ou 3D, onde o presente e o virtual se misturam e se cruzam, permitindo um potencial infinito de combinações. Nessa hipermídia híbrida, o usuário é apenas espectador e está imerso em um ambiente que se pretende cósmico,

28 "Masmorras Multiusuário" (Tradução livre).

29 PONTUSCHKA, Maigon Nacib. *Metaversos e jogos digitais multijogador*: aspectos históricos e metodológicos de uma abordagem do ciberespaço. 2012. 237 f. Dissertação (Mestrado em Mídias Digitais) – Pontifícia Universidade Católica de São Paulo, São Paulo, 2012. p. 17-18.

30 PONTUSCHKA, Maigon Nacib. *Metaversos e jogos digitais multijogador*: aspectos históricos e metodológicos de uma abordagem do ciberespaço. 2012. 237 f. Dissertação (Mestrado em Mídias Digitais) – Pontifícia Universidade Católica de São Paulo, São Paulo, 2012. p. 24-25.

mágico, fantástico, onírico, e é desafiado a percorrer a superfície de uma sequência de desenhos. Um exemplo de mundo virtual é *Shadow of the Colossus*, na sua criação original (para *PlayStation* 2 e 3)[31].

Os *protometaversos* somam ao mundo virtual a possibilidade de uma relação direta e subjetiva com o jogador, envolvendo inteligência artificial, mas sendo sempre *single player* (usuário único). Possuem praticamente todas as características de um metaverso pleno, a exceção do aspecto multiusuário. Nesse caso, o usuário interage e modifica o ambiente, mas se relaciona apenas com NPCs (*non player characters*, personagens não-jogador). Exemplos são os jogos "Ilha Cabu" e o AlletSator, um jogo interativo e tridimensional (também se define como ópera quântica eletrônica), que se utiliza de uma nave espacial virtual de caminhos dispersos, multilineares e inesperados. O AlletSator trabalha para se firmar também como uma plataforma colaborativa, no formato de metaverso pleno[32].

31 SONY. *Shadow of the Colossus*. Disponível em: https://www.playstation.com/en-us/games/shadow-of-the-colossus/. Acesso em: 1º mar. 2022. Pontuschka, Maigon Nacib. *Metaversos e jogos digitais multijogador*: aspectos históricos e metodológicos de uma abordagem do ciberespaço. 2012. 237 f. Dissertação (Mestrado em Mídias Digitais) – Pontifícia Universidade Católica de São Paulo, São Paulo, 2012. p. 23.

32 ALLETSATOR. Disponível em: https://elmcip.net/creative-work/alletsator. Acesso em 1º mar. 2022. Pontuschka, Maigon Nacib. *Metaversos e jogos digitais multijogador*: aspectos históricos e metodológicos de uma abordagem do ciberespaço. 2012. 237 f. Dissertação (Mestrado em Mídias Digitais) – Pontifícia Universidade Católica de São Paulo, São Paulo, 2012. p. 23-24.

Metaverso pleno é aquele que acrescenta às espécies anteriores a possibilidade de multiusuários, ou seja, diversos usuários que se comunicam e se relacionam, com mútua influência e ação conjunta. Exemplos são os jogos *Free Fire*, específico para celulares e comporta mais de quarenta jogadores simultaneamente, e *Fortnite*, que comporta até cem participantes simultâneos, na modalidade gratuita[33].

O metaverso pleno diz respeito a um ambiente virtual compartilhado, imersivo, coletivo e hiper-realista, que possibilita a interação e o convívio mediante o uso de avatares, customizados em 3D. Trata-se de um espaço coletivo virtual compartilhado, que integra o mundo real e o virtual, pois replica a realidade por meio de dispositivos digitais[34].

---

33 APPLE. *Free fire*. Disponível em: https://apps.apple.com/br/app/garena-free-fire-ilumina/id1300146617. Acesso em: 1º mar. 2022. TECHTUDO. *Fortnite*. Disponível em: https://www.techtudo.com.br/tudo-sobre/fortnite.html. Acesso em: 1º mar. 2022. Pontuschka, Maigon Nacib. *Metaversos e jogos digitais multijogador*: aspectos históricos e metodológicos de uma abordagem do ciberespaço. 2012. 237 f. Dissertação (Mestrado em Mídias Digitais) – Pontifícia Universidade Católica de São Paulo, São Paulo, 2012. p. 24-25.

34 NAZARETH, Leandro. *O que é o metaverso e como será a internet do futuro*. Disponível em: https://www.algar.com.br/metaverso/. Acesso em: 1º mar. 2022. ESCOLA METAVERSO. Disponível em: https://escoladometaverso.com/. Acesso em: 1º mar. 2022. INFOMONEY. Disponível em: https://www.infomoney.com.br/busca/?q=metaverso. Acesso em: 1º mar. 2022. BLOG NUBANK. *Metaverso*: o que é esse novo mundo virtual? Disponível em: https://blog.nubank.com.br/metaverso-o-que-e/. Acesso em: 1º mar. 2022. WIKIPÉDIA. *Metaverso*. Disponível em: https://pt.wikipedia.org/wiki/Metaverso. Acesso em: 3 jan. 2022.

As possibilidades criadas pelas espécies de metaverso são múltiplas, pois permitem a promoção de experiências digitais em espaços virtuais, fundindo paisagens ou objetos reais e possibilitando, por vezes, a interação com avatares holográficos de outras pessoas customizados em 3D. Nesse ambiente virtual imersivo, compartilhado, coletivo e hiper-realista (metaverso pleno) será possível a convivência num mundo que abrange o real e o virtual. Metaverso não pertence à realidade, apesar de dar a sensação de um mundo real. Com a pandemia seu uso acelerou-se pois possibilita promover videoconferências, exposições de arte, jogos, viagens ou desfiles de moda, aceitar empregos, alugar terreno virtual para outro usuário, leiloar, vender objetos. E com isso o mercado vai se expandindo.

Ao abordar a motivação de jogadores e usuários para dedicarem tanto tempo em jogos e mundos virtuais, dentro de metaversos, realidade que não pode ser ignorada em nenhum aspecto, Jane McGonigal[35] ensina:

> "na sociedade de hoje, os *videogames* e jogos de computador estão preenchendo uma necessidade humana legítima que o mundo real de hoje não pode suprir. Os *games* estão proporcionando recompensas que a realidade não está proporcionando. Estão ensinando, inspirando e nos engajando de maneiras que a realidade não consegue fazer".

Esse novo produto, inegavelmente, ampliará as possibilidades para o mercado, incrementando os ambientes pessoais

35 MCGONIGAL, Jane. *Reality is broken*: why games make us better and how they can change the world. New York: The Penguin Press, 2011. p. 4.

e profissionais, ao fornecer novas ferramentas para a realização de eventos em geral, *home office*, educação, entretenimento, comércio eletrônico etc.[36]

Por sua vez, o "espaço imobiliário" negociado no metaverso está concentrado em 4 (quatro) grandes plataformas: *The Sandbox*, *Decentraland*, *Cryptovoxels* e *Somnium Space*, embora cerca de uma dezena de outras plataformas estejam tentando se firmar nesse campo. Em 2021, o volume negociado em terrenos virtuais passou de US$ 500 milhões e está projetado para dobrar em 2022[37].

A possibilidade de celebração de contratos com objetivo de adquirir posse ou propriedade de bens nesse novo universo é favorecida por tecnologias como *blockchain* (tecnologia que cria *bitcoin* e outras moedas virtuais), criptomoedas e *tokens* não fungíveis (NFTs), que aumentam a segurança nas operações financeiras pela via digital, pois permitem autenticar as transações de todos os itens dentro do metaverso, como um imóvel virtual, dando a certeza de que é único.

Há consequências jurídicas se houver abuso no metaverso, apesar de não haver um sistema de identificação para um monitoramento efetivo, pois pode apresentar *fake news*, discurso de ódio, uso não autorizado de imagens etc.[38]

---

36 E-COMMERCE BRASIL. *O que é o metaverso e como ele pode impactar a sua loja virtual*. Disponível em: https://www.ecommercebrasil.com.br/artigos/o-que-e-o-metaverso/. Acesso em: 17 fev. 2022.

37 CONSUMIDOR MODERNO. *Quem tem medo do Metaverso*. Disponível em: https://www.consumidormoderno.com.br/2022/02/03/medo-metaverso-artigo/. Acesso em: 17 fev. 2022.

38 UOL. *Não é para todos, diz criador do Second Life sobre metaverso do Facebook*. Disponível em: https://www.uol.com.br/tilt/noticias/

Mesmo em lesão no metaverso, os lesados têm direito subjetivo de exigir um comportamento negativo de todos, protegendo seu espaço virtual onde suas imagens, p. ex., estão sendo utilizadas, protegendo um bem próprio valendo-se de ação judicial. Como todos os direitos de personalidade são tutelados em cláusula pétrea constitucional, não se extinguem pelo seu não uso.

Sobre a regulamentação das relações jurídicas no espaço virtual, é importante destacar que, embora não haja legislação específica sobre o metaverso, são aplicáveis ao tema o Marco Civil da Internet (Lei n. 12.965/2014), o qual privilegiou a proteção da privacidade e da liberdade de expressão, além da garantia da neutralidade de rede; bem como a Lei Geral de Proteção de Dados Pessoais no Brasil (Lei n. 13.709/2018), que regulamenta mais especificamente eventuais conflitos envolvendo a privacidade. A Lei n. 9.609/98 também poderá ser utilizada para os casos envolvendo propriedade intelec-

---

redacao/2021/12/04/criador-do-second-life-tem-duvidas-sobre-o-metaverso.htm?cmpid=copiaecola. Acesso em: 1º mar. 2022. MONEYTIMES. *O que é metaverso e como investir nele*. Disponível em: https://www.moneytimes.com.br/o-que-e-metaverso-e-como-investir-nele/. Acesso em: 1º mar. 2022. G2D. *O que é metaverso e como ele vai mudar sua vida*. Disponível em: https://www.g2d-investments.com/metaverso/. Acesso em: 1º mar. 2022. NAZARETH, Leandro. *O que é o metaverso e como será a internet do futuro*. Disponível em: https://www.algar.com.br/metaverso/. Acesso em: 1º mar. 2022. CNN BRASIL. *Entenda o que é o metaverso e por que ele pode não estar tão distante de você*. Disponível em: https://www.cnnbrasil.com.br/business/entenda-o-que-e-o-metaverso-e-por-que-ele-pode-nao-estar-tao-distante-de-voce/. Acesso em: 1º mar. 2022. RICONNECT. Disponível em: https://www.riconnect.com.br/. Acesso em: 1º mar. 2022.

tual; e a Lei n. 9.279/96, em se tratando de propriedade industrial. Fora isso, o Código de Defesa do Consumidor ou o Código Civil, a depender do caso concreto, são também aplicáveis aos contratos celebrados na esfera virtual.

Na jurisprudência do Tribunal de Justiça[39] constata-se a judicialização de casos envolvendo metaverso, mais especifi-

---

39 "Ação de indenização por danos materiais e morais. Bloqueio do autor em plataforma de jogo online ("Free Fire"). Comprovação de utilização de hack pelo autor. Violação dos termos e regras da ré. Bloqueio lícito. Ausência de danos morais. Sucumbência mínima da ré. Manutenção da distribuição das despesas sucumbenciais. Sentença mantida. Majoração dos honorários recursais. Apelo improvido" (TJSP, Apelação cível n.º 1030605-08.2020.8.26.0002, 32ª Câmara de Direito Privado, rel. Des. Ruy Copolla, j. 1º-3-2021).
"PRESCRIÇÃO – Inocorrência – Comercialização contínua dos jogos objeto desta demanda – Preliminar afastada. INDENIZAÇÃO POR DANOS MORAIS – Uso indevido da imagem de jogador de futebol em diversas edições de jogo de *videogame* – Parcial procedência do pedido – Inconformismo das partes – Acolhimento parcial apenas do recurso do autor – Uso da imagem, do nome e de outras características físicas do autor em personagem de jogo, em 11 edições, sem sua expressa anuência – Prescrição inocorrente – Dever de indenizar configurado – Manutenção da indenização fixada em R$ 5.000,00 para cada edição comercializada, totalizando a quantia de R$ 55.000,00 – Valor adequado e proporcional ao direito violado – Precedentes desta Colenda Câmara – Imposição da sucumbência às rés – Inteligência da Súmula 326 do Colendo Superior Tribunal de Justiça – Relação extracontratual – Incidência dos juros de mora a partir do evento danoso – Aplicação da Súmula 54 do Colendo Superior Tribunal de Justiça – Embargos de declaração protelatórios – Manutenção da multa prevista no art. 1.026, § 2º, do Código de Processo Civil – Sentença reformada em parte para afastar a prescrição parcial da pretensão autoral, condenar as rés no pagamento de indenização

pelo uso indevido da imagem e do nome do autor em 11 edições de jogos e atribuir o ônus da sucumbência às rés. Preliminar rejeitada, recurso do autor provido em parte e recurso das rés desprovido" (TJSP, Apelação Cível n. 1005512-16.2020.8.26.0011, 5ª Câmara de Direito Privado, rel. Des. J. L. Mônaco Da Silva, Julg. 04/02/2022).

"APELAÇÃO CÍVEL – Interposição contra sentença que julgou parcialmente procedentes os pedidos formulados nos autos da ação indenizatória por danos morais c.c. obrigação de fazer. Bloqueio em plataforma de jogo online Free Fire (jogo/game). Utilização de hack pelo autor (jogador/gamer). Bloqueio que não se afigura ilícito e sim em conformidade com os termos ao qual aderiu o autor. Dano moral não configurado. Integral improcedência que passa a ser de rigor" (TJSP, Apelação Cível n. 1000169-21.2021.8.26.0232, 33ª Câmara de Direito Privado, rel. Des. Mario A. Silveira, Julg. 6-12-2021).

"Indenizatória Improcedência confirmada Perícia Apelante que não tem conhecimentos técnicos suficientes para abalar as conclusões do perito Assistente técnico indicado não participou dos trabalhos Apelo desprovido" (TJSP, Apelação n. 0216997-56.2009.8.26.0100, 6ª Câmara de Direito Privado, rel. Des. Fortes Barbosa, Julg. 14-11-2013).

"PRESTAÇÃO DE SERVIÇOS – Ação indenizatória, por danos materiais e morais, c.c. obrigação de fazer – Provas deferidas pelo juízo – Determinação para a apresentação de informação nos autos, que é de natureza estratégica e deve, em princípio, ser mantida em sigilo para a proteção da atividade empresarial desenvolvida pela agravante – Afastamento – Necessidade – Determinação para a apresentação de dados de usuários do sistema administrado pela agravante – Desnecessidade da medida – Prova irrelevante para o deslinde da ação – Suspensão de conta em jogo multijogador competitivo para smartphone, administrado pela agravante, sob a alegação de uso de programas não admitidos (hacks), identificado por sistema automático de detecção e revisado por equipe técnica – Questão eminentemente técnica – Possibilidade da realização de prova pericial não afastada pelo juízo – Decisão reformada – Recurso provido" (TJSP, Agravo de Instrumento n. 2073113-21.2021.8.26.0000, 32ª Câmara de Direito

camente hipóteses de jogos virtuais que estabelecem concursos, *rankings* e prêmios, que, além de vantagens materiais, seduzem os jogadores pela possibilidade de angariar uma boa reputação na área de *games*. No meio dos games, inclusive, a posição do jogador no *ranking* pode gerar, de forma gratuita, o desbloqueio de novos personagens e novos conteúdos.

Esses julgados apresentam alguns elementos comuns, quais sejam, autor que pleiteia desbloqueio de usuário, banido por alegação de utilização de *softwares* ilegais (*hacks*), na tentativa de aferir vantagens nas disputas, contrariando os termos de ingresso na plataforma. Em todas essas situações o bloqueio ocorreu após a identificação do problema por sistemas auto-

---

Privado, rel. Des. Caio Marcelo Mendes de Oliveira, Julg. 29/11/2021).

"TUTELA DE URGÊNCIA – Jogador de jogo virtual, autor de ação de obrigação de fazer cumulada com indenização, que se insurge contra decisão que indeferiu pedido de tutela de urgência, para imediata reativação da conta bloqueada pela administradora da plataforma virtual em razão de irregularidades praticadas pelo jogador em tal ambiente. Ao menos neste momento inicial em sede de cognição sumária, não se verifica de plano a probabilidade do direito alegado que autorize o imediato restabelecimento da conta do autor agravante, bem risco de dano e ao resultado útil do processo, considerando que é reconhecidamente amador, tem ciência de que a suspensão da sua conta decorre da utilização de algum programa ilegal e o dano à sua posição no ranking e à sua imagem perante os jogadores poderá ser revertido. De se aguardar o contraditório e a emenda da petição inicial, nos precisos e detalhados termos da decisão recorrida, os quais a rigor não foram infirmados pelo agravante. – RECURSO DESPROVIDO" (TJSP, Agravo de Instrumento n. 2224055-02.2020.8.26.0000, 15ª Câmara de Direito Privado, rel. Des. Ramon Mateo Júnior, Julg. 29-10-2020).

máticos de detecção e revisão do procedimento por equipe técnica. Tal medida de bloqueio ajuda a manter a credibilidade do jogo e das competições.

Especificamente sobre abuso de direito de imagem em jogo virtual, há decisão do Tribunal de Justiça de São Paulo[40] determinando pagamento de indenização por danos morais a jogador de futebol que comprovou o dano, com fundamento na Lei Pelé (art. 87-A) e no Código Civil (art. 20).

---

40 "PRESCRIÇÃO – Inocorrência – Comercialização contínua dos jogos objeto desta demanda – Preliminar afastada. INDENIZAÇÃO POR DANOS MORAIS – Uso indevido da imagem de jogador de futebol em diversas edições de jogo de *videogame* – Parcial procedência do pedido – Inconformismo das partes – Acolhimento parcial apenas do recurso do autor – Uso da imagem, do nome e de outras características físicas do autor em personagem de jogo, em 11 edições, sem sua expressa anuência – Prescrição inocorrente – Dever de indenizar configurado – Manutenção da indenização fixada em R$ 5.000,00 para cada edição comercializada, totalizando a quantia de R$ 55.000,00 – Valor adequado e proporcional ao direito violado – Precedentes desta Colenda Câmara – Imposição da sucumbência às rés – Inteligência da Súmula 326 do Colendo Superior Tribunal de Justiça – Relação extracontratual – Incidência dos juros de mora a partir do evento danoso – Aplicação da Súmula 54 do Colendo Superior Tribunal de Justiça – Embargos de declaração protelatórios – Manutenção da multa prevista no art. 1.026, § 2º, do Código de Processo Civil – Sentença reformada em parte para afastar a prescrição parcial da pretensão autoral, condenar as rés no pagamento de indenização pelo uso indevido da imagem e do nome do autor em 11 edições de jogos e atribuir o ônus da sucumbência às rés. Preliminar rejeitada, recurso do autor provido em parte e recurso das rés desprovido" (TJSP, Apelação Cível n. 1005512-16.2020.8.26.0011, 5ª Câmara de Direito Privado, rel. Des. J.L. Mônaco Da Silva, Julg. 4-2-2022).

Todavia, questões atreladas à posse e à propriedade no metaverso, mormente nos jogos virtuais, ainda ensejam preocupação, tendo em vista que é possível a aquisição de moedas virtuais ("diamantes"), que possibilitam a compra de itens opcionais para personalização de personagens, denominados de *skins*, que, entretanto, em regra, não influenciam no desempenho dos personagens. Importante frisar que essas moedas virtuais não necessariamente são adquiridas por meio de pagamento com moeda tradicional, mas também funcionam como prêmio pelo desempenho de um jogador no jogo. A quantidade de moeda virtual, assim, não necessariamente corresponderá à mesma quantidade de reais, por exemplo.

Ressalte-se que as questões de posse e propriedade se desenvolvem de forma similar nos casos de metaverso pleno e protometaverso, tendo em vista a possibilidade de aquisição de bens virtuais nas duas hipóteses, através de moedas virtuais.

Em um dos casos pesquisados[41], por exemplo, que se encontra pendente de sentença até a presente data, observou-se o pedido, por parte do jogador, de transferência dos "bens virtuais" para nova conta ou, subsidiariamente, a devolução do valor gasto. Surgem, assim, as seguintes dúvidas: Os bens virtuais podem ser considerados bens, para efeito da aplicação do Código Civil? O banimento do jogo virtual pode gerar como penalidade a perda da propriedade/posse de "bens virtuais"? Ainda que isso estivesse estabelecido no contrato entre as partes, seria uma cláusula válida?

41 Processo 1005479-16.2020.8.26.0176, em trâmite perante a 2ª Vara Judicial da Comarca de Embu das Artes, no Estado de São Paulo. Acesso em: 17 fev. 2022.

Entendemos que os "bens virtuais" podem ser classificados como bens imateriais e, portanto, móveis. Um "terreno virtual", por sua vez, é considerado bem móvel para o atual ordenamento jurídico brasileiro. De qualquer forma, integrando o patrimônio do jogador ou usuário, aplica-se o impedimento do confisco.

O tema é peculiar, mas tendo em vista se tratar de espécie de posse, não poderá contrariar os princípios basilares da teoria da posse, nem mesmo os princípios gerais já sedimentados pelo ordenamento jurídico brasileiro, que consideram os fatos e valores relevantes para a sociedade brasileira.

Embora nem todo metaverso seja caracterizado como jogo virtual, é possível que se estabeleça relação de consumo entre as partes, uma vez configurados os requisitos dos arts. 2º e 3º, do Código de Defesa do Consumidor. Consequentemente, estaria vedada a renúncia antecipada de direitos, que se configuraria como cláusula abusiva, maculada de nulidade (CDC, art. 51, I). Ainda que se trate de relação civil, uma vez caracterizado o contrato de adesão, fica vedada a renúncia antecipada do aderente (CC, art. 424).

Configurada a relação de consumo, as compras ou locações realizadas no metaverso, ou seja, no âmbito *online*, estão sujeitas ao direito de arrependimento, no prazo de 7 (sete) dias, conforme o art. 49, do Código de Defesa do Consumidor.

Importante ressaltar que a Constituição Federal possui um capítulo específico dedicado à ciência, tecnologia e inovação (CF, arts. 218-219-B), o que permite concluir que há um dever do Estado na promoção e no incentivo de avanços em tais searas no país, em prol do desenvolvimento. Aí podemos incluir políticas de incentivo à utilização do metaverso.

Contudo, para analisar a função social do metaverso, precisamos refletir sobre os seus impactos no tema da igualdade e da justiça social. O acesso ao metaverso possui barreiras de entrada. O usuário necessitará, por exemplo, usar óculos de realidade virtual (RV), bem como possuir internet rápida e computador com boas configurações. Considerando a realidade brasileira e dos países em desenvolvimento no geral, isso seria inviável para um grande número de pessoas, acentuando um quadro de exclusão social[42]. O estímulo ao metaverso, assim, deve ocorrer de uma forma inclusiva e humanizada, que já é a diretriz utilizada modernamente, por exemplo, para políticas de urbanização das cidades reais.

Por outro lado, a partir do um momento em que atividades profissionais, culturais e pessoais migrarem de forma substancial para o metaverso, isso poderá ter um impacto em questões como mobilidade urbana, poluição, diminuição de uso de plásticos etc., o que permite concluir pelo impacto positivo em termos de sustentabilidade, com repercussão positiva para as futuras gerações, caracterizando, assim, também uma função solidária do metaverso.

Ressalte-se que a política de desenvolvimento urbano e rural deve ter como ponto nuclear a garantia do bem-estar do cidadão e das futuras gerações, assegurando uma vida digna, requerendo o cumprimento da função social da propriedade, da posse e da empresa e a defesa do meio ambiente ecologicamente equilibrado, em busca da sustentabilidade em prol da manutenção dos bens vitais, evitando atividades po-

---

42 UOL. *Não é para todos, diz criador do Second Life sobre metaverso do Facebook*. Disponível em: https://www.uol.com.br/tilt/noticias/redacao/2021/12/04/criador-do-second-life-tem-duvidas-sobre-o-metaverso.htm?cmpid=copiaecola. Acesso em: 1º mar. 2022.

luidoras. Urgente é a tomada de consciência para o uso sustentável e conservação do meio ambiente, sendo necessário proporcionar uma *window of opportunity* (janela de oportunidade) para adoção de medidas para a proteção dos recursos da natureza, inclusive informando a população e lhe dando uma educação atual sobre os meios poluidores, que degradam o meio ambiente, cujo equilíbrio é um direito difuso, que pertence à presente e à futura geração[43].

Com o progresso técnico e biotecnológicos veio a poluição, que atingiu níveis insuportáveis, pois os despejos poluentes alcançam não só o bem-estar dos seres humanos pelas águas, pela sonoridade, pela atmosfera e pelo solo, como também a fauna e a flora[44].

Poluição é a degradação da qualidade ambiental resultante de atividade que, direta ou indiretamente: a) prejudiquem a saúde, a segurança e o bem-estar da população; b) criem condições adversas às atividades socioeconômicas; c) afetem desfavoravelmente a biota, as condições estéticas ou sanitárias do meio ambiente; e d) lancem materiais ou energia em desacordo com os padrões ambientais estabelecidos (Lei n. 6.938/81, art. 3º, III)[45].

---

43 DINIZ, Maria Helena e SANTIAGO, Mariana Ribeiro. *Poluição*: um problema da macrobioética. In: *Bioética no Século XXI*. Mônica Aguiar (coord.). Salvador: Mente Aberta, p. 9-34, 2021. p. 18-19.

44 PINTO, Keziah. Meio Ambiente Urbano – Estatuto da Cidade. *Revista Direito e Paz*, n. 17, p. 15-54; FIORILLO, Celso A. P. *Curso de direito civil ambiental*. São Paulo: Saraiva, 2000. p. 100-146; DINIZ, Maria Helena. *O Estado Atual do Biodireito*. São Paulo: Saraiva, 2015. p. 1032.

45 A *poluição hídrica*, resultante de lançamento de resíduos oriundos: de *atividades industriais* (p. ex. efluente industrial sem tratamento);

agrícolas (p. ex., lançamento de produtos agrotóxicos), *residenciais* (p. ex., descarga de esgoto), de *cemitérios horizontais* (p. ex., decomposição de corpo morto, que produz líquido viscoso necrochorume, que pode atingir não só o lençol freático, como também lagos, rios, em razão de uso de urnas contendo mantas com plástico), em lagos, rios e mares cuja capacidade natural de autodepuração se tornou insuficiente, apresentando, p. ex., aspectos de: toxidez de numerosos compostos sintéticos, que alteram funções vitais dos organismos aquáticos; *radiatividade* que pode provocar, alterações genéticas, na fauna aquática e no ser humano que a consumir; *eutroficação,* que é devida ao enriquecimento excessivo das águas por nitratos ou fosfatos, advindos de detergentes ou despejos industriais e urbanos; *temperatura* uma vez que os dejetos de águas quentes de esgotos e de câmara de resfriamento industrial modificam o regime térmico das águas, afetando flora e fauna aquática. A poluição hídrica modifica os caracteres do ambiente aquático, tornando-o impróprio às formas de vida que abriga. São por ex. poluentes danosos à vida aquática: pesca predatória, plásticos, petróleo, metais pesados, esgotos, agrotóxicos alojados no mar ou nos rios.

A *poluição sonora* é toda vibração emitida por veículos automotores, indústrias, construções, obras públicas, aparelhos eletrodomésticos, aeroportos, cultos religiosos, casas noturnas, bares etc. acima dos níveis suportados pelo ser humano, causando lesões no sentido auditivo. O ruído, ou seja, som desagradável, é um agente poluente, sendo um problema ambiental da vida urbana, por poder afetar a saúde pública trazendo lesão na audição; ansiedade; insônia; tristeza; distúrbio mental, estomacal; estresse; hipertensão; perda da concentração, motivação e de libido; incapacidade para suportar silêncio.

A *poluição atmosférica* é "o lançamento num ecossistema, de agentes poluidores, como gases, fumaças, poeira, provocando sérios problemas para o equilíbrio ecológico e, consequentemente, para a vida humana: efeito estufa, chuvas ácidas, buraco na camada de ozônio, alterações meteorológicas, inversão térmica, *smog*". (FREITAS, Gilberto P. de. Do crime de poluição. *Direito ambiental em evolução*. v. Autores (org.). Curitiba: Juruá, 1998. p. 128). A poluição atmosférica (*JB*, 159: 270, 165:174) é extremamente nociva, pois os gases poluentes (monóxido de carbono, dióxido de enxofre e dióxido de nitrogênio), despejados continuamente na atmosfera, por desmatamentos, usinas nucleares, herbicidas, chaminés de fábricas, veículos automotores, queima de combustíveis fósseis, queimadas agropastoris, ondas eletromagnéticas etc., comprometem os integrantes naturais do ar (oxigênio, azoto, gás carbônico e vapor de água), tão indispensáveis à vida, à saúde do homem, à fauna, à flora, à proteção da terra, à conservação do calor irradiado pelo sol etc. Acarreta patologias como: deficiência visual, lesão no sistema psicológico, esterilidade, doenças respiratórias e cardíacas, aborto por diminuição do fluxo arterial na placenta, câncer, rinite alérgica, bronquite, arteriosclerose, enfisema.

A *poluição espacial* precisa ser evitada e requer que os veículos espaciais e satélites de comunicação reduzam a quantidade de detritos por eles produzidos, para diminuir risco de colisão de naves com o lixo em órbita. Os radares e telescópios da força aérea procuram rastrear e detectar tais detritos, mas só conseguem descobrir os maiores. Por isso é preciso construir naves que não gerem detritos.

A *poluição hormonal* é provocada por substâncias tóxicas designadas *endocrine disruptors*, como inseticidas DDT, dioxinas e furanos oriundos da produção de plásticos, como o PVC, fungicidas, herbicidas, produtos de limpeza, aditivos alimentares etc., porque esses *hormonally active agents in the environment* têm a capacidade de imitar fluidos sinalizadores do organismo humano, sobretudo o estrógeno (hormônio feminino), causando certa feminilização da população masculina, por provocar desordens reprodutivas, como câncer testicular ou redução do número de espermatozóides, pela presença de hexaclorobenzeno no sangue de funcionários de certas fábricas.

A *poluição do solo* é o despejo de detritos sólidos ou líquidos, material orgânico ou inorgânico, afetando o solo e o subsolo, inclusive o lençol freático. Detritos industriais, resíduos sólidos, fertilizantes químicos, agrotóxicos, pesticidas, lixo e material radioativo podem contaminar o solo e o meio ambiente natural, comprometendo a incolumidade físico-psíquica da população. Mas os principais poluentes do solo e do subsolo são os resíduos sólidos, gerados nas atividades agrícolas, industriais, comerciais, hospitalares, domésticas, ferroviárias, farmacêuticas, rodoviárias, portuárias, nucleares. Essa poluição por resíduos sólidos é causada também por materiais advindos de: necrotérios, funerárias onde fazem embalamento, esgotos, limpeza de bueiros, entulhos, sobras de alimentos, embalagens plásticas, baterias, pilhas, produtos magnetizados ou radioativos, lixos espaciais oriundos de explosão de míssil ou foguetes descartados etc. Como se vê polui o solo também os *resíduos químicos*, como tóxicos, drogas quimioterápicas, medicamentos vencidos ou contaminados, corrosivos inflamáveis e reativos, por ser inviável seu lançamento à rede pública ou corpos d'água.

Daí a importância do tratamento dos resíduos, aterros sanitários, reaproveitamento energético de resíduos por meio de reciclagem ou reutilização, coprocessamento de resíduos, planos de limpeza urbana e manejo de resíduos sólidos, uso de usina de compostagem que transformam resíduos sólidos domésticos em adubos sintéticos, usina de incineração; usina verde, para transformação do lixo em energia.

A *poluição visual* é a alteração exterior do meio ambiente mediante obras, pichações feitas por grafiteiros, colocação de cartazes *outdoors*, anúncios em dimensões avantajadas e cores gritantes, e faixas em locais impróprios, prejudicando as condições estéticas ou sanitárias do meio ambiente, prejudicando a beleza da paisagem natural ou urbana de locais artísticos e dos monumentos históricos, degradando-os; e gerando em alguns casos anarquia publicitária. A poluição visual pode afetar o bem-estar do cidadão, sua saúde e segurança.

Mas é possível que haja coexistência de atividades econômicas e boa aparência da cidade, se se tiver bom senso no uso de instrumentos de publicidade, como fachadas de néons, cartazes, painéis, faixas com propagandas eleitorais.

A *poluição luminosa*, causada por luzes dos centros urbanos que se espalham pela atmosfera, ofusca a luz das estrelas, fazendo com que um em cada grupo de dez habitantes da Terra não possa observá-las. A poluição luminosa causada pelo mau uso da luz artificial pode provocar radiação eletromagnética, pode também causar danos à saúde humana, insônia, acidentes rodoviários, incomodar à fauna e à flora e atrapalhar a atividade em observatórios astronômicos.

Para Antônio Chaves[46], poluição é "a degradação do ar,

A *poluição visual*, ocorre paulatinamente e às vezes a população acaba se acostumando com ela, sendo que só é reprimível quando for intolerável ao seu bem-estar e à sua saúde. Tolerabilidade é um dos critérios de sustentabilidade, de modo que o desenvolvimento não venha a tornar inviável a existência de uma harmonia visual. (DINIZ, Maria Helena e SANTIAGO, Mariana Ribeiro. *Poluição*: um problema da macrobioética. In: *Bioética no Século XXI*. Mônica Aguiar (coord.). Salvador: Mente Aberta, p. 9-34, 2021. DU PONTAVICE. *Règlemantation relative à la pollution des eaux douces et des eaux maritimes dans les pays mediterranées*. 1972. p. 131-132; DINIZ, Maria Helena. *O Estado Atual do Biodireito*. São Paulo: Saraiva, 2015. p. 1033-1042; FERRAZ, Esther Figueiredo. O crime de poluição de água potável. *Estudos em homenagem a Silvio Rodrigues*. São Paulo: Saraiva, 1989. p. 107-120; FROTA, Mario. Água, direito fundamental. *O Estado de Direito*, 27:22; AGUIAR DIAS. *Da responsabilidade civil*. Rio de Janeiro: Forense, v. 2, 1979. p. 45; DIAS CABRAL, Armando H. *Proteção ambiental e seus instrumentos jurídicos*. Curitiba, 1978. p. 2-3, 15; COLLARES, Maria. *Educação Ambiental: preservar água*. JSTJ, 22:55-72; PIMENTEL SOUZA, F. *A poluição sonora ataca traiçoeiramente o corpo*. Disponível em http://www.icb.agmg.br. Acesso em: 9 nov. 2020; PEREIRA, Luiz Alberto A. Poluição pode causar aborto e doenças cardíacas. *Jornal da Tarde*, 28-6-1999, p. 14. CAMPOS FRANÇA, M. Adelaide. Emissões veiculares como fontes de poluição atmosférica. *Revista Escola Paulista da Magistatura, 4*, 138-9; REVKIN, Andrea. Cientistas querem controlar poluição espacial. *O Estado de São Paulo*, 9-3-2003, p. A-14; LEITE, Marcelo. País ainda ignora ameaça à fertilidade – contaminado tem pouco espermatozoide – poluição hormonal é um assunto novo. *Folha de São Paulo*, 12-9-1999, p. 9; SIRVINSKAS, Luis Paulo. *Manual de direito ambiental*. São Paulo: Saraiva, 2015. p. 464; FIORILLO e ABELHA. *Manual de direito ambiental e legislação aplicável*. São Paulo: Max Simonad, 1993. p. 375, 389, 391, 393-394 e 411).

46 CHAVES, Antônio. Responsabilidade por poluição. *Enciclopédia Saraiva do Direito*, v. 65, p. 487.

das águas, do solo, e do ambiente geral, em condições de prejudicar a saúde, a segurança e o bem-estar do homem, ou causar danos à flora e à fauna".

São muitos os desafios jurídicos sobre o metaverso, diante das incertezas que cercam o tema. Para o futuro, é salutar que essa tecnologia não signifique segregação social, ampliando a desigualdade, que já atinge níveis alarmantes no Brasil. É preciso, ainda, que se trate de um avanço sustentável, que não gere impactos negativos mormente no tema do meio ambiente. O que se espera é que as inovações tragam um cenário de esperança e melhoria das condições de vida da população brasileira, também com repercussão positiva para as gerações futuras.

Conclusão

A teoria de Savigny, de incontestável valor histórico, é a que conceitua a posse como a possibilidade de dispor fisicamente da coisa com a intenção de dono, e de defendê-la contra as agressões de terceiros[1]. Nesse conceito, fica clara a estruturação da posse pelo *corpus*, que seria o poder físico sobre a coisa, e o *animus*, que seria a intenção de dono.

Entretanto, essa conceituação suscitava inconvenientes de ordem prática, como a restrição do campo de utilização dos interditos possessórios, que não supriam a necessidade atual da sociedade, de caracterização e proteção da posse, e por isso essa teoria foi muito criticada, vindo, depois de décadas de preponderância absoluta na doutrina, a perder sua força.

1 FULGÊNCIO, Tito. *Da posse e das ações possessórias*: teoria legal – prática. 9. ed. Rio de Janeiro: Forense, v. I, 2000. p. 8.

Em nosso ordenamento jurídico, desde o Código Civil de 1916, não se exige o *animus domini*, ou intenção de ser dono, e também não exige o poder físico sobre a coisa para que se configure a posse. Prioriza-se a utilização econômica da coisa, tendo-se a posse como a exteriorização do domínio, conforme a teoria objetiva.

No panorama internacional, é forçoso admitir que mesmo aqueles países que pretenderam aderir à teoria subjetiva foram obrigados, devido à supremacia das necessidades sociais, a conceder a proteção possessória a sujeitos que tecnicamente, segundo a referida teoria, seriam meros detentores não merecedores de tal proteção, motivo pelo qual se pode afirmar que houve uma descaracterização da teoria de Savigny para que pudesse ser usada na prática moderna.

Entretanto, a própria teoria objetiva não conseguiu suprir de forma absoluta os ordenamentos que a adotaram para conceituação da posse e sua existência, sendo que esses ordenamentos também acabaram por adotar a teoria subjetiva em algum ponto. No ordenamento pátrio, por exemplo, há ainda grande influência da teoria subjetiva nas disposições referentes à usucapião. A nossa legislação exige expressamente, conforme visto no presente trabalho, a existência do *animus domini* para que se possa usucapir.

A interferência da teoria subjetiva no nosso Código Civil não é precisamente uma incoerência, visto que o Código não é obra teórica, que deva fidelidade a uma única doutrina. E, acima de tudo, não compromete o seu valor, tendo em vista que o objetivo das codificações é de ordem prática, suprir as exigências sociais, sendo que essa intersecção entre teoria subjetiva e objetiva se mostra dentro desse panorama.

São exatamente essas concessões subjetivistas assumidas pelas legislações modernas, bem como o valor histórico da teoria de Savigny, que mantêm o interesse na análise da referida teoria sobre a posse, independentemente de todas as críticas que têm sido dirigidas a essa teoria.

Ademais, vale ressaltar que as críticas à teoria subjetiva, em regra, são consequência da tentativa de se aplicar tal teoria à posse no contexto econômico-social atual, o que consiste em um grande equívoco histórico, pois o objetivo de Savigny foi reconstruir a posse tal como existia no direito romano, e não se destinava a fins práticos.

Diante desses fatos, vale ressaltar o entendimento de Menezes Cordeiro, para quem a dicotomia Savigny/Ihering, tem o sentido dos dilemas permanentes que, esgotando a realidade do espaço humano, acabam sempre por surgir, como igualmente ocorre, por exemplo, com as dicotomias coletivo/individual, exterior/interior, Platão/Aristóteles ou Hegel/Kant[2]. Tanto o discurso de Savigny quanto o de Ihering sobre conceituação de posse não podem ser hoje subscritos em sua literalidade, o que acaba por determinar a adoção, no plano dogmático, de uma das teorias, com concessões em determinados pontos para a teoria rival.

Por outro lado, modernamente, reconhecida é a necessidade de se observar a função social da posse, de forma paralela à função social da propriedade, devido ao seu impacto numa existencialidade digna, por promover a concretização da dignidade humana e da justiça social, ampliando, por

2 CORDEIRO, António Menezes. *A posse*: perspectivas dogmáticas atuais. 2. ed. Coimbra: Livraria Almedina, 1999. p. 52.

exemplo, o espectro da moradia. A locação tem importante função nesse sentido, bem como modernos contratos atípicos, como os intermediados pela plataforma Airbnb. O reconhecimento dessa função social tem interferência nos efeitos da posse, sendo que novos institutos foram criados nesse sentido, como o exemplo da usucapião familiar.

No âmbito das ações possessórias, o entendimento que permite a coexistência do juízo possessório com o juízo petitório peca por se fundar em uma interpretação que restringe o âmbito de aplicação do art. 557, do Código de Processo Civil, sem nenhum fundamento legal, apenas com base na mesma ideia, hoje ultrapassada, que permitia a exceção de propriedade no juízo possessório.

Não se trata de privilegiar a posse em detrimento da propriedade, pois esta prevalecerá ao final do juízo petitório. O que ocorre é que, permitindo-se a conjugação das duas ações, conclui-se pela inutilidade de estabelecer o legislador um procedimento mais ágil para a defesa da posse, pois toda ação sobre posse acabaria de imediato gerando discussão judicial sobre a propriedade, que, como dito anteriormente, é questão muito mais delicada e de difícil comprovação.

Além da proibição da exceção de domínio, e pelos mesmos motivos, fica clara pela redação do art. 557, do Código de Processo Civil, que não há que se intentar ação petitória na pendência de ação possessória. Não cabe a ressalva de que seria possível a interposição da petitória quando a discussão na possessória versar apenas sobre o poder de fato sobre a coisa, pois a lei não faz essa exceção.

O movimento mais relevante do estudo da posse para o aspecto do desenvolvimento nacional, contudo, é a sua ligação com o consumo colaborativo, por gerar impacto incontestável e considerável em matéria de preservação ambiental, uma vez que estimula o aproveitamento máximo dos produtos, evitando o descarte prematuro, além de reduzir significativamente o desperdício e os recursos que acompanham uma nova produção.

No tocante ao desenvolvimento social, renasce uma nova consciência coletiva, pela qual os consumidores se tornam parceiros solidários e não competidores vorazes, de forma muito mais cidadã, sem exclusão social e seus efeitos nefastos para a sociedade.

A economia capitalista, por outro lado, num contexto de superendividamento e altos índices de inadimplência, já valoriza o consumo colaborativo, e por sua vez a posse, como meios de estabilizar a oferta saudável de crédito, permitindo a retomada do crescimento nacional.

Dentro desse novo paradigma, o consumo colaborativo e a valorização do instituto da posse podem ser concebidos como respostas à necessidade de reestruturação do modelo tradicional de capitalismo. Isso porque caracterizam relações que garantem a realização tanto de valores econômicos quanto de valores sociais e ambientais, mostrando-se compatíveis com um desenvolvimento verdadeiramente sustentável.

Por fim, o contexto das novas tecnologias e a projeção de um espaço virtual na vida das pessoas produzem novos desafios em relação ao tema da posse. É o caso da posse no metaverso, que já chega aos tribunais, sem decisões conclusivas sobre o assunto. O tema é peculiar, mas tendo em vista se tratar de espécie de posse, não poderá contrariar os princípios basilares da teoria da posse, nem mesmo os princípios gerais já sedimentados pelo ordenamento jurídico brasileiro, que consideram os fatos e valores relevantes para a sociedade brasileira.

Poder-se-á até concluir que, no mundo contemporâneo, o direito está no rumo à "despatrimonialização" e à "repersonalização" das relações privadas, ante ao fato de a Constituição Federal valorizar o ser humano (arts. 1º, III, e 5º) e realçar a função social da propriedade e consequentemente a da posse, que é a sua exteriorização, superando o individualismo e a patrimonialidade para dar relevância à solidariedade e ao direito de ter uma existência digna, sem contudo eliminar a ideia de posse e de propriedade, pois apenas lhes deu uma função social e solidária conducente ao livre desenvolvimento da pessoa e da sociedade, uma vez que o eixo temático do ordenamento jurídico recebeu, pela Carta Magna, como valor fundante: a pessoa humana em suas várias dimensões[3].

A posse, portanto, está impregnada de socialidade e limitada pelo interesse público, devendo ser útil, logo, coibido está seu exercício antissocial, em razão de sua função social e solidária.

3 Consulte BRAGA NETTO, Felipe. *Teoria dos ilícitos civis*. Belo Horizonte: Del Rey, 2003. p. 27-29.

Referências

AGÊNCIA NACIONAL DE TELECOMUNICAÇÕES. *Tecnologia 5G*. Disponível em: https://www.gov.br/anatel/pt-br/assuntos/5G/tecnologia-5g. Acesso em: 18 fev. 2022.

AGUIAR, Mônica. A função social da posse no novo Código civil brasileiro: breve análise. *Revista Jurídica dos Formandos em Direito da UFBA*, v. VII, p. 195-200.

AGUIAR DIAS. *Da responsabilidade civil*. Rio de Janeiro: Forense, v. 2, 1979.

AIRBNB. *O que é o Airbnb e como ele funciona*? Disponível em: https://www.airbnb.com.br/help/article/2503/o-que-%C3%A9-o-airbnb-e-como-ele-funciona. Acesso em: 27 fev. 2022.

AIRBNB. *Termos de serviço para usuários não europeus*. Disponível em: https://www.airbnb.com.br/help/article/2908/termos-de-servi%C3%A7o#2. Acesso em: 27 fev. 2022.

ALEMANHA. *Código Civil*, de 2 de janeiro de 2002, alterado pelo Ato de 01 de outubro de 2013. Disponível em: https://www.gesetze-im-internet.de/englisch_bgb/englisch_bgb.html. Acesso em: 4 fev. 2022.

ALEXY, R. Guindrechte als subjektive Rochte und als objektive Normen. *Der Staat,* 28 (1): 49-68, 1990.

ALLENDE, Guillermo L. *Panorama de derechos reales.* Buenos Aires: La Ley Sociedad Anónima Editora e Impresora, 1967.

ALLETSATOR. Disponível em: https://elmcip.net/creative-work/alletsator. Acesso em: 1º mar. 2022.

ALMEIDA NETO, A. de. Dano existencial: a tutela da dignidade da pessoa humana. *Revista Síntese – Direito Civil e Processual Civil*, v. 80.

ALVES, Jones F. e DELGADO, Mário Luiz Delgado. *Código Civil anotado.* São Paulo: Método, 2005.

ALVES, José Carlos Moreira. *Posse*: estudo dogmático. Rio de Janeiro: Forense, 1990.

ALVES, José Carlos Moreira. *Posse: evolução histórica.* Rio de janeiro: Forense, v. I, 1997.

ALVES, José Carlos Moreira. Posse de direitos no Código Civil Brasileiro de 2002. *RTDC*, 49.

ALVIM, Agostinho. *Direito das coisas* (apostila).

ALVIM, José Manuel Arruda. *Anotações sobre o art. 1.196 do Novo Código Civil (noções sobre a ideia de posse).* Trabalho escrito em homenagem ao Prof. e Des. Yussef Said Cahali.

ANGERAMI-CAMON. *Psicoterapia existencial.* São Paulo: Thomson Learning Brasil, 2004.

AQUINO, Álvaro Antônio S.B de. *A posse e seus efeitos.* São Paulo: Atlas, 2000.

ARAÚJO, Fábio Caldas de. *Usucapião no âmbito material e processual.* Rio de Janeiro: Forense, 2003.

ARMELIN, Donaldo. Tutelas diferenciadas. *Revista de Processo.* São Paulo: Revista dos Tribunais, n. 65, 1992.

ASCENSÃO, José de Oliveira. *Direitos reais.* Lisboa: Livraria Petroni, 1971.

ASSOCIAÇÃO BRASILEIRA DE INTERNET DAS COISAS. http://abinc.org.br/www/. Acesso em: 18 fev. 2022.

BALDUÍNO JÚNIOR, Gean Carlos. *O destino do homo consumericus*: perspectivas acerca do superendividamento a partir da dignidade e da solidariedade. Rio de Janeiro: Processo, 2022.

BARBAGALO. Erica Brandini. *Contratos eletrônicos.* São Paulo: Saraiva, 2001.

BARDUCHI, Ana L. J. Projeto de vida: um jeito de estar no mundo. *Desenvolvimento pessoal e profissional.* BARDUCHI, Ana L. J. (org.). São Paulo, Pearson Prentice Hall, 2000.

BARROSO, Lucas Abreu Barroso. A demonstração da função social da propriedade como pressuposta da concessão de tutela de urgência em ação possessória. In: *A outra face do poder Judiciário.* Giselda Hironaka (coord.). Belo horizonte: Del Rey, 2005.

BARRUFFINI, José Carlos T. *Usucapião constitucional.* São Paulo: Atlas, 1998.

BASTOS, Celso Ribeiro; MARTINS, Ives Gandra da Silva. *Comentários à Constituição do Brasil.* 2. ed. São Paulo: Saraiva, 7º v., 2000.

BATISTA, Antenor. *Posse, possessória, usucapião e ação rescisória.* São Paulo: Juarez de Oliveira, 2006.

BAUDRILLARD, Jean. *A sociedade de consumo.* S/L: Edições 70, 2010.

BAUMAN, Zygmunt. *Vida líquida.* Tradução Carlos Alberto Medeiros. Rio de Janeiro: Jorge Zahar, 2007.

BERNAYS, Edward. *Propaganda*. Ig Publishing, 2005.

BESSONE, Darcy. *Da posse*. São Paulo: Saraiva, 1996.

BEVILÁQUA, Clóvis. *Código Civil*. Rio de Janeiro: Rio, v. 3, 1976.

BEVILÁQUA, Clóvis. *Direito das coisas*. Brasília: Senado Federal, v. 1, 2003.

BLOG NUBANK. *Metaverso*: o que é esse novo mundo virtual? Disponível em: https://blog.nubank.com.br/metaverso-o-que-e/. Acesso em: 1º mar. 2022.

BORDA, Guillermo A. *Manual de rerechos reales*. 4. ed. Buenos Aires: Editorial Perrot, 1994.

BOTSMAN, Rachel e ROGERS, Roo. *O que é meu é seu*: como o consumo colaborativo vai mudar o nosso mundo. Tradução Rodrigo Sardenberg. Porto Alegre: Bookman, 2011.

BRAGA NETTO, Felipe. *Teoria dos ilícitos civis*. Belo Horizonte: Del Rey, 2003.

BUTTS, Mickey. *Why we change:* what behavioral economics can tell us. Disponível em: http://www.mickeybutts.com/wj_business.html. Acesso em: 2 mar. 2022.

CAMPELLO, Lívia Gaigher; SANTIAGO, Mariana Ribeiro; ANDRADE, Sinara Lacerda. A valorização da identidade cultural como desafio à concretização do direito ao desenvolvimento. *Revista de Direito Brasileira*, [S.l.], v. 19, n. 8, p. 3-19, abr. 2018. ISSN 2358-1352. Disponível em: https://indexlaw.org/index.php/rdb/article/view/3220. Acesso em: 12 fev. 2022. doi:http://dx.doi.org/10.26668/IndexLawJournals/2358-1352/2018.v19i8.3220.

CAMPOS, Antonio Macedo de. *Teoria e prática do usucapião*. São Paulo: Saraiva, 1983.

CAMPOS FRANÇA, M. Adelaide. Emissões veiculares como fontes de poluição atmosférica. *Revista Escola Paulista da Magistratura, 4*.

CARDOSO, Alenilton da Silva. *Princípio da solidariedade*: o paradigma ético do direito contemporâneo. São Paulo: Juarez de Oliveira, 2010.

CARDOSO JÚNIOR, Olavo Figueiredo e SANTIAGO, Mariana Ribeiro. *Revista de Direito do Consumidor*, MARQUES, Cláudia Lima (coord.), ano 27, v. 120, p. 105-130, nov.-dez./2018.

CARLUCCI, Aída Kemelmajer de e CHACÓN, Alícia P. de. *Derecho real de superfície*. Buenos Aires: Astrea, 1989

CHAMOUN, Ebert Vianna. *Exposição de Motivos do Projeto de Código Civil,* art. 1226.

CHAVES, Antônio. Responsabilidade por poluição. *Enciclopedia Saraiva do Direito*, v. 65.

CNN BRASIL. *Entenda o que é o metaverso e por que ele pode não estar tão distante de você*. Disponível em: https://www.cnnbrasil.com.br/business/entenda-o-que-e-o-metaverso-e-por-que-ele-pode-nao-estar-tao-distante-de-voce/. Acesso em: 1º mar. 2022.

COELHO, Fábio Ulhoa. *Curso de direito civil*: direito autoral e direitos das coisas. 7.. ed. São Paulo: Revista dos Tribunais, v. 4, 2016.

COLLARES, Maria. Educação ambiental: preservar água. *JSTJ*, 22:55-72.

CONSUMIDOR MODERNO. *Quem tem medo do Metaverso*. Disponível em: https://www.consumidormoderno.com.br/2022/02/03/medo-metaverso-artigo/. Acesso em: 17 fev. 2022.

CORDEIRO, António Menezes. *A posse: perspectivas dogmáticas atuais*. 2.. ed. Coimbra: Livraria Almedina, 1999.

CRETELLA JR. *Comentários à Constituição de 1988*. 3. ed. rev. Rio de Janeiro: Forense, v. I, 1992.

DAIBERT, J. *Direito das coisas*. 2. ed. Rio de Janeiro: Forense, 1979.

DANELUZZI, Maria Helena Marques Braceiro e MATHIAS, Maria Ligia Coelho. Breves considerações sobre a responsabilidade civil da plataforma "Airbnb" e afins, do anfitrião e do locatário/hóspede. *Direito em Debate*. DINIZ, Maria Helena (coord.). São Paulo: Almedina, v. 1, 2020, p. 215-230.

DE PAGE, Henri. *Traité* élémentaire *de droit civil belge*. Bruxelas: Émile Bruylant, v. 5, 1964.

DEMOLOMBE, Charles. *Cours de Code Napoléon*. 4. ed. Paris: Hachette, t. 9, n. 479, 1870.

DI PIETRO, Maria Sylvia Zanella. Direito de superfície. In: *Estatuto da Cidade*. Adilson Abreu Dallari e Sérgio Ferras (coord.). São Paulo: Malheiros, 2002.

DIAS CABRAL, Armando H. *Proteção ambiental e seus instrumentos jurídicos*. Curitiba, 1978.

DINAMARCO, Cândido Rangel. *Fundamentos do Processo Civil moderno*. 3. ed. São Paulo: Malheiros, t. II, 2000.

DINIZ, Marcio Augusto de Vasconcelos. Estado social e o princípio da solidariedade. *Nomos: Revista do Curso de Mestrado em direito da UFC*. Fortaleza, v. 26, p. 171-185, jan.-jun. 2007.

DINIZ, Maria Helena. *As lacunas no Direito*. 7. ed. São Paulo: Saraiva, 2002.

DINIZ, Maria Helena. *Curso de direito civil brasileiro:* direito das coisas. 36. ed. São Paulo: Saraiva, 4º v., 2022.

DINIZ, Maria Helena. *Curso de direito civil brasileiro:* direito das coisas. 35. ed. São Paulo: Saraiva, 6º v., 2021.

DINIZ, Maria Helena. *Curso de direito civil brasileiro*: teoria geral das obrigações contratuais e extracontratuais. 28. ed. São Paulo: Saraiva, v. 3, 2012.

DINIZ, Maria Helena. *Norma constitucional e seus efeitos*. 4. ed. São Paulo: Saraiva, 1998.

DINIZ, Maria Helena. *O Estado Atual do Biodireito*. São Paulo: Saraiva, 2015.

DINIZ, Maria Helena. Reflexos do princípio constitucional da função social da propriedade na usucapião. In: *Novos rumos para o direito público*: reflexões em homenagem a Lúcia Valle Figueiredo. Marcelo Figueiredo (coord.). Belo Horizonte: Fórum, 2012.

DINIZ, Maria Helena. *Tratado teórico e prático dos contratos*. 6. ed. rev., ampl. e atual. São Paulo: Saraiva, 5º v., 2006.

DINIZ, Maria Helena. Uma visão hermenêutica do art. 1.240-A do Código Civil. *Revista de Direito Civil Contemporâneo*, n. 11, p. 103-124, 2017.

DINIZ, Maria Helena e SANTIAGO, Mariana Ribeiro. *Poluição*: um problema da macrobioética. in *Bioética no Século XXI*. Mônica Aguiar (coord.). Salvador: Mente Aberta, p. 9-34, 2021.

DU PONTAVICE. *Règlemantation relative à la pollution des eaux douces et des eaux maritimes dans les pays mediterranées*. 1972.

DUGUIT, León. *Las transformaciones del derecho*. Buenos Aires: Heliasta, 1975.

E-COMMERCE BRASIL. *O que é o metaverso e como ele pode impactar a sua loja virtual*. Disponível em: https://www.ecommercebrasil.com.br/artigos/o-que-e-o-metaverso/. Acesso em: 17 fev. 2022.

ENNECCERUS, Ludwig; KIPP, Theodor; WOLFF, Martin. *Tratado de derecho civil*: derecho de cosas. v. 1, § 2º Bosch, s/d.

ESCOLA METAVERSO. Disponível em: https://escoladometaverso.com/. Acesso em: 1º mar. 2022.

ESPÍNOLA, Eduardo. *Posse, propriedade, compropriedade ou condomínio, direitos autorais*. Campinas: Bookseller, 2002.

FACHIN, Luiz Edson. *A função social de posse e a propriedade contemporânea:* uma perspectiva da usucapião imobiliária rural. Porto Alegre: Fabris, 1987.

FEATHERSTONE, Mike. *Cultura de consumo e pós-modernismo.* Tradução Julio Assis Simões. São Paulo: Studio Nobel, 1995.

FERRAZ, Esther Figueiredo. O crime de poluição de água potável. *Estudos em homenagem a Silvio Rodrigues.* São Paulo: Saraiva, 1989.

FERRAZ, Sérgio. Usucapião especial. In: *Estatuto da Cidade: comentários à Lei Federal 10.257/2001* (coord. DALLARI e FERRAZ). São Paulo: Malheiros, 2002.

FIGUEIRA JR., Joel Dias. *Liminares nas ações possessórias.* São Paulo: Revista dos Tribunais, 1995.

FIGUEIRA JR., Joel Dias. *Posse e ações possessórias.* Curitiba: Juruá, v. I, 1994.

FILOMENO, José Geraldo Brito. *Manual de direitos do consumidor.* 3. ed. São Paulo: Atlas, 1999.

FIORILLO, Celso A. P. *Curso de direito civil ambiental.* São Paulo: Saraiva, 2000.

FIORILLO e ABELHA. *Manual de direito ambiental e legislação aplicável.* São Paulo: Max Simonad, 1993.

FIÚZA, César. *Direito civil:* curso completo. 13. ed. rev. atual. e ampl. 2. tir. Belo Horizonte: Del Rey, 2009.

FONSECA, Priscila P. C. F. Considerações sobre o art. 1.240-A. Atos normativos e novidades legislativas. *Revista Brasileira das Famílias e Sucessões.* Porto Alegre: Magister, n. 23.

FORGHIETI. *Psicologia fenomenológica.* São Paulo: Cangaze Learning, 1993.

FRAGA, Fellipe Vilas Boas. OLIVEIRA, Bruno Bastos de. *O consumo colaborativo como mecanismo de desenvolvimento susten-*

tável na sociedade líquido-moderna. Uberlândia: LAECC, 2020.

FRANÇA, R. Limongi. *A posse no Código Civil*. São Paulo: Bushatsky, 1964.

FRANÇA, Rubens Limongi. *Instituições de direito civil*. São Paulo: Saraiva, 1991.

FRANÇA FILHO, Genauto Carvalho de e LAVILLE, Jean-Louis. *A economia solidária:* uma abordagem internacional. Porto Alegre: Editora da UFRGS, 2004.

FREITAS, Douglas F. Usucapião e direito de família: comentários ao art. 1.240-A do Código Civil. *Revista Síntese – Direito de Família, 71*:9-10.

FREITAS, Juarez. *Sustentabilidade*: direito ao futuro. 2. ed. Belo Horizonte, Fórum, 2012.

FROTA, Mario. Água, direito fundamental. *O Estado de Direito*, 27:22.

FROTA e BIÃO. A dimensão existencial da pessoa humana, o dano existencial e o dano do projeto de vida: reflexões à luz do direito comparado. *Revista Síntese – Direito Civil e Processual Civil,* 80:57-83.

FULGÊNCIO, Tito. *Da posse e das ações possessórias:* teoria legal – prática. 9. ed. Rio de Janeiro: Forense, v. I, 2000.

GAGLIANO, Pablo Stolze e PAMPLONA FILHO, Rodolfo. *Novo curso de direito civil:* contratos: contratos em espécie. 6. ed. rev., atual. e ampl. São Paulo: Saraiva, v. 4, t. II, 2013.

G2D. *O que é metaverso e como ele vai mudar sua vida*. Disponível em: https://www.g2d-investments.com/metaverso/. Acesso em: 1º mar. 2022.

GAMA e MARÇAL. Aspectos polêmicos da usucapião conjugal: questões afetas ao art. 1.240-A do Código Civil brasileiro. *Revista Síntese – Direito de Família, 96*:43-61.

GASPAR, Wander Antunes. *A Internet das coisas aplicada às cidades inteligentes*. Disponível em: file:///C:/Users/Waldyr/Desktop/118-336-1-PB.pdf. Acesso em: 18 fev. 2022.

GATTI, Edmundo. *Teoria general de los derechos reales*. Buenos Aires: Abeledo – Perrot, 1984.

GHERSI, Carlos Alberto. *Contratos civiles y comerciales:* partes general y especial. 3. ed. actual. y ampl. Buenos Aires: Editorial Ástrea, t. 2, 1994.

GIDDENS, Anthony. *Mundo em descontrole*. Tradução Maria Luiza X. de A. Borges. Rio de Janeiro: Record, 2007.

GIL, Antonio Hernández. *La posesión*. Madrid: Civitas, 1980.

GILISSEN, John. *Introdução histórica ao direito (Introduction historique au droit)*. 4. ed. Trad. A M. Hespanha e L. M. Macaísta Malheiros. Lisboa: Fundação Calouste Gulbenkian, 2003.

GODOY, Luciano de Souza. Direito de superfície: uma alavanca para os negócios imobiliários. In: *Novo Código Civil*: interfaces, no ordenamento jurídico brasileiro. Giselda Maria F Novaes Hironaka (coord.). Belo Horizonte: Del Rey, 2004.

GOMES, Orlando. *Contratos*. Atualizado por Humberto Theodoro Júnior. 25. ed. Rio de Janeiro: Forense, 2002.

GOMES, Orlando. *Direitos reais*. Atualizado por Humberto Theodoro Júnior. 13. ed. Rio de Janeiro: Forense, 1998.

GOMES, Orlando. *Transformações gerais do direito das obrigações*. São Paulo: Revista dos Tribunais, 1967.

GONÇALVES, Carlos Roberto. *Direito civil brasileiro*. São Paulo: Saraiva, v. V, 2006.

GONÇALVES, Luiz da Cunha. *Tratado de direito civil*. Coimbra: Coimbra, v. 11, 1936.

GONÇALVES, Sérgio Ricardo Marques. O comércio eletrônico e suas implicações jurídicas: a defesa do consumidor. In: *Direito eletrônico*: a Internet e os Tribunais. Renato M. S. Opice Blum (coord.). Bauru, SP: Edipro, 2001.

GRECO, Pedro T. P. e MARQUES, Gabriella R. As vantagens do direito real de superfície aplicado à construção de arenas esportivas. *Revista Síntese – Direito Civil e Processual Civil*, 120:78-94.

GREENGARD, Samuel. *The internet of things*. Massachusetts Institute of Technology. 2015.

GROTTI, Franco Musetti. *Internet e Comércio Eletrônico*: *Aspectos Jurídicos*, Dissertação de mestrado, Pontifícia Universidade Católica de São Paulo, 2002.

GUIA MUNDO. *Bitcoin*: o dinheiro do futuro? 2. ed. São Paulo: On Line, 2017.

HEDEMANN, Justus W. *Derechos reales*. Santiago de Chile: Ediciones Jurídicas Olejnik, v. 2, 2020.

HIRONAKA, Giselda Maria F. N. Usucapião especial: características do imóvel usucapiendo em face da Constituição Federal de 1988. *Revista de Direito Civil Agrário, Imobiliário e Empresarial*. São Paulo, v. 16, n. 59, 1992, p. 195-198.

HOHL, Luana. *Metaverso e ativos digitais*: saiba mais! Disponível em: https://seufuturocapital.com.br/tire-suas-duvidas/metaverso-e-ativos-digitais-saiba-mais/. Acesso em: 1º mar. 2022.

IHERING, Rudolf Von. *Du rôle dela volonté dans la possession*. Paris: s/e, 1891.

IHERING, Rudolf Von. *El fundamento de la protección posesoria*. Caps XI e XII, in La posesión, 1ª parte.

IHERING, Rudolf Von. *Oeuvres choisies*. Paris: s/e, v. 2, 1893.

IHERING, Rudolf Von. *Posse e interditos possessórios*. Tradução de Adherbal de Carvalho. Salvador: Livraria Progresso, 1959.

IHERING, Rudolf Von. *Teoria simplificada da posse*. Tradução de Vicente Sabino Junior. São Paulo: Bushatsky, 1974.

INFOMONEY. *Metaverso*. Disponível em: https://www.infomoney.com.br/busca/?q=metaverso. Acesso em: 1º mar. 2022.

ITURRASPE, Jorge Mosset. *Interpretación económica de los contratos*. Buenos Aires: Rubinzal-Culzoni, 1994,

KANT, Immanuel. *Fundamentação da metafísica dos costumes*. Tradução Paulo Quintela. Lisboa: Edições 70, 2007.

KAUFMAN, Dora e ROZA, Erick. *Empresas e consumidores em rede*: um estudo das práticas colaborativas no Brasil. São Paulo: Annablume, 2013.

KOJRANKI. As favelas: o desafio de sua regularização jurídica. *Revista do IASP, 14*:59-64.

KOMNINOS, Nicos. *Cidades inteligentes*: inovação, sistemas de conhecimento e de espaços digitais. Londres: Routledge, 2009.

LASKI, Harold J. *O liberalismo europeu (The rise of european liberalism)*. Tradução Álvaro Cabral. São Paulo: Mestre Jou, 1973.

LAWAND, Jorge José. *Teoria Geral dos Contratos Eletrônicos*. São Paulo: Editora Juarez de Oliveira, 2003.

LEAL, Sheila do Rocio Cercal Santos. *Contratos eletrônicos*: validade jurídica dos contratos via Internet. 1. ed., 2. reimpr. São Paulo: Atlas, 2009.

LEITE, Marcelo. País ainda ignora ameaça à fertilidade – contaminado tem pouco espermatozoide – poluição hormonal é um assunto novo. *Folha de São Paulo*, 12-9-1999, p. 9.

LETTERIELLO, Rêmolo. *Ação de usucapião ordinário*. São Paulo: Saraiva, 1986.

LEVENHAGEN. *Posse, possessória e usucapião*. São Paulo: Atlas, 1992.

LIMA, Gabriela Eulalio de. *O consumo colaborativo no contexto da sociedade líquida*: uma análise sociológica, econômica e jurídica. Rio de Janeiro: Lumen Juris, 2017.

LIMA, Getúlio Targino. *A posse agrária sobre o bem imóvel*. São Paulo: Saraiva, 1992.

LIPOVETSKY, Gilles. *A felicidade paradoxal:* ensaio sobre a sociedade de hiperconsumo. Tradução Maria Lucia Machado. São Paulo: Companhia das Letras, 2007.

LIRA, Roberto C. P. O moderno direito de superfície. *Revista de Direito da Procuradoria Geral do Estado do Rio de Janeiro*, 1999, v. *38*:89-98.

LOPES, Miguel Maria de Serpa. *Curso de direito civil*: direito das coisas. 3. ed. Rio de Janeiro: Livraria Freitas Bastos, v. VI, 1964.

LOUREIRO, Francisco Eduardo. *Código Civil comentado*. Peluso (coord.). Barueri: Manole, 2008.

LRHRER, Jonah. *The decisive moment*: how the brain makes up its mind. Canongate Books, 209.

MAMAN, Jeanette. *Fenomenologia existencial do direito:* crítica de pensamento jurídico brasileiro. São Paulo: Quartier Latin, 2003.

MANAUT, Carlos Barutel. *Las tarjetas de crédito y pago*. Barcelona: Bosch, 1997.

MARINHO, Maria Edelvacy Pinto; RIBEIRO, Gustavo Ferreira. A Reconstrução da Jurisdição pelo Espaço Digital: Redes Sociais, Blockchain e Criptomoedas como Propulsores da Mudança. *Revista Brasileira de Políticas Públicas*, v. 7, n. 3, 2018.

MARQUES, Cláudia Lima. *Contratos no Código de Defesa do Consumidor.* 4. ed. rev., atual. e ampl. São Paulo: RT, 2002.

MARQUES, Cláudia Lima. Sugestões para uma lei sobre o tratamento do superendividamento de pessoas físicas em contratos de crédito ao consumo: proposições com base em pesquisa empírica de 100 casos no Rio Grande do Sul. In: MARQUES, Cláudia Lima; CAVALLAZZI; Rosângela Lunardelli (Coord.). *Direitos do consumidor endividado:* superendividamento e crédito. São Paulo: Revista dos Tribunais, 2006.

MARTINS, Pedro Baptista. *O abuso do direito e o ato ilícito.* 2. ed. Rio de Janeiro: Freitas Bastos, 1941.

MARTINS, Solange e SANTIAGO, Mariana. *Coworking*: relações entre sustentabilidade e consumo colaborativo nos espaços de trabalho compartilhados. *Revista de Direito do Consumidor.* ISSN 1415-7705. São Paulo, ano 29, v. 132, p. 197-218, nov.-dez./2020.

MATHIAS, Maria Ligia Coelho. *Direito civil:* direitos reais. 4. ed. São Paulo: Atlas, 2011.

MATHIAS, Maria Ligia C. e DANELUZZI, Maria Helena Marques Braceiro. Considerações sobre a Lei n. 11.481/07 – concessão de uso especial para fins de moradia e concessão de direito real de uso. *Justicia*, 197:193-197

MAZEAUD, Henri; MAZEAUD, Léon; MAZEAUD, Jean. *Lecciones de derecho civil.* Tradução de Luiz Alcalá-Zamora y Castillo. Buenos Aires: Ediciones Jurídicas Europa-América, Parte Segunda, v. IV, 1969.

MAZZEI, Rodrigo. O direito de superfície. *Fundamentos do Direito civil brasileiro.* Everaldo A. Cambler (org.). Campinas: Millennium, 2012.

McGONIGAL, Jane. *Reality is broken*: why games make us better and how they can change the world. New York: The Penguin Press, 2011.

MELO, Diogo L. Machado de. Variações sobre a usucapião tabular: o art. 1.242, parágrafo único, do novo Código Civil. *Revista do IASP*, 20:80-98.

MELLO, Sônia Maria Vieira de. *O direito do consumidor na era da globalização:* a descoberta da cidadania. Rio de Janeiro: Renovar, 1998.

MENDONÇA, Fabiana Mendes de; ASSUNÇÃO, Alexandre Vergínio. Ambientes de trabalho compartilhados: o desafio de projetar espaços de *coworking*. *Revista Poliedro*. ISSN: 2594-4398. Pelotas, RS – Brasil, v. 2, n. 2, p. 135 a 159, dez. 2018. Disponível em: http://periodicos.ifsul.edu.br/index.php/poliedro. Acesso em: 10 fev. 2022.

MENDONÇA, Manoel Ignácio Carvalho de. *Do usufruto, do uso e da habitação no Código Civil brasileiro*. Rio de Janeiro: A. Coelho Branco Fº, 1922.

MIRANDA, Francisco Cavalcanti Pontes de. *Comentários ao Código de Processo Civil*. Rio de Janeiro, Forense, v. 6, 2002.

MONEYTIMES. *O que é metaverso e como investir nele*. Disponível em: https://www.moneytimes.com.br/o-que-e-metaverso-e-como-investir-nele/. Acesso em: 1º mar. 2022.

MONIER, Raymond. *Manuel* élémentaire *de droit romain*. Paris: Les éditions Domat-Montchrestien, v. 1, 1935.

MONTEIRO, Washington de Barros. *Curso de direito civil:* direito das coisas. 31. ed. São Paulo: Saraiva, v. 3, 1994.

MORAES, Renato D.F. A função social da posse. In: *Direito civil, direito patrimonial e direito existencial*. Tartuce e Castilho (coord.). São Paulo: Método, 2006.

MORIN, Edgar. *A via para o futuro da humanidade*. Tradução Edgard de Assis Carvalho e Mariza Perassi Bosco. Rio de Janeiro: Bertrand Brasil, 2013.

MORIN, Edgar. *As duas globalizações:* complexidade e comunicação, uma pedagogia do presente. Porto alegre: Sulina – Edipucrs, 2001.

NAÇÕES UNIDAS BRASIL. *A ONU e o meio ambiente.* Disponível em: https://nacoesunidas.org/acao/meio-ambiente/. Acesso em: 1º mar. 2022.

NAÇÕES UNIDAS BRASIL. *Conheça os novos 17 Objetivos de Desenvolvimento Sustentável da ONU.* Disponível em: https://nacoesunidas.org/conheca-os-novos-17-objetivos-de-desenvolvimento-sustentavel-da-onu/. Acesso em: 1º mar. 2022.

NATOLI, Ugo. *Il possesso.* Milano: Giuffrè, 1992.

NAVES, Lúcio Flávio de V. *Posses e ações possessórias no novo Código Civil.* Rio de janeiro: Forense, 2003.

NAZARETH, Leandro. *O que é o metaverso e como será a internet do futuro.* Disponível em: https://www.algar.com.br/metaverso/. Acesso em: 1º mar. 2022.

NEGRÃO, Theotonio. *Código de Processo Civil e legislação processual em vigor.* 34. ed. São Paulo: Saraiva, 2002.

NERY JR., Nelson; NERY, Rosa Maria Andrade. *Código de Processo Civil comentado e legislação processual civil extravagante em Vigor.* 4. ed. São Paulo: Revista dos Tribunais, 1999.

NERY, Rosa Maria B. Andrade. Caracterização do justo título para usucapião. *RP*, 56:254.

NIESS, Pedro Henrique Távora. Considerações sobre a usucapião. *RTJE*, 62:34-6.

NUNES, Luiz Antonio Rizzatto. *Comentários ao Código de Defesa do Consumidor*: direito material. São Paulo: Saraiva, 2000.

NUNES, Luis Antonio Rizzatto. *Curso de direito do consumidor.* 8. ed. rev. e atual. São Paulo: Saraiva, 2013.

OLIVEIRA FILHO. A ação da imissão de posse como modo judicial de aquisição de posse. *RF* 104:362.

ORSELLI, Helena de A. Análise crítica da usucapião especial por abandono. *Revista Síntese – Direito de Família*, *69*:129-131.

PAIVA, João Pedro L. Novas perspectivas de atos notariais: usucapião extrajudicial e sua validade no ordenamento jurídico brasileiro. *Revista de Direito Notarial*, n. 1 (2009), p. 111-138.

PEREIRA, Caio Mário da Silva. *Instituições de direito civil*: posse. Propriedade. Direitos reais de fruição. Garantia e aquisição. 14. ed. Rio de Janeiro: Forense, v. IV, 2000.

PEREIRA, Caio Mário da Silva. Turbações sucessivas. *RF* 63:116.

PEREIRA, Lafayette Rodrigues. *Direito das coisas*. Rio de Janeiro: Typ. Baptista de Souza, 1922.

PEREIRA, Luiz Alberto A. Poluição pode causar aborto e doenças cardíacas. *Jornal da Tarde*, 28-6-1999, p. 14-A.

PIMENTEL, Mendes. Servidão de trânsito. *RF* 40:296.

PIMENTEL SOUZA, F. *A poluição sonora ataca traiçoeiramente o corpo*. Disponível em http://www.icb.agmg.br. Acesso em: 9 nov. 2020.

PINTO, Keziah. Meio Ambiente Urbano – Estatuto da Cidade. *Revista Direito e Paz*, n. 17, p. 15-54.

PINTO FERREIRA. Sociabilidade. In: FRANÇA, R. Limongi (Coord.). *Enciclopédia Saraiva de Direito*. São Paulo: Saraiva, v. 69, 1977.

PLANIOL, Marcel. *Traité* élémentaire *de droit civil*. 10. ed. Paris: Libraire Générale de Droit & de Jurisprudence, t. II, 1926.

PONTES, Tito Lívio. *Da posse*. 2. ed. São Paulo: Livraria e Editora Universitária de Direito, 1977.

PONTES DE MIRANDA, F. C. *Tratado de direito privado. Parte especial*. Rio de Janeiro: Editor Borsoi, t. X, 1955.

PORTILHO, Fátima. *Sustentabilidade ambiental, consumo e cidadania*. 2. ed. São Paulo: Cortez, 2010.

PONTUSCHKA, Maigon Nacib. *Metaversos e jogos digitais multijogador*: aspectos históricos e metodológicos de uma abordagem do ciberespaço. 2012. 237 f. Dissertação (Mestrado em Mídias Digitais) – Pontifícia Universidade Católica de São Paulo, São Paulo, 2012.

PRADO, Felipe Lima. *Bitcoin*: análise da criptomoeda no mercado brasileiro. Jun. 2017. Monografia (Graduação em Economia) – Universidade Católica do Rio de Janeiro.

RÁO, Vicente. *Posse dos direitos pessoais*. São Paulo, s/d.

RAVIART. *Traité théorique et pratique des actions possessoires et du bornage*. Paris: Marchal et Billard, 1909.

REALE, Miguel. *O projeto de Código Civil*: situação atual e seus problemas fundamentais. São Paulo: Saraiva, 1986.

REVKIN, Andrea. Cientistas querem controlar poluição espacial. *O Estado de São Paulo*, 9-3-2003, p. A-14.

REZENDE, Astolpho. *Manual do Código Civil brasileiro*: do direito das coisas – Da posse. Rio de Janeiro: Jacinto Ribeiro dos Santos, v. VII, 1918.

REZENDE, Astolpho. *A posse e sua proteção*. 2. ed. São Paulo: Lejus, 2000.

RIBAS, Antônio Joaquim. *Da posse e das ações possessórias*. São Paulo: Miguel Melillo e cia., 1901.

RIBEIRO, Benedito Silvério. *Tratado de usucapião*. São Paulo: Saraiva, 2 v., 1992.

RIBEIRO, Benedito Silvério. Críticas à usucapião urbana coletiva. *Tribuna do Direito*, dez./2002, p. 8.

RIBEIRO, Itagiba d'Avila. A contagem do tempo proporcional na usucapião ordinária, quando há alternância de presença e ausência. *RDCiv*, 5:167-168, 1978.

RICONNECT. Disponível em: https://www.riconnect.com.br/. Acesso em: 1º mar. 2022.

RIFKIN, Jeremy. *Sociedade com custo marginal zero*. São Paulo: Makron Books, 2016.

RODRIGUES, Manuel. *A posse. Estudo de direito civil português*. 3. ed. Coimbra: Livraria Almedina, 1980.

RODRIGUES, Paulo de Tarso. *Ensaio sobre a posse*. São Paulo: Saraiva, 1959.

RODRIGUES, Silvio. *Direito civil:* direito das coisas. 24. ed. São Paulo: Saraiva, v. 5, 1997.

RODRIGUES, Silvio. Usucapião das terras devolutas. *Revista Literária de Direito, 15*:8-10.

ROPPO, Enzo. *O contrato*. Tradução Ana Coimbra e M. Januário C. Gomes. Coimbra: Almedina, 1988.

RUGGIERO, Roberto de. *Instituições de direito civil*. Tradução da 6. ed. italiana por Paolo Capitanio. Campinas-SP: Bookseller, v. 2, 1999.

RUGGIERO e MAROI. *Instituzioni di diritto privato*, v. 1, § 120.

SACHS, Ignacy. *Caminhos para o desenvolvimento sustentável*. Paula Yone Stroh (org.). Rio de Janeiro: Garamond, 2009.

SALEILLES, Raymundo. *La posesión*. Tradução casteliana de J. Maria Navarro de Palencia. Madri: Librería General de Victoriano Suárez, 1909.

SALLES, José Carlos de Moraes. *Usucapião de bens imóveis e móveis*. São Paulo: Revista dos Tribunais, 1999.

SANTOS, Antonio Jeová. *Dano moral indenizável*. 4. ed. rev., ampl. e atual. São Paulo: Revista dos Tribunais, 2003.

SANTOS, Antonio Jeová. *Função social, lesão e onerosidade excessiva nos contratos.* São Paulo: Método, 2002.

SANTOS, Claudia M. Neme. *Arquitetura corporativa:* escritórios compartilhados *coworking.* Bauru: Centro de Ciências Exatas e Sociais Aplicadas; Universidade do Sagrado Coração. Trabalho de Conclusão de (Graduação em Arquitetura e Urbanismo), 2013. 72 p.

SANTOS, Claudia M. Neme. *Coworking*: contribuições de um modelo de consumo colaborativo e da arquitetura corporativa para o gerenciamento das cidades. *Revista Nacional de Gerenciamento de Cidades*, v. 02, n. 12, 2014, p. 84-95. Disponível em: https://www.amigosdanatureza.org.br/publicacoes/index.php/gerenciamento_de_cidades/article/view/762. Acesso em: 10 fev. 2022.

SANTOS, J. M. Carvalho. *Código Civil interpretado.* Rio de Janeiro: Freitas Bastos, v. 7, 1982.

SANTIAGO, Mariana Ribeiro. *O princípio da função social do contrato.* 2. ed. Curitiba: Juruá, 2008.

SANTIAGO, Mariana Ribeiro. Teoria subjetiva da posse. *Jus Navigandi.* Disponível em: https://jus.com.br/artigos/5277/teoria-subjetiva-da-posse. Acesso em: 14 dez. 2022.

SANTIAGO, Mariana Ribeiro e ANDRADE, Sinara Lacerda. A obsolescência programada e psicológica como forma de biopoder: perspectivas jurídicas do consumismo. *Quaestio Iuris*, v. 09, n. 4, Rio de Janeiro, 2016. p. 1.771-1.786, DOI: 10.12957/rqi.2016.21252.

SANTIAGO, Mariana Ribeiro e PAYÃO, Jordana Viana. Internet das coisas e cidades inteligentes: tecnologia, inovação e o paradigma do desenvolvimento sustentável. *Revista de Direito da Cidade*, v. 10, n. 2, ISSN 2317-7721, p. 787-805.

SARLET, Ingo. *Dignidade da pessoa humana e direitos fundamentais na Constituição Federal de 1988*. 2. ed. Porto Alegre: Livraria do Advogado, 2002.

SAVIGNY, Frédéric Charles de. *Traité de la possession en droit romain*. 7. ed. Paris: Auguste Durand, v. 1, 1866.

SIDOU, J. M. Othon. *Dicionário jurídico*: Academia Brasileira de Letras Jurídicas. 4. ed. rev., atual. e ampl. Rio de Janeiro: Forense, 1997.

SILVA, José Afonso da. *Curso de direito constitucional positivo*. 11. ed. São Paulo: Malheiros, 1996.

SILVA, Ovídio A. Baptista da. *Ação de imissão de posse*. São Paulo: Revista dos Tribunais, 1997.

SINGER, Paul. *Introdução à economia solidária*. São Paulo: Fundação Perseu Abramo, 2002.

SIRVINSKAS, Luis Paulo. *Manual de direito ambiental*. São Paulo: Saraiva, 2015.

SOARES, Juliana Maria Moreira; SALTORATO, Patricia. *Coworking*, uma forma de organização de trabalho: conceitos e práticas na cidade de São Paulo. *Revista Eletrônica AtoZ: novas práticas em informação e conhecimento*, 4(2), 61-73, jul./dez. 2015. DOI: 10.5380/atoz.v4i2.42337. Disponível em: https://revistas.ufpr.br/atoz/article/view/42337. Acesso em: 16 nov. 2019.

SOARES, Ronnie Herbert B. *Usucapião especial urbana individual*. São Paulo: Juarez de Oliveira, 2004.

SODRÉ, Ruy de Azevedo. *Função social da propriedade privada*. Tese de doutorado. Faculdade de Direito de São Paulo, [s/d.].

SOUZA, Ranidson Gleyck Amâncio. Território das criptomoedas: limites à regulamentação estatal quanto à circulação de moedas no ciberespaço e possíveis alternativas. *Revista Brasileira de Políticas Públicas*, v. 7, n. 3, 2018.

STIGLITZ, Gabriel. Reglas para la defensa de los consumidores y usuarios. Rosario: Juris, 1997.

TASCHNER, Gisela. *Cultura, consumo e cidadania*. Bauru, SP: EDUSC, 2009.

TEIXEIRA, José Guilherme Braga. *O direito real de superfície*. São Paulo: Revista dos Tribunais, 1993.

TEIXEIRA, Tarcisio. *Direito eletrônico*. São Paulo: Juarez de Oliveira, 2007.

THEODORO JR., Humberto. *Curso de direito processual civil*. 22. ed. Rio de Janeiro: Forense, v. III, 2000.

THEODORO JR., Humberto. *O contrato e sua função social*. Rio de Janeiro: Forense, 2003.

TOLEDO, Roberta C. P. *Usucapião urbana residencial familiar como um direito fundamental à moradia*. São Paulo, Tese de doutorado apresentada na PUCSP em 2015.

TRABUCCHI, Alberto. *Instituzioni di diritto civile*. Padova, Milano: Cedam, 1993.

UNITED NATIONS. *Agenda 21* (1992). Disponível em https://sustainabledevelopment.un.org/content/documents/Agenda21.pdf. Acesso em: 1º mar. 2022.

UNITED NATIONS. *Declaration on the Right to Development* (December, 4 1986). Disponível em: http://legal.un.org/avl/ha/drd/drd.html. Acesso em: 1º mar. 2022.

UNITED NATIONS. *Johannesburg Declaration on Sustainable Development* (2002). Disponível em: https://www.un.org/esa/sustdev/documents/WSSD_POI_PD/English/POI_PD.htm. Acesso em: 1º mar. 2022.

UNITED NATIONS. *Report of the World Commission on Environment and Development: Our Common Future* (1987). Disponível em: https://sustainabledevelopment.un.org/content/documents/5987our-common-future.pdf. Acesso em: 1º mar. 2022.

UNITED NATIONS. *Vienna Declaration and Programme of Action* (June, 25 1993). Disponível em: https://www.ohchr.org/EN/ProfessionalInterest/Pages/Vienna.aspx. Acesso em: 1º mar. 2022.

UOL. *Não é para todos, diz criador do Second Life sobre metaverso do Facebook*. Disponível em: https://www.uol.com.br/tilt/noticias/redacao/2021/12/04/criador-do-second-life-tem-duvidas-sobre-o-metaverso.htm?cmpid=copiaecola. Acesso em: 1º mar. 2022.

VEIGA, Dídimo Agapito da. Direito das Coisas. In: *Manual do Código Civil Brasileiro*. PAULO DE LACERDA (org.). v. IX, parte primeira.

VELDE, F. *Bitcoin*: A Primer. Chicago. The Federal Reserve Bank of Chicago. Chicago Fed Letter n. 317, 2013. Disponível em: https://www.chicagofed.org/publications/chicago-fedletter/2013/december-317. Acesso em: 1º mar. 2022.

VENEZIAN, Giacomo. *Usufruto, uso y habitación*. Madrid: V. Suárez, v. 2, 1928.

VENOSA, Sílvio de Salvo. *Direito civil*: direitos reais. 2. ed. São Paulo: Atlas, v. 5, 2002.

VENOSA, Sílvio. *Direito civil:* teoria geral das obrigações e teoria geral dos contratos. São Paulo: Atlas, v. 2, 2001.

WALD, Arnoldo. *Curso de direito civil brasileiro*: direito das coisas. 11. ed. São Paulo: Saraiva, 2002.

WAMBIER, Luiz Rodrigues *et al. Curso avançado de processo civil*: processo cautelar e procedimentos especiais. 3. ed. São Paulo: Revista dos Tribunais, v. 3, 2000.

WETTER, Polynice Alfred Henri Van. *Cours* élementaire *de droit romain*. S/l: s/e, v. 1, 1883.

WODON, Léon. *Traité théorique et pratique de la possession*. Bruxelas: Bruylant-Christophe et Compagnie, v. 1, 1866.